游艇操作实务

主编　胡云平　舒海平

内容提要

本教材紧扣《中华人民共和国游艇操作人员培训、考试和发证办法》《游艇操作人员理论培训与考试大纲》要求编写。

为便于读者学习,在编写过程中力求概念清楚、理论正确、重点突出、条理清晰、文字通顺。第一章主要介绍航行安全及相关管理法规,第二章至第四章主要介绍海上航行时需掌握的航海基本知识,第五章介绍了游艇动力装置的原理及简单的修理知识,第六章介绍了海上生存需掌握的安全知识,第七章介绍了无动力游艇的驶帆技术,第八章介绍了海上实操考试布置及实操要求。本教材旨在帮助学员顺利通过适任证书的考试,并尽可能考虑海上实际游艇操作过程中可能会遇到的各种问题,加强对游艇驾驶员海上实际能力的培养。

本书可供有志从事游艇操作、游艇管理以及航海相关的人员使用。

图书在版编目(CIP)数据

游艇操作实务/ 胡云平,舒海平主编. —上海 :
上海交通大学出版社, 2024.5
ISBN 978-7-313-30776-7

Ⅰ. ①游… Ⅱ. ①胡… ②舒… Ⅲ. ①游艇—驾驶术
Ⅳ. ①U674.91

中国国家版本馆CIP数据核字(2024)第099842号

游艇操作实务
YOUTING CAOZUO SHIWU

主　　编: 胡云平　舒海平
出版发行: 上海交通大学出版社　　地　　址: 上海市番禺路951号
邮政编码: 200030　　电　　话: 021-64071208
印　　制: 上海景条印刷有限公司　　经　　销: 全国新华书店
开　　本: 710 mm×1000 mm　1/16　　印　　张: 17.25
字　　数: 288千字
版　　次: 2024年5月第1版　　印　　次: 2024年5月第1次印刷
书　　号: ISBN 978-7-313-30776-7
定　　价: 88.00元

前言
FOREWORD

随着我国经济的快速发展和社会的进步，游艇活动已成为人们浏览观光、休闲娱乐、商务接待的一种新方式。在此背景下，对于游艇驾驶人员，要提高游艇驾驶技术、确保游艇及人员的安全，顺利通过海事局游艇驾驶员适任评估、考试、取得“游艇驾驶证”是关键。

根据中华人民共和国交通运输部海事局拟定《中华人民共和国游艇操作人员培训、考试和发证办法》。我们编写了这本《游艇操作实务》。本书共八章，主要内容为航行安全及相关安全管理规定、游艇航行基本知识、游艇操纵基本知识、游艇避碰技术、游艇机械推进动力装置基本知识、游艇基本安全知识和水上生存技能、驶帆技术、游艇驾驶员现场操作训练。本书内容紧扣《中华人民共和国游艇操作人员培训、考试和发证办法》的要求，结合浙江省水域的特点、相关航行规定，充分考虑了初学者航海技术基本知识水平和游艇操作特点，力求通俗易懂，知识点简明扼要，针对性、实用性强。

本书第一章至第四章及第八章由宁波大学胡云平主笔，第五章至第七章由宁波大学舒海平主笔，全书由胡云平统稿。同时，方飚雄、王永江、张常汉参与了编写工作。本书经浙江海事局审定。

在编写过程中，我们参考了国内外有关航海院校游艇培训的相关资料，得到了业内人士和浙江海事局的大力支持，在此特致谢意。由于编者水平有限，若书中存在错漏之处，望及时指正。

目录
CONTENTS

第一章　航行安全及相关安全管理法规

第一节　中国沿海、内河水域航行规则概述

一、长江口

长江口是长江的入海口，位于长江口北角和南汇嘴之间，呈喇叭形，最宽处为 43 n mile[①]。长江口水域是我国水上运输最繁忙的区域。随着上海国际航运中心建设和长江江苏段现代化国际海港区建设的加速推进，长江口交通流量不断增加，船舶日趋大型化、快速化，航行局面更加复杂，船舶操纵难度也进一步加大。为了规范船舶航行行为，维护水上交通秩序，长江口水域施行《长江口船舶定线制(2008)》和《长江口船舶报告制》。

(一) 船舶定线制

《长江口船舶定线制(2008)》于 2008 年 6 月 1 日起施行。该定线制由 2 个警戒区、5 条分隔带及 5 条通航分道组成，与相关的锚地和引航作业点共同构成完整的船舶交通体系。

(二) 船舶报告制

1. 适用船舶

《长江口船舶报告制》(2008 年 6 月 1 日起施行)为强制性报告制度，适用于使用长江口船舶定线制的任何船舶。

2. 报告内容

按照国际海事组织(International Maritime Organization，IMO)规定的格式，报告应含如下内容：船名、呼号、位置、航向、航速、始发港、目的港、总长、总吨等。

---

① 1 n mile＝1 852 m。

3. 报告要求

(1) 船舶由北侧、东侧或南侧进入长江口船舶报告制水域时应向吴淞船舶交通管理(vessel traffic service,VTS)报告,船驶离该水域不要求报告。

(2) 配备自动识别系统(automatic identification system,AIS)设备并正确输入了报告内容及船舶类型等信息的船舶不要求报告。

(3) 船舶在长江口锚地抛锚或起锚时应提前 15 min 向吴淞 VTS 报告。

(4) 船舶在报告制水域内发生水上交通事故或污染事故时应立即报告。

4. 呼叫频道和值守要求

(1) 吴淞 VTS 呼叫频道为 VHF08,另外增加 VHF65 频道(双工)为备用工作频道。

(2) 长江口船舶报告制水域内航行或停泊的船舶应在 VHF08 频道保持守听。

(3) 船舶航行安全频道 VHF16 仍须值守。

二、长江口水域(上海段)

《长江上海段船舶定线制规定》(以下简称《定线制》)自 2006 年 4 月 1 日起施行,主要内容包括航路、航行、停泊、避让、责任等,共七章四十条和五个附件。

1. 航路

航路由主航道、辅助航道、小型船舶航道和警戒区组成。

(1) 主航道分为长江口深水航道、外高桥航道、宝山航道、宝山北航道、宝山南航道。航道中心线为通航分道的分隔线,供大型船舶航行。

(2) 辅助航道即南槽航道,分为南槽航道下段、南槽航道上段。航道中心线为通航分道的分隔线,可供大型船舶和小型船舶航行。

(3) 小型船舶航道分为南支航道、外高桥沿岸航道、宝山支航道、宝山南航道南侧航道、主航道北侧航道,主要供小型船舶航行。

(4) 警戒区在航道交汇处设置有九段沙警戒区、圆圆沙警戒区、吴淞口警戒区、宝山警戒区、浏河口警戒区。

2. 航行

(1) 大型船舶应按各自靠右的原则,在主航道和辅助航道内航行。

(2) 小型船舶应按各自靠右的原则,在小型船舶航道和辅助航道内航行。

(3) 船舶进出和航行于警戒区时,应当特别谨慎地驾驶。警戒区内禁止

3. 避让

未在规定航道航行的船舶应当避让沿规定航道航行的船舶。横越航道的船舶应当避让沿规定航道航行的船舶。靠、离码头和系船浮筒的船舶应当避让沿规定航道航行的船舶。

4. 航速限制

船舶航行时，不论顺流、逆流，航速不得大于 8 kn。

5. 富裕水深

《管理规定》无关于富裕水深的强制规定，《吴泾深水航道船舶交通管理规定》要求富裕水深不小于 0.5 m。

6. 能见度不良

能见度小于 1 000 m 时，船舶应当缓速航行；能见度小于 500 m 时，禁止大型船舶航行；能见度小于 100 m 时，禁止一切船舶航行。禁止追越水域：吴淞口灯塔至 106 号灯浮之间水域，110 号灯浮至轮渡东嫩线之间水域，B8 号系船浮筒至轮渡金定线之间水域，陆家嘴弯道水域(苏州河上下游各 500 m 水域)，董家渡弯道水域(张家浜上下游各 500 m 水域)，龙华弯道水域(龙华港上下游各 500 m 水域)，鳗鲤嘴弯道水域(长桥港上下游各 500 m 水域)，徐浦大桥水域(徐浦大桥上下游各 500 m 水域)，闸港弯道水域(闸港上下游各 500 m 水域)，奉浦大桥下游 500 m 至闵浦二桥上游 500 m 范围内水域，闵浦三桥水域(闵浦三桥下游500 m 至闵行发电厂上游边界与巨潮港上口连线之间的水域)。

7. 避免交会水域

陆家嘴弯道，董家渡弯道，龙华弯道，鳗鲤嘴弯道。

8. 掉头

船舶应在指定的掉头区掉头，并不得采用抛锚或拖锚的方式。1 号掉头区：大致范围为军工路码头上游端至轮渡草临线之间的水域，仅限总长度大于 160 m但小于 300 m 的船舶使用。2 号掉头区：大致范围为轮渡东嫩线至立新船厂码头上游端之间的水域，仅限总长度大于 180 m 但小于 300 m 的船舶使用。3 号掉头区：大致范围为上船西厂码头下游端至黄浦码头上游端之间的水域，仅限总长度小于 275 m 的船舶使用。

9. 停泊

黄浦江内有 6 处小型船舶锚地，未设置大型船舶锚地。船舶不得在设有水线标志的上下游各 100 m 范围内水域抛锚或拖锚驶过。船舶如遇恶劣天气等需紧急抛锚时，应及时采取有效措施让出主航道。

(二) 船舶报告制(《管理规定》的要求)

1. 适用船舶

船舶报告制的适用船舶类型如下：

大型船舶、客船、500 载重吨及以上的危险品货船、大型拖轮船队。

2. 报告要求

进口航经吴淞口灯塔与 101 号灯浮的连线、出口航经轮渡草临线时，应当用 VHF19 频道(双工)向吴淞 VTS 报告；航经徐浦大桥时，应当用 VHF13 频道向吴泾海事处报告；大型船舶在航经下列水域时，应当用 VHF06 频道通报动态：陆家嘴弯道水域、董家渡弯道水域、龙华弯道水域、鳗鲤嘴弯道水域。

3. 工作频道

(1) VHF06 频道：船舶航行安全频道，专门用于船舶间呼叫、动态通报和交换避让意图。

(2) VHF19 双工频道：专门用于船舶向吴淞 VTS 报告。

(3) VHF13 频道：专门用于船舶与吴淞海事处、吴泾海事处联系。

(4) VHF08 频道：专门用于船舶与兰州路海事处、董家渡海事处联系。

四、珠江水域

本节所述的珠江水域包括珠江口和珠江。珠江口是国际海上交通及华南沿海交通的枢纽，并已形成了包括国际航运中心香港以及深圳、珠海、广州在内的港口群。该水域是我国水上运输最繁忙的区域之一。近年来，随着南海油田的开采和国家进口石油量的增加，前往珠江口外南海石油终端进行作业和航行中并靠过驳的大型油船也在增多。为了加强交通安全管理，广东海事局在珠江口水域实施了船舶报告制，在担杆水道、大濠水道实施了船舶定线制，将珠江沙角至新沙港区水域划为交通管制区。

(一) 船舶定线制

(1)《珠江口水域船舶定线制(试行)》(2004 年 6 月 1 日起施行)由担杆水道定线制和大濠水道定线制组成。担杆水道定线制含有第一分隔带、第二分隔带和第一警戒区、第二警戒区。大濠水道定线制含有第三分隔带、第四分隔带、第五分隔带、第六分隔带和第三警戒区。

（2）交通管制区南接伶仃航道北航段，北接新沙航道、赤沙航道。在管制区内设立了第四警戒区、第五警戒区、第六警区、第七警戒区，第一横越区、第二横越区，大、小船航路等。

（二）船舶报告制

1. 适用船舶

《珠江口水域船舶报告制（试行）》（2004 年 6 月 1 日起施行）适用于以下船舶：24 m 及以上的渔船、500 总吨及以上的货船、经修正的《1974 年国际海上人命安全公约》第一章规定的客船。

2. 报告线

（1）北报告线：22°20′00″N/113°40′00″E 与 22°20′00″N/113°52′08″E 两点连线。

（2）西报告线：22°20′00″N/113°40′00″E 与 22°00′16″N/113°40′00″E 两点连线。

（3）东南报告线：以桂山引航锚地中心点（22°07′54″N/113°46′50″E）为圆心，半径 10 n mile，从担杆水道（22°08′54.5″N/113°57′30″E）至东澳岛西南方附近水域（22°07′16″N/113°40′00″E）的圆弧线。

3. 报告要求

进口船舶在桂山交管值班管辖的水域内进入报告线，或抛、起锚时，须用 VHF09 频道向桂山交管报告。出口船舶在广州交管中心管辖的水域内起锚或离泊，须用 VHF08 频道向广州交管报告。

4. 报告内容

报告内容通常如下：船名、呼号、位置、始发港、目的港、船长、吃水等。

5. 广州交管中心

（1）服务水域：从广州港桂山锚地附近 10 n mile 水域开始，往北至黄埔大濠洲水道为止，长约 60 n mile 的珠江干线水道。

（2）水域划分：从外海进口距桂山锚地 10 n mile 至伶仃航道纬度线 22°20′N 为桂山交管值班管辖；从伶仃航道北纬 22°20′N 纬度线至大濠洲水道的水域为广州交管中心负责。

（3）工作频道：

守听/呼叫频道：虎门大桥外使用 VHF09，虎门大桥内使用 VHF38。工作频道：VHF21、VHF01。备用频道：VHF64。

(三) 安全航行规定

船舶航行珠江口水域时，除了应遵守《一九七二年国际海上避碰规则》《珠江口水域船舶定线制》外，还要遵守《珠江口水域船舶安全航行规定》(2010 年 4 月 1 日起施行)。其主要航行通则和特别规定如下。

1. 航行通则

(1) 船舶航行必须使用安全航速，当遇有下列情况时，应减速航行，必要时应将船速减至维持舵效的最慢速度或者把船停住：能见度不良；发现来船显示号灯不明确，航向左右不定；前方情况不明或来船避让动态不明显；对他船的意图和动态有所怀疑。

(2) 船舶如要追越前船时，须按章鸣放追越声号，前船应予回答，后船应负责避让前船。后船非经前船同意，不得强行追越。前船同意追越后，应采取减速、尽量让出部分航道等协作行动。后船越过前船后，逆水时应不少于前船三倍船长，顺水时在不少于五倍船长的距离方为驶过让清。

(3) 船舶尾随航行时，后船应与前船保持足以避免发生碰撞的安全距离，并应密切注意前船的动态。后船与前船间的距离，逆水时应不少于后船船长的三倍，顺水时应不少于后船船长的五倍。

(4) 在非交通管制区内，横越航道的船应避让顺航道航行船。

(5) 来往船舶遇有他船在划定的掉头区内掉头时，应主动避让，不得妨碍掉头船舶操纵。正在掉头的船舶也应注意来往船舶的安全。

(6) 船舶航行时应当留有不低于如下文所述的安全富裕水深。当使用如下安全富裕水深标准航行时，船舶通过航段中最浅处的最大船速不应超过 8 kn。

2. 安全富裕水深相关规定

虎门大桥以外：16 000 总吨及以上为 0.6 m，1 600～16 000 总吨(含 1 600 总吨)为 0.5 m，1 600 总吨以下为 0.4 m。虎门大桥以内：16 000 总吨及以上为 0.6 m，1 600～16 000 总吨(含 1 600 总吨)为 0.7 m，1 600 总吨以下为 0.4 m。禁止船舶、设施在设有水下电缆、管线等专用标志的标示水域内抛锚。

五、渤海海区

本节所述的海区为渤海海区及成山角海区。受通航密度大(老铁山水道、成山角水域是我国船舶交会很多的海区之一)、渔网、养殖区、军事禁区限制、水文气象情况复杂等因素的影响，该海区一直是海上交通事故的多发地。冬季的寒潮及冰情，也给航行带来了很大的困难。频发的冬季寒潮大风严重影响着船舶安全，尤其是客滚船，由于其船体结构和载运车辆的特殊性，使其安全系数较一般货船要小，稳性计算较为复杂，如果船舶配积载和操纵不当，尤其是车辆系固不当时，极易发生倾侧等意外。渤海海区、黄海北部曾相继发生过多艘客滚船和货船遇大风浪翻沉的恶性事故，务必引起驾驶人员的足够重视并应加强防范。

（一）船舶定线制

老铁山水道、长山水道和成山角水域实行船舶定线制，其中《成山角水域船舶定线制》和《成山角水域强制性船舶报告制》于2000年5月19日由IMO审议通过，并于2015年发布修订文件。

1. 老铁山水道船舶定线制（2006年6月1日起施行）

东、西行船舶通航分道水域，宽度各为2.25 n mile，长度各为9 n mile，主交通流向各为120°、300°。要求船舶应遵守《一九七二年国际海上避碰规则》第二章第十条的规定；应在VHF10、VHF16频道上守听，并遵守《中华人民共和国大连海事局船舶交通管理系统安全监督管理规定》的有关规定；不应穿越通航分道，如需穿越，必须提前向大连船舶交管中心报告，得到许可后方可穿越；驶入、驶出和在警戒区内时应特别谨慎航行，并运用良好的船艺。

2. 长山水道船舶定线制（2009年1月1日起施行）

西行船舶通航分道水域宽度西部为2.5 n mile，东部为2.3 n mile，中间最窄处为1 n mile，长度为14.7 n mile，主交通流向为282°。东行船舶通航分道水域宽度东部为2.2 n mile，西部为3.7 n mile，最窄处为1 n mile，长度为9.8 n mile，主交通流向为102°。

分隔带水域宽度为0.2 n mile，长度为23.5 n mile。东部警戒区为半径4 n mile的圆弧水域，西部警戒区为半径5 n mile的圆弧水域。

3. 成山角水域船舶定线制（2000年12月1日起施行）

南北行船舶通航分道水域宽度各为2 n mile，主交通流向为000°/180°和150°/330°。

（二）船舶报告制

1. 老铁山水道船舶报告制（2006年6月1日起施行）

（1）适用于进入以老铁山灯塔为中心、半径20 n mile以内水域的客船、300总吨及以上的其他船舶、300总吨以下自愿加入本报告制的船舶。

（2）使用VHF10频道向大连VTS报告。

2. 长山水道船舶报告制

船舶进入报告水域,应在VHF08、VHF16频道守听,并按照规定用VHF16频道呼叫,用VHF08频道向北长山船舶交通管理站报告。不应穿越通航分道;如需穿越,必须提前向北长山船舶交通管理站报告,得到许可后方可穿越。驶离报告水域时,不需要报告。

3. 成山角水域强制性船舶报告制(2000年12月1日起施行)

适用于进入以成山角VTS地理位置为圆心、半径24 n mile以内水域的24 m及以上的渔船、300总吨及以上的货船、经修正的《1974年国际海上人命安全公约》第一章规定的客船。

使用VHF向成山角VTS报告:呼叫频道为VHF16,工作频道为VHF8或9,备用频道为VHF65。

六、宁波—舟山海区

本节所述的海区是舟山群岛及附近海区,包含了杭州湾。在介绍水道航法时,为了保持航线的连续性及资料的完整性,也涉及传统海区定义以外的海域。

舟山海区是我国最著名的海洋渔区,又有商船南北习惯航路(外航路、东航路、中航路),各类船舶密集,航行秩序、会遇态势极为复杂。该海区受地理位置、岛屿、山系和地形等因素的影响,气象多变,是受台风和寒潮侵袭均较频繁的海域。受客观、主观等诸多原因影响,宁波—舟山海区一直是我国海上交通事故多发区,特别是碰撞后渔船沉没、人员死亡事故时有发生,务必引起驾驶人员高度警惕并应加强防范。相关的管理规定主要有《浙北水域船舶交通组织一体化》《舟山船舶交通管理系统安全监督管理规则》《舟山灌门航道、龟山航道通航安全管理规定》《宁波舟山港核心港区交通组织一体化》《宁波舟山港核心港区深水航路船舶定线制》。以下主要是《宁波舟山港核心港区深水航路船舶定线制》《上海洋山深水港区及其附近水域船舶报告制规定》的相关规定。

(一) 报告制

1. 宁波舟山核心港区

(1) 下列船舶、设施应按《宁波船舶交通管理系统安全监督管理规则》向VTS中心报告:客船,外国籍船舶、设施,危险品船舶,拖带船队等操纵能力受到限制的船舶、设施,300总吨及以上的其他中国籍船舶。300总吨及以下的其他中国籍船舶、设施,如配备有甚高频无线电话(very high frequency radio

telephone，VHF radio telephone)，可自愿参加本规则规定的船舶报告制度。

（2）宁波船舶交通管理系统报告线及报告点如下。

L1 报告线：桃花岛灯桩与虾峙岛东挑咀连线；L2 报告线：上溜网重岛灯桩与桃花岛西南端连线；L3 报告线：金塘岛东南端宫山与涂泥嘴灯桩连线；L4 报告线：30°05′14″N/121°35′54″E 与 30°07′03″N/121°49′15″E 连线；L5 报告线：甬江口北导流堤灯桩与长跳嘴灯桩连线；L6 报告线：穿山西口—大榭 1 号灯浮与协和 1 号灯桩连线；L7 报告线：穿山北口—大榭岛灯桩与穿鼻岛灯浮连线；L8 报告线：穿山东口—经线 122°01′24″E 凉帽山以南段；L9 报告线：岛杵山灯桩沿 30°03′N 往东至金塘岛；L10 报告线：上溜网重岛灯桩与峙头角东端连线；L11 报告线：上溜网重岛灯桩与六横岛东端六横岬连线；L12 报告线：29°42′30″N/121°50′36″E 与 29°42′30″N/122°04′24″E 连线；C3 报告线：金塘岛东南端宫山与大猫岛西端连线；P1 报告点：洋小猫灯桩正横。

（3）报告内容。

A—船名、呼号和国际海事组织编码(若适用)，C 或 D—位置(经纬度或相对于陆标的位置)，E—航向，F—航速，G —上一停靠港，I—目的港，O—吃水，Q—缺陷及限制(拖船应报告其拖带长度及被拖物名称)，DG—危险货物，U—总长及总吨。

（4）其他报告要求。

① 船舶或设施拟通过金塘大桥主通航孔、西通航孔时，还应在进入大桥水域前，向宁波 VTS 中心报告船舶动态、船舶水面以上最大高度和拟通过的通航孔名称。

② 船舶或设施拟通过金塘大桥东通航孔、西堠门大桥、桃夭门大桥通航孔时，还应在进入大桥水域前，向舟山 VTS 中心报告船舶动态、船舶水面以上最大高度和拟通过的通航孔名称。

③ 船舶、设施正横于洋小猫灯桩时，应通过 VHF08 频道向宁波 VTS 中心报告船舶动态。

④ 船舶驶离报告水域时，应报告船名和下一停靠港。

⑤ 在报告水域内发生水上交通事故或污染事故时，船舶应立即报告事故的种类、时间、地点、损害或污染的程度以及是否需要援助，并应按照主管机关的要求提供与事故相关的其他信息。

宁波 VTS 中心的呼叫频道为 VHF06/08，舟山 VTS 中心的呼叫频道为

VHF11。船舶、设施通过 L1、L2、L7、L8 报告线时，使用 VHF08 频道向宁波 VTS 中心报告；通过 L3、L4、L5、L6、L9 报告线时，使用 VHF06 频道向宁波 VTS 中心报告；通过 C1、C2、C3、C4 报告线时，使用 VHF11 频道向舟山 VTS 中心报告。

2. 洋山深水港区及其附近水域

(1) 下列船舶、设施应执行《上海洋山深水港区及其附近水域船舶报告制规定》(2005 年 12 月 8 日起施行)：国际航行船舶，150 总吨及以上拟在小衢山与西马鞍山岛之间穿越洋山港主航道的船舶，500 总吨及以上油船、化学品船、液化气船，客船，主机额定功率 750 kW 及以上拖船，1 000 载重吨及以上的拖船船队或者顶推船-驳船组合体，1 000 总吨及以上其他国内航行船舶。

(2) 报告制区域为以下 Y1、Y2、Y3 报告线与岸线围成的区域及洋山深水港主航道及锚地组成的区域。

Y1 报告线：虎啸蛇岛东角、大戢山灯塔与大治河口连线。Y2 报告线：虎啸蛇岛东角、西马鞍山灯塔、唐脑山灯塔与 30°35′47″N/121°40′00″E 处连线。Y3 报告线：30°35′47″N/121°40′00″E 处向北至岸边。Y4 报告点：黄泽洋灯船。

(3) 使用 VHF13 频道向洋山港海事处报告并保持在该频道守听。

在通过 Y1、Y2、Y3 报告线或 Y4 报告点进出洋山港主航道时，应报告船名、国籍、船位、吃水、出发港和目的港等船舶动态。在小衢山与西马鞍山岛之间穿越洋山港主航道时，应提前 30 min 报告船舶动态。

(二) 航行避让要点

舟山海区不仅水文复杂，气象多变，而且岸线曲折，岛屿众多，形成了许多水道和航门。舟山群岛有作为我国沿海南北大通道重要组成部分的多条航路，也是我国水道、航门最多的海区。舟山群岛还是我国最著名的渔业基地，随着海上渔业的迅速发展，渔船数量不断增加。同时，随着宁波舟山港、洋山深水港区等的建设规模不断扩大，特种船、高速船、超大型船等各类船舶也日益增多。

以上客观情况造成了舟山海区通航环境和交通流极为复杂。特别应注意的是，商船与渔船交叉会遇时，因商船避让不当等原因造成的碰撞(渔船)沉船、人员死亡等恶性事故不断发生，且呈上升趋势。因此，驾驶人员认真研究渔船航行、作业特点，掌握避让的良好船艺，以防止事故的发生，是十分紧迫和必要的，而且这也是保证舟山海区安全航行的有效途径。

1. 渔船特点

部分渔船驾驶员素质较低，不遵守，甚至不懂海上避碰规则（如非“从事捕鱼”无“直航船”权利等）；不按规定配足驾驶员，导致在船驾驶员疲劳驾驶，不能保持正规瞭望；驾驶台低矮，导航设备差或不能正确使用，瞭望受影响，临近大船时甚至分不出其艏艉，不知如何避让；通信设备配置及使用不当，无法与大船正常联系沟通；不能按照避碰规则规范显示号灯号型（甚至夜间不点灯，或航行时也开启甲板强光灯）；习惯于成群结队航行及作业，尤其在渔汛期间；出海和返航编队航行时，跟随其后的渔船驾驶台往往无合适的人员，甚至无人瞭望（尤其是在夜间）；出海时为了讨个好彩头（迷信），会特地等大船驶近时突然抢越大船船头；捕捞作业时驾驶台一般无人值守，但当发现有船驶近时，为保护其渔具会近距离突然朝驶近船船首驶去，逼迫驶近船转向避让；航行中会频繁变向、变速等，改变航行状态；经常冒险在雾中航行；由于船小（或为木质渔船），当受到海浪、雨雪干扰时，不易被大船的雷达探测和识别。

2. 避让要点

（1）制定航线时，应查阅航路指南等图书资料，尽可能避开传统渔场、渔船密集区。

（2）学习掌握渔船的航行、作业特点和避让方法，特别是要对渔船的不规则或突然的违章行动时刻保持足够戒备，落实应对措施。

（3）严格遵守《一九七二年国际海上避碰规则》，尤其要正确理解和执行“直航船的行动”条款（采取“独自行动”和“最有助于避碰的行动”），增强“让路船”意识，早让、宽让、主动避让无论是作业还是非作业渔船。

（4）不可依赖雷达的自动标绘和报警功能，应充分考虑到雷达误差和探测不到渔船的可能性，任何时候都不能放松视觉瞭望。

（5）不应从编队渔船和对拖网渔船的中间驶过，通过不同作业方式渔船船头或船尾时，应注意保持足够的安全距离。

（6）遇到渔船密集时，应极其谨慎地驾驶，特别是夜间（有资料统计，90％的重大事故发生在夜间），必要时可绕航，或备车、减速，切勿盲目近距离频频转向避让。

无论如何，应按《一九七二年国际海上避碰规则》的要求切实做到“如需为避免碰撞或留有更多的时间来估计局面，船舶应当减速、停止或倒转推进器把船停住。”

第二节 船舶交通管理系统有关法律法规概述

本节主要介绍与游艇相关的法律法规，为游艇工作者的行为提供法律依据。

一、《中华人民共和国海上交通安全法》

该法制定的目的是加强海上交通管理，保障船舶、设施和人员生命财产的安全，维护国家权益。该法的适用范围为在中华人民共和国管辖海域内从事航行、停泊、作业以及其他与海上交通安全相关的活动。国务院交通运输主管部门主管全国海上交通安全工作，其他各级海事管理机构按照职责具体负责辖区内的海上交通安全监督管理工作。该法主要从船舶、海上设施和船员，海上交通条件和航行保障，航行、停泊、作业，海上客货运输安全，海上搜寻救助，海上交通事故调查处理，监督管理，法律责任等方面进行规范。该法自 2021 年 9 月 1 日起施行。

二、《中华人民共和国船舶交通管理系统安全监督管理规则》

该规则是为加强船舶交通管理，保障船舶交通安全，提高船舶交通效率，保护水域环境，根据《中华人民共和国海上交通安全法》《中华人民共和国内河交通安全管理条例》等有关法律法规而制定。该规则适用于在中华人民共和国沿海及内河设有 VTS 系统的区域内航行、停泊和作业的船舶、设施（以下简称船舶）及其所有人、经营人和代理人。交通运输部海事局是全国船舶交通管理系统安全监督管理的主管机关。本规则主要从船舶报告、船舶交通管理、船舶交通服务、法律责任等四个方面进行了规范。该规则自 1998 年 1 月 1 日起施行。

三、《中华人民共和国内河交通安全管理条例》

该条例目的是加强内河交通安全管理，维护内河交通秩序，保障人民群众生命、财产安全，适用于在中华人民共和国内河通航水域从事航行、停泊和作业以及与内河交通安全有关的活动。国家海事管理机构在国务院交通主管部门的领导下，负责全国内河交通安全监督管理工作。该条例主要从船舶、浮动设施和船员，航行、停泊和作业，危险货物监管，渡口管理，通航保障，救助，事故调查处理，监督检查，法律责任等方面进行了规范。该条例自 2002 年 8 月 1 日起施行。

四、防止船舶污染水域有关规定

这些规定要求任何单位和个人发现船舶及其有关作业活动造成或者可能造成海洋环境污染的，应当立即就近向海事管理机构报告。这些规定从防治船舶及其有关作业活动污染海洋环境的一般规定、船舶污染物的排放和接收、船舶有关作业活动的污染防治、船舶污染事故应急处置、船舶污染事故调查处理、船舶污染事故损害赔偿六个方面进行了规范。

五、《中华人民共和国内河海事行政处罚规定》

该规定是为规范内河海事行政处罚行为，保障和监督海事行政管理，维护内河水上交通秩序，防治船舶污染水域，保护公民、法人和其他组织的合法权益，根据《中华人民共和国行政处罚法》《中华人民共和国内河交通安全管理条例》和其他有关法律、行政法规而制定。本规定主要从内河海事行政处罚的适用，违反船舶、浮动设施所有人、经营人安全管理秩序，违反船舶、浮动设施检验管理秩序，违反船员管理秩序，违反通航安全保障管理秩序，违反船舶、浮动设施遇险救助管理秩序，违反内河交通事故调查处理秩序，违反防治船舶污染水域监督管理秩序等方面进行了规范。该规定自 2015 年 7 月 1 日起施行。

六、《中华人民共和国海上海事行政处罚规定》

该规定是为规范海上海事行政处罚行为，保护当事人的合法权益，保障和监督海上海事行政管理，维护海上交通秩序，防止船舶污染沿海水域，根据《中华人民共和国海上交通安全法》《中华人民共和国海洋环境保护法》《中华人民共和国行政处罚法》及其他有关法律法规而制定的，适用于在中华人民共和国管辖沿海水域及相关陆域发生的违反海上海事行政管理秩序的行为。该规定主要从海上海事行政处罚的种类和适用、海上海事行政违法行为和行政处罚、海上海事行政处罚程序、简易程序四个方面进行了规范。该规定自 2021 年 9 月 1 日起施行。

第三节　游艇安全管理等相关规定

为规范游艇操作人员的管理、提高操作人员的技术水平、满足社会需求、促进游艇业的健康发展，根据《游艇安全管理规定》的有关要求，相关的规章制度有

《中华人民共和国游艇操作人员培训、考试和发证办法》《游艇操作人员理论培训与考试大纲》《游艇操作人员实际操作培训与评估大纲》，以及各省的一些相关规定，如浙江省 2011 年 5 月 1 日起执行的《浙江海事局游艇安全监督管理实施细则》。

一、《游艇安全管理规定》

该规定是为规范游艇安全管理，保障水上人命和财产安全，防治游艇污染水域环境，促进游艇业的健康发展，根据水上交通安全管理和防治船舶污染水域环境的法律法规而制定，适用于在中华人民共和国管辖水域内游艇航行、停泊等活动的安全和污染防治管理。

游艇是指仅限于游艇所有人自身用于游览观光、休闲娱乐等活动的具备机械推进动力装置的船舶。游艇俱乐部是指为加入游艇俱乐部的会员提供游艇保管及使用服务的依法成立的组织。

中华人民共和国海事局统一实施全国游艇水上交通安全和防治污染水域环境的监督管理。

该规定主要从检验、登记，游艇操作人员培训、考试和发证，航行、停泊，安全保障，监督检查，法律责任等方面进行了规范。该规定自 2009 年 1 月 1 日起施行。

二、《中华人民共和国游艇操作人员培训、考试和发证办法》

该办法是为规范游艇操作人员的管理，提高游艇操作人员的技术水平，保障水上人命和财产安全，根据《游艇安全管理规定》和《中华人民共和国船员培训管理规则》等有关规定而制定的。中华人民共和国海事局是实施本办法的主管机关，经主管机关授权的各级海事管理机构具体实施游艇操作人员培训、考试和发证的管理工作。

该办法主要从游艇分类，申请“游艇驾驶证”应满足条件，申请“游艇驾驶证”者应提交材料，变更、换证等方面进行了规范。该办法自 2022 年 1 月 1 日起实施。

三、《游艇法定检验暂行规定》

游艇不同于普通商船，在登记和检验制度上各国差异很大，有的国家不需要检验，有的国家需要检验但不需要登记，而有的国家甚至完全不需要登记和检验，但共同点是实行宽松的管理。因此交通运输部在起草游艇管理规定时，立足于我国游艇业尚在起步阶段、无论是游艇制造还是使用都不够成熟的国情，在现行海事法律法规框架下，借鉴国外游艇发达地区的管理经验，确立以游艇业主自主管理和行业自律的原则，意在创立一个宽松的、有利于我国游艇业健康发展的法律环境。现阶段对游艇的检验管理既不宜过于宽松，以免影响游艇自身及公共安全，也不能过于严苛，以免影响游艇业的健康发展。《游艇安全管理规定》在游艇检验领域包括两个方面的内容：一是游艇应当经船舶检验机构按照交通运输部批准或者认可的游艇检验规定和规范进行检验，并取得相应的船舶检验证书后方可使用；二是游艇应当申请附加检验。2008 年 9 月 19 日，中华人民共和国海事局下发了《关于公布实施〈游艇法定检验暂行规定〉的通知》（海法规〔2008〕423 号），自 2009 年 1 月 1 日起实施。该规定为游艇的法定检验提供了依据。游艇作为船舶的一种，为保证其具备安全航行、安全作业的技术条件，保障人民生命财产的安全和防止水域环境污染，须按照《中华人民共和国船舶和海上设施检验条例》以及我国现行船舶检验制度，经船舶检验机构按照《游艇法定检验暂行规定》进行检验，并取得相应的船舶检验证书后方可使用。

在境外购入的非营业性自用游艇，应当持有境外有关主管机关认可的游艇检验证书或者认可的组织签发的游艇合格证，并向经中华人民共和国海事局认可的船舶检验机构申请初次检验。使用中的游艇应当按照规定，每 2 年向船舶检验机构申请定期检验，经检验合格方可继续使用。对于由游艇业主委托游艇俱乐部按照双方合同规定由俱乐部承担日常维护、保养和管理的游艇，可以每 5 年申请定期检验。

该规定主要从检验类别、证书签发和签署、证书失效、游艇的登记四个方面进行了规范。

第二章　游艇航行基本知识

第一节　内河航行基本知识

一、航道尺度和水流条件

航道指船舶由深水区域航行至各码头边缘的水道，有主航道与支航道之分。主航道通过港口，是船舶进出港的公共航道，支航道则指由主航道通至各码头边的水道。

如果低潮时，航道的天然水深已足够满足船舶航行的需要，这时就不需要人工开挖航道，只需在船舶出入港的安全、合理的路线上布置助航航标就可以了，这种航道称为天然航道；如果航道天然水深不足，须进行人工疏浚后方能满足船舶安全航行的需要，这种航道称为人工航道。

航道的基本要素如下。

进港航道应保证船舶安全方便地进出港口，因此必须有足够的深度和宽度、适当的位置、走向和弯道曲率半径。

(1) 航道水深。

航道的水深足够是港口通航的基本条件之一，水深常常是限制进港船舶吨位和航道通过能力的主要因素。

(2) 航道宽度。

航道宽度是指航槽断面通航水深处两底边线之间的宽度。

二、内河航道的分类及其特点

内河航道是指在内陆水域中用于船舶航行的通道，可分为天然航道和人工航道。

港口航道还可以防波堤为界，分为港内、港外两部分。港外航道往往位于开敞海面，而港内航道一般位于受到某种程度掩护的水域中。

内河航道的等级分类如下：① 一级航道可通航 3 000 t 船舶；② 二级航道可通航 2 000 t 船舶；③ 三级航道可通航 1 000 t 船舶，三级航道尺度的最低标准为水深 3.2 m、底宽 45 m；④ 四级航道可通航 500 t 船舶，四级航道尺度的最低标准为水深 2.5 m、底宽 40 m；⑤ 五级航道可通航 300 t 船舶；⑥ 六级航道可通航 100 t 船舶；⑦ 七级航道可通航 50 t 船舶；⑧ 等级外航道可通航 50 t 以下船舶。该等级是按河流所能通行船舶大小评定的。

第二节　宁波舟山港航路概况

游艇驾驶人员在浙江沿海海域航行时可查阅中华人民共和国交通部海事局出版的《中国沿海港口航道图目录》及海军航道测量局出版的《航海图书目录》。其他相关航行资料可查阅人民交通出版社出版的《宁波舟山港航标助航指南》。

本节所涉及相关海图图号如下。

（1）《中国沿海港口航道图目录》：50201、50202、50203、50204、50301、50302、50303、50311、50402、50403、50404、50406、50411、50102、50106。

（2）《航海图书目录》：13300、13500、13359、13381、13391、13511A、13511B、13519、13531、13571、13170、13310、13319、13339、13341、13361、13370、13371、13379、13383、13384、13385、13399、13411、13412、13421、13431、13441、13451、13510、13511、13514、13518、13521。

一、地理位置

宁波舟山港地处我国海岸线中部、浙江省东北部宁波、舟山市境内，紧邻我国沿海水运主通道与长江黄金水道交汇处。宁波、舟山是浙江省对外开放的最重要口岸，宁波舟山港北距上海吴淞口 130 n mile、南距广州 824 n mile。

二、港区

宁波舟山港紧邻我国沿海水运主通道与长江黄金水道交汇处，具有独特的地理优势和优良的港口条件。随着长江沿线经济发展战略的实施和上海国际航运中心的建设，宁波舟山港成为长江三角洲及长江沿线集装箱干线港、国家战略物资储备基地和外贸大宗原材料的海江转运中心。根据岛屿分布、港区分布和航道锚地资源情况，将宁波舟山港海域范围划分为南部、中部、北部，分别以六横岛和中街山列岛为界。其中，南部海域指六横岛以南的象山港区、石浦港区两个港区所在水域，中部海域指六横岛和中街山列岛之间的岱山、马岙、白泉、岑港、金塘、镇海、定海、沈家门、大榭、北仑、甬江、穿山、梅山、六横十四个港区所在水域，北部海域指中街山列岛以北的嵊泗、洋山、衢山三个港区所在水域，总计十九个港区。

三、航路和锚地

(一) 航路

进入宁波舟山港各港区主要航路(道)共有 19 条，助航设施齐全，可满足船舶昼夜航行。主要航路(道)如下。

(1) 虾峙门口外锚地至北仑港区航路，最小海图水深 22.5 m。

(2) 虾峙门口外锚地至大榭港区(B 港区、C 港区、D 港区)航路，最小海图水深 22.5 m。

(3) 虾峙门口外锚地至穿山港区航路，最小海图水深 22.5 m。

(4) 西航路(ZJ04)至北仑港区航路，最小海图水深 7 m。金塘大桥建成后，主通航孔净空高度 51 m，副通航孔净空高度 25.5 m。

(5) 定海港区进港航路，最小海图水深 10 m。蟹峙门进口竹山门电力架空线通航净空高度 48 m。

(6) 沈家门港区进港航路，最小海图水深 4.2 m。

(7) 老塘山港区进港航路，最小海图水深 13.5 m。

(8) 金塘港区进港航路，最小海图水深 18.0 m。

(9) 西航路至镇海港区、甬江航路，甬江招宝山大桥以外最小海图水深 7 m。金塘大桥建成后，主通航孔净空高度 51 m，副通航孔净空高度 25.5 m。甬江招宝山大桥上游至宁波作业区最小海图水深 4 m，通航净空高度 32 m。

(10) 宁海电厂进港航路，最小海图水深 7.8 m。

(11) 乌沙山电厂进港航路，最小海图水深 7.8 m。

(12) 石浦港进港航路，其中经铜瓦门至石浦港航路最小海图水深 3.6 m，经下湾门至石浦港航路最小海图水深 5 m。

(13) 进绿华山港区航路，最小海图水深 11.6 m。

(14) 马迹山进港航路，其中外轮进港航路最小海图水深 22.1 m，二程船东航路最小海图水深 11.6 m，西航路最小海图水深 8.4 m。

(15) 衢山港区进港航路,最小海图水深 14.5 m。

(16) 高亭、马岙进港航路,最小海图水深 13.0 m。

(17) 六横港区进港航路,最小海图水深 18.0 m。

(18) 定海西码头—小洋山航路,最小海图水深 18.0 m。

(19) 舟山鸭蛋山至宁波白峰航路,最小海图水深 18.0 m。

(二) 锚地

宁波舟山港及沿海现有主要锚地 41 个,各锚地名称及功能如下。

(1) 七里锚地:引航、待泊、避风。

(2) 金塘锚地:引航、待泊、避风。

(3) 虾峙门北锚地:引航、待泊。

(4) 虾峙门南锚地:引航、待泊。

(5) 石浦港 4 号锚地:待泊、避风。

(6) 石浦港 5 号锚地:待泊、避风。

(7) 石浦港 6 号锚地:待泊、避风。

(8) 石浦港 7 号锚地:待泊、避风。

(9) 石浦港 8 号锚地:待泊、避风。

(10) 石浦港 9 号锚地:待泊、避风。

(11) 石浦港港外锚地:待泊、避风。

(12) 石浦港引航锚地:待泊、引航。

(13) 绿华山南锚地:过载、避风、临时锚泊。

(14) 马迹山 1 号锚地:大型矿砂船引航、待泊锚地。

(15) 马迹山 2 号锚地:大型矿砂船引航、待泊锚地。

(16) 马峙 1 号锚地:避风、待泊。

(17) 马峙 2 号锚地:避风、待泊。

(18) 马峙检疫过驳锚地:位于马峙 1 号锚地内,为外籍船舶检疫过驳锚地。

(19) 马峙危险品锚地:供 500 总吨以下危险品船舶停泊。

(20) 马峙危险品作业锚地:位于马峙 1 号锚地内,供危险品船舶作业。

(21) 野鸭山锚地:避风、待泊。

(22) 高亭检疫锚地:岱山二类口岸国内船舶检疫待泊。

(23) 秀山锚地:习惯锚地。

(24) 浪激嘴锚地:习惯锚地。

（25）衢山港检疫锚地：检疫。
（26）五虎礁锚地：避风、检疫、待泊。
（27）高亭锚地：习惯锚地。
（28）绿华山北锚地：过载、避风、临时锚泊。
（29）绿华锚地：活鲜水产品交货点。
（30）陈钱山北锚地：嵊泗二类口岸，国内船舶检疫待泊。
（31）陈钱山南锚地：嵊泗二类口岸，国内船舶检疫待泊。
（32）金鸡山锚地：嵊泗二类口岸，国内船舶检疫待泊。
（33）黄星锚地：活鲜水产品交货点。
（34）普陀山外籍客船检疫锚地：外籍客船检疫待泊。
（35）岙山检疫锚地：检疫待泊。
（36）平阳浦锚地：小型船舶避风停泊。
（37）墩头锚地：小型船舶避风停泊。
（38）小竹山东侧锚地：避风停泊。
（39）大五奎南侧锚地：避风停泊、船舶交易停泊。
（40）大五奎东侧锚地：油船、危险品船避风停泊。
（41）东霍山锚地：习惯锚地，主要供 3 万吨级及以下船舶待泊使用。

四、水文气象

宁波舟山港属亚热带季风气候，东临太平洋，背靠欧亚大陆，全年气候温和，四季分明，雨量充沛，春季多海雾，夏季多台风。

（一）风况

宁波舟山港所在地区风速随季节变化较大，冬季多偏北风，夏季多偏南风，春秋季为两种季风过渡期。冬季风速略大，夏季小，最大风速为 54.2 m/s。受地形影响，各地风况差异较大。本海区每年 7—8 月易受热带风暴影响，平均每年发生台风 3.9 次，其中强台风占 82%。热带风暴出现的风向以 NNW - NNE 向和 ENE 向为多，一次热带风暴最长持续时间为 2～3 天。台风过境会引起强风和降水。对本海域影响最严重的台风路径主要有两类：一类是于浙江中、南部登陆后转向东北出海或转向西北内陆消失，另一类是台风中心贴近本海域北上。

（二）雾

宁波舟山海域每年冬季早晨多雾，能见距离不大于 1000 m 的雾日多年平均数如下：北仑 28.7 天、梅山 17.2 天、石浦 55 天、定海 17.4 天、岱山 26.8 天、嵊泗 32 天。雾的持续时间一般不足 3 h，最长连续雾日数为 10 天。

（三）波浪

本海区濒临东海，长周期波浪可传入本海域，冬季波浪多来自偏北方向，夏季波浪多来自偏南方向。

（四）潮汐

北仑、穿山、大榭、象山港区及舟山西部海域为不正规半日潮港，梅山港区、石浦港区、虾峙门航道及舟山东部海域为正规半日潮港。

（五）潮流

潮流多为往复流，涨落潮主流向与等深线走向基本一致，局部海区潮流略带旋转。最大流速发生在高（低）潮后 2～4 h，夏季流速大于冬季流速，大潮流速大于小潮流速。流速垂直分布，次表层流速最大。受地形影响，各港区水域潮流流速相差较大。

五、助航设施

（一）视觉航标

宁波、舟山沿海及主要港口视觉航标主要由灯浮标、灯桩、灯塔等组成。助航标志共 494 座，其中灯浮标 91 座、灯桩 351 座、灯塔 23 座、其他航标 29 座。沿海及主要港口航路沿途配备各类视觉航标，满足船舶昼夜航行需要。

（二）无线电航标

无线电航标共 58 座，其中定海差分全球定位系统（differential global positioning system，DGPS）基准站 1 座，雷达应答器 45 座，雷达指向标 2 座，雷达反射器 4 座，花鸟、小衢山、下三星、七里峙、虾峙、北渔山等地设 6 座 AIS 基站，DGPS 信号基本能覆盖宁波、舟山沿海及主要港区，AIS 信号基本能覆盖沿海及主要港区。

（三）音响航标

七里灯塔设雾笛 1 座，岱山水域设雾笛 2 座。

六、VTS

在 VTS 管理区域内航行、停泊、作业的船舶，应严格遵守船舶交通管理系统安全监督管理规则等。

宁波舟山相关管理规定，外国籍船舶、客船、危险品船舶和 300 总吨及以上的其他中国籍船舶在通过报告线时，应通过 VHF 向 VTS 报告船舶动态。应船舶、设施请求，VTS 中心可提供相关信息服务。VTS 覆盖范围一般为 20～25 n mile。

管理服务区域包括 7 个分区，具体如下。

（一）第一管理分区

由虾峙门航道小老虎礁灯桩与桃花岛东南侧（29°47′30″N/122°16′18″E）连线以东以及如下几点连线组成的区域：① 29°46′31″N/122°19′19″E；② 29°46′31″N/122°34′54″E；③ 29°34′30″N/122°34′54″E；④ 29°34′30″N/122°18′28″E；⑤ 29°37′32″N/122°13′58″E；⑥ 六横岛外礁灯桩；⑦ 虾峙岛东挑嘴（29°44′41″N/122°18′13″E）。

（二）第二管理分区

东白莲岛新牙咀与升螺圆山岛连线、L2 报告线、L3 报告线组成的水域。

（三）第三管理分区

虾峙门航道小老虎礁灯桩与桃花岛东南侧（29°47′30″N/122°16′18″E）连线、东白莲山新牙咀与升螺圆山岛连线、29°56′00″N/122°05′57″E 与涨水潮岛连线、29°56′00″N/122°05′57″E 与 29°56′00″N/122°10′00″E 连线、29°56′00″N122°10′00″E 与桃花岛桃花咀连线组成的水域。

（四）第四管理分区

29°56′00″N/122°10′00″E 与桃花岛桃花咀连线以及东马峙 1 号、2 号锚地与岙山联检锚地组成的水域。

（五）第五管理分区

29°56′00″N/122°05′57″E 与涨水潮岛连线、29°56′00″N/122°05′57″E 与螺头角灯桩连线、金塘岛宫山灯桩与螺头角灯桩连线、大浦口咀（29°59′30N″/121°50′18″E）与杨公山咀（29°58′05″N/121°47′42″E）连线组成的水域。

（六）第六管理分区

大浦口咀（29°59′30″N/121°50′18″E）与杨公山咀（29°58′05″N/121°47′42″E）连线、L4 与 L5 报告线组成的水域。

（七）第七管理分区

如下各点连线及舟山岛、外钓山岛、册子岛、金塘岛、大猫岛沿岸围成的水域：舟山岛西端（30°10′00″N/121°56′00″E）、小菜花灯桩、金塘岛北端（30°05′12″N/121°52′24″E）、金塘岛宫山灯桩、螺头角灯桩、大猫岛西端（29°57′12″N/122°01′24″E）、螺头（30°00′00″N/122°01′24″E）、老塘山（30°03′04″N/121°59′04″E）、外钓山南端

(30°03′08″N/121°57′54″E)、外钓山北端(30°03′56″N/121°58′02″E)、册子岛东侧(30°05′26″N/121°56′50″E)、册子西灯桩(30°05′05″N/121°47′42″E)连线、L4 与 L5 报告线组成的水域。

表 2 - 1 所示为舟山 VTS 雷达站分布情况。

表 2 - 1　舟山 VTS 雷达站分布情况

序号	通信监管台站名称	经　度	纬　度
1	马王岗雷达站	121°55′09″	30°06′02″
2	尖峰山雷达站	121°56′12″	30°04′19″
3	马迹山雷达站	122°25′39″	30°40′32″
4	西绿华雷达站	122°36′45″	30°49′31″
5	江南山雷达站	122°13′42″	30°13′55″
6	长白岛雷达站	122°02′52″	30°11′42″
7	沈家门雷达站	122°20′59″	29°57′11″
8	青山雷达站	122°10′42″	30°06′50″
9	大鱼山	121°58′37″	30°20′25″
10	大衢山	122°25′10″	30°26′32″
11	大长途	122°23′41″	30°16′16″
12	后岙岗 VHF 基站	122°06′36″	30°03′59″
13	观音山 VHF 基站	122°18′41″	30°25′47″

数据来源：东海航海保障中心宁波航标处(截至 2024 年 1 月 5 日)。

七、宁波舟山港核心港区航行指南

(一) 核心港区概述

核心港区为虾峙门口外锚地至北仑港区，其航路的参考海图编号为 50311、50201、13300、13381、13519。

北仑港区位于金塘水道以南，港区水域潮汐为不规则半日潮，潮流为往复流，流速为 2～4 kn，每天呈两涨两落态势，波浪以风浪为主，常浪向为 NW～NNW 向，强浪向多发生在 NNE 向～NW 向范围内。北仑港区是宁波舟山港现代化、多功能、综合性的核心枢纽港区，以承担远洋、沿海大宗散货中转和外贸集装箱运输任务为主，是具有货物装卸储存、保税仓储、现代物流、临港工业开发、水运工业等功能的大型深水港区。北仑港区现有万吨级以上泊位 36 个，10 万吨级及以上泊位 8 个，其中 10 万吨级集装箱泊位 4 个，10 万吨级、20 万吨级矿石泊位各 1 个，25 万吨级原油泊位 2 个。

该航路是大型船舶进出北仑港区的必经之路，从虾峙门口外锚地经虾峙门口外航道、虾峙门、峙头洋、螺头水道、金塘水道至北仑港区，全长约为 38 n mile，最浅水深在虾峙门口外深水航槽段，该航槽长 8 n mile，设计底宽 390 m，海图水深 22.5 m，航路最窄处在虾峙门航道下栏山海面，可航水域宽度约 700 m，航路沿途设有宁波 VTS 雷达站，助航设施齐全，可满足船舶昼夜航行需要。

（二）推荐航法

船舶自 29°44′03″N/122°18′08″E 处转向 310°，艏对上溜网重灯桩；航行 6.6 n mile至下栏山灯桩方位 040°、距离 0.2 n mile 处转向 320°，艏对洋小猫岛灯塔；航行 2.1 n mile 至上溜网重灯桩方位 245°、距离 0.3 n mile 处转向 333°，艏对岙山(128°)；航行 4.6 n mile 至洋小猫岛灯塔方位 245°、距离 1.1 n mile 处转向 300°，艏对摘箬山灯桩，艉对点灯山灯桩；航行 2 n mile 至峙头角 180°、距离 2.5 n mile处峙头导航台左正横附近，长柄嘴和涨水礁成一线，大矩山与笔架册闭视，转航向 270°，艏对大榭岛七顶山(334°)偏北；航行 5.8 n mile 至螺头角灯桩方位 035°、距离 0.7 n mile 处，穿鼻岛与凉帽山开视，大猫山与小猫山闭视，转航向 317°；航行 4 n mile 至涂泥门岛方位 207°、距离 1 n mile 处，转向 240°，艏协和码头西端，驶入北仑港。

其他国内港口概况及通航安全管理规章制度详见中国航路指南及宁波航行指南。

第三节　潮汐基本知识

一、潮汐基本成因和潮汐术语

潮汐(tide)是海面周期性的涨落运动。在潮汐运动中，海面上升的过程称为涨潮(flood tide),海面升到最高时,称为高潮(high water,HW);海面下降的过程称为落潮(ebb tide),海面降到最低时,称为低潮(low water,LW)。伴随海水周期性涨落现象,还会同时产生海水周期性的水平方向流动,即潮流(tidal stream)。

潮汐是由天体的引潮力(tide-generating force),即天体的引力和地球与天体相对运动所需的惯性离心力的矢量和引起的,其中主要是月球的引潮力,其次是太阳的引潮力。

海水在引潮力和重力作用下达到平衡时的潮汐称为平衡潮。为了使问题简化,平衡潮理论有如下 2 个假设。

(1) 整个地球被等深的大洋所覆盖,所有自然地理因素对潮汐不起作用。

(2) 海水没有摩擦力和惯性力,外力使海水在任何时候都处于平衡状态。下文将根据平衡潮理论讨论潮汐的基本成因。

(一) 潮汐基本成因

1. 月球的引力

月球的引力是月球和地球之间的万有引力。如图 2-1 所示,地球(E)上各点所受月球(M)的引力各不相同,其大小取决于该点至月球中心的距离 x,方向均指向月球中心。

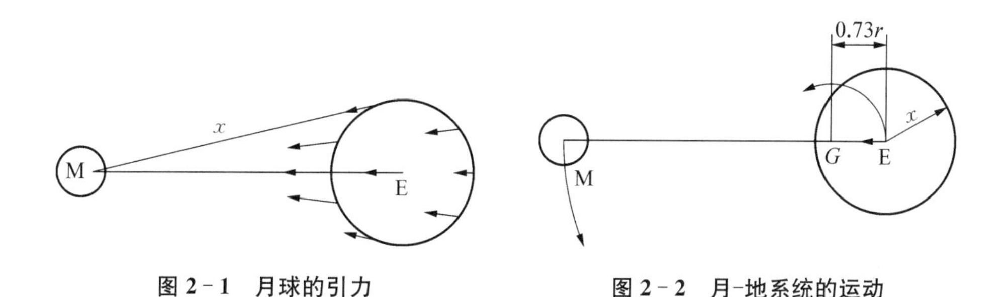

图 2-1 月球的引力

图 2-2 月-地系统的运动

2. 惯性离心力

(1) 月-地系统的旋转运动。

月球绕地球的公转是在一个平衡引力系统下的运动。确切地说,地球和月球都绕着位于两者连线上中心 0.73 倍的地球半径(r)处的公共质心 G 做平动运动,周期为 27.3 d,如图 2-2 所示。

平动运动是指物体运动时,其上两点间的连线始终保持平行。对于地球和月球来讲,由于它们既做旋转运动又做平动运动,其上各点不能同时围绕一点做

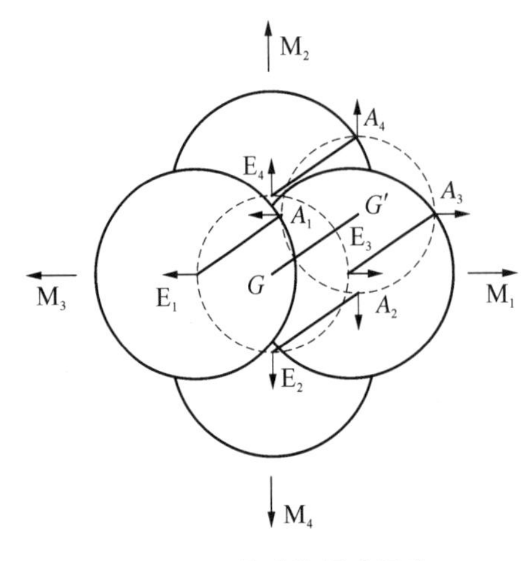

图 2-3 地球的平动运动

旋转运动，而是以相同的半径围绕各自的中心做旋转运动，如图 2-3 所示。

(2) 地球上各点的惯性离心力。

因为地球上各点均以相同的角速度和半径旋转，所以各质点的惯性力的大小必然相同。又因为各点每一时刻的旋转方向均相同，所以惯性离心力的方向也相同，即力矢量线相互平行，指向同一方向。由于地心的惯性离心力的方向是背离月球的，其他各点惯性离心力的方向也必然是背离月球的方向，且相互平行。

3. 月引潮力和月潮椭圆体

地球上各点在任何时刻均同时受到月球引力和地球绕公共质心进行平动运动所产生的惯性离心力的作用，这两个力的矢量和即为月潮引潮力。

如图 2-4 所示为地球上各点的月引潮力。在地球中心，引力和惯性离心力大小相等，方向相反，处于力的平衡状态，月引潮力等于零。但是，在地球表面上各点，引力和惯性离心力不会相互抵消，从而产生了引潮力，各水质点在引潮力的作用下产生了潮汐现象。

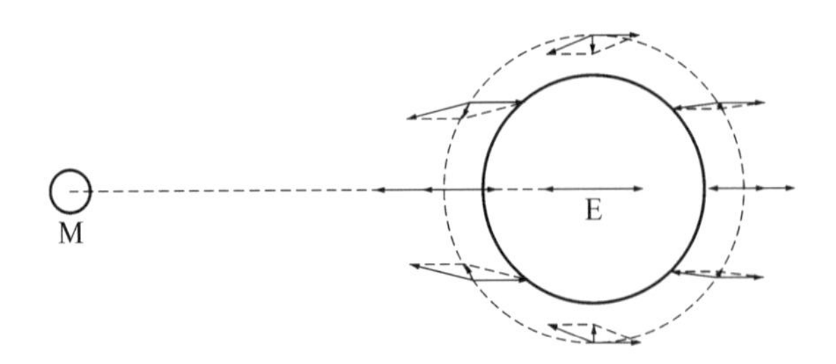

图 2-4 月引潮力

根据假设，地球表面被等深的海水所覆盖，在引潮力的作用下，形成了长轴与月-地连线重合的椭圆体，称为月潮椭圆体，其上所受引潮力指向球心的各点所组成的水圈称为照耀圈。

4. 潮汐的形成

如图 2-5 所示为月潮椭圆体，P 为地极，A_1、A_2、A_3、A_4 分别表示地球表

面上某点 A 随着地球自转中的 4 个位置。潮汐椭圆体的长轴在月-地中心的连线上。月球在 A_1 点上中天，该地海面水位升到最高，产生该地该日第一次高潮；当地球自转至 A_2 点（第一次过照耀圈）时，海面水位下降到最低，产生该地该日第一次低潮；当地球自转到 A_3 点时，即月下中天，海面水位再次升到最高，即发生该地该日第二高潮；当地球自转到 A_4 点（第二次过照耀圈）时，海面水位再次下降到最低，发生该地该日第二次低潮。月球连续两次上（下）中天的时间间隔称为一个太阴日，约为 24 h 50 min。相邻 2 个高潮（低潮）的时间间隔（约为 12 h 25 min）称为潮汐周期。这种以半个太阴日为周期的潮汐称为半日潮（semi-diurnal tide）。

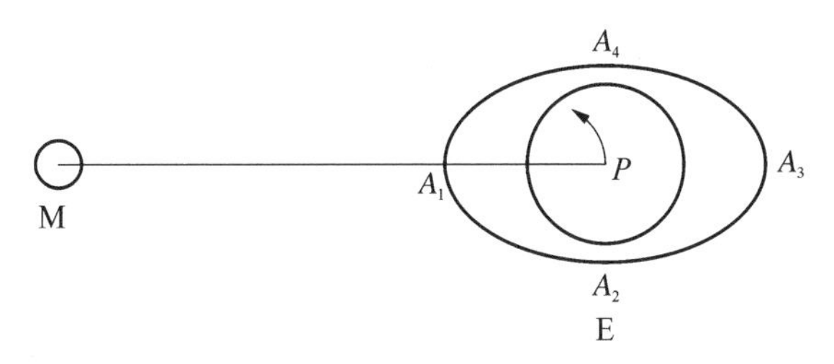

图 2-5　月潮椭圆体

（二）潮汐术语

1. 潮汐的周日不等

上文讨论了月球赤纬等于零时，地面某点潮汐一日的变化。在一个太阴日中发生的两次高潮潮高（低潮潮高）及相邻的高、低潮的时间间隔均相等。

然而，实际上，在同一太阴日中所发生的两次高潮或两次低潮的潮高以及相邻的高、低潮的时间间隔并不相等，这种现象称为潮汐周日不等（diurnal inequality of tide）。图 2-6 所示为月球赤纬（地月连线与赤道 Q_1、Q_2、Q_3 的夹

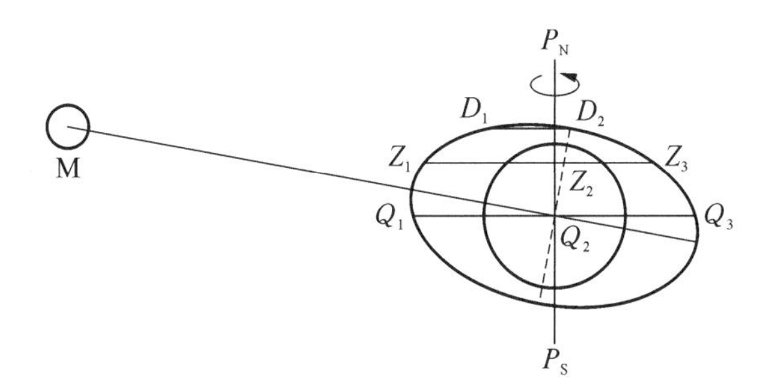

图 2-6　月球赤纬不等于零时的月潮椭圆体

角)不等于零时的月潮椭圆体。纬度不等于零的测者 Z,当由于地球自转位于 Z_1 时,发生第一次高潮,当自转至 Z_2 时发生第一次低潮,自转至 Z_3 时发生第二次高潮。显然,在同一太阴日中,高潮潮高并不相等,而且涨、落潮时也不相等,这种现象随纬度的升高而变得更加明显,在纬度与月球赤纬之差大于 90°的地方,一天只有一次高潮和一次低潮(如图 2-6 中 D_1、D_2 纬圈所示)。

2. *潮汐的半月不等*

太阳也会相对于地球产生潮汐椭圆体,即太阳潮汐椭圆体。由于月球、太阳和地球在空间周期性地改变着它们的相对位置而发生了潮汐半月不等现象。

假设太阳和月球的赤纬均等于零。如图 2-7 所示,月球处在新月或满月时,太阳、月球潮汐椭圆体的长轴在同一个子午圈平面内,太阳潮汐椭圆体与月球潮汐椭圆体互相叠加,出现高潮最高、低潮最低的现象,称为大潮(spring tide)。

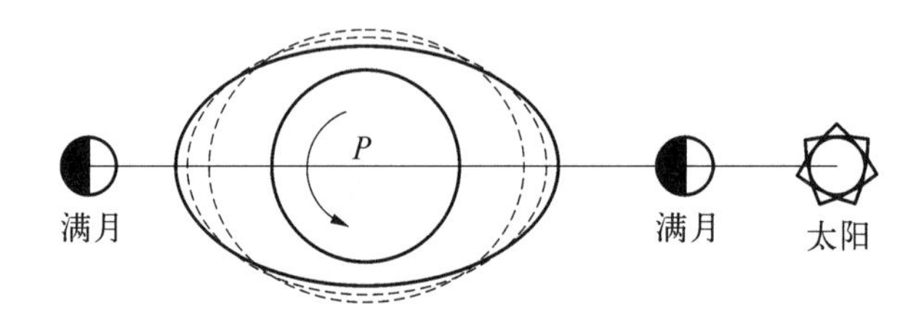

图 2-7　大潮的产生

如图 2-8 所示,当月球在上弦或下弦时,太阳、月球潮汐椭圆体的长、短轴在同一个子午圈平面内,即太阳潮汐椭圆体与月球潮汐椭圆体的长轴方向相互垂直,因此引潮力互相抵消,出现了高潮最低、低潮最高的现象,称为小潮(neap tide)。

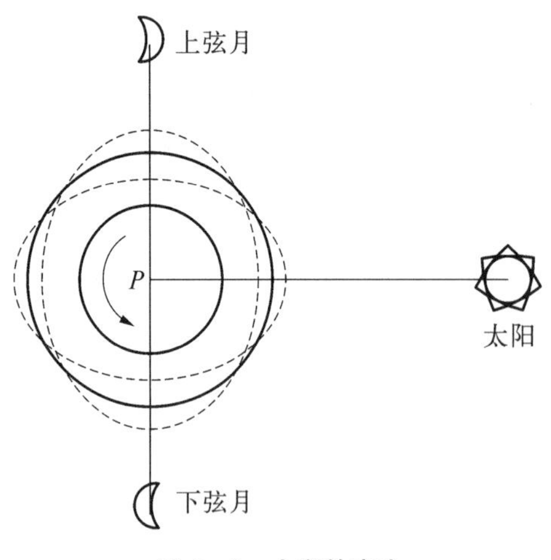

图 2-8　小潮的产生

可见,从新(朔)月到上弦,潮差逐渐变小;从上弦到满(望)月,潮差逐渐变大;从满月到下弦、从下弦到新月又产生同样的循环。显然,潮差是以半个朔望月(约 14.5 d)为周期而变化的,这种现象称为潮汐的半月不等(semimenstrual inequality of tide)。

3. 潮汐的视差不等

由于月球是沿椭圆轨道绕地球转动的，地球在椭圆轨道的一个焦点上。当月球位于近地点时（地月距离约为 57 个地球半径），其引潮力要比位于远地点时的（地月距离约为 63.6 个地球半径）大 40%，这种由于地球和月球距离变化而产生的潮汐不等，称为潮汐视差不等(parallax inequality of tide)，其周期为 1 个恒星月，约为 27.32 d。太阳潮中也同样存在视差不等的现象，其周期约为 365.24 d。

4. 潮汐类型

根据性质可以将潮汐分为 4 种类型。

(1) 正规半日潮。即在一个太阴日内发生 2 次高潮和低潮。在正规半日潮中，2 次高潮和低潮的高度都相差不大，而涨、落潮时长也很接近。正规半日潮港有青岛港、巴拿马港等。

(2) 不正规半日潮混合潮。其基本上还具有半日潮的特性，但在一个太阴日内，相邻的高潮或低潮的潮位相差很大，涨潮时长和落潮时长也不等，这样的不正规半日潮混合潮港有浙江镇海港、亚丁港等。

(3) 不正规日潮混合潮。该类潮在半个月中，日潮的天数不超过 7 d，其余天数为不正规半日潮。这样的不正规日潮混合潮港有鄂霍次克海的马加丹港和南海的暹罗湾等。

(4) 正规日潮。该类潮在半个月中有连续 $\frac{1}{2}$ 以上天数是日潮，其余天数则为半日潮。我国南海有许多地点（如北部湾、红岛、德顺港等）的潮汐涨落情况属于正规日潮型。

不正规半日潮混合潮和不正规日潮混合潮，又统称为混合潮。

5. 其他术语

潮高基准面(tidal datum，TD)：计算潮高的起算面，一般即为海图深度基准面，两者不一致时，则应进行订正，才能将潮高应用到海图上。

平均海面(mean sea level，MSL)：根据长期潮汐观测记录算得的某一时期的海面平均高度。

海图深度基准面(chart datum，CD)：计算海图深度的起算面。

涨潮时间(duration of rise)：从低潮时到高潮时的时间间隔。

落潮时间(duration of fall)：从高潮时到低潮时的时间间隔。

平潮(slack)、停潮(stand)：高潮发生后，海面有一段时间呈现停止升降的现象，称为平潮；低潮发生后，海面也有一段时间呈现停止升降的现象，称为停潮。

潮差(tidal range)：相邻高、低潮潮高之差。

大潮升(spring rise，SR)：从潮高基准面到平均大潮高潮面的高度。

小潮升(neap rise，NR)：从潮高基准面到平均小潮高潮面的高度。

回归潮(tropic tide)：当月球赤纬最大时(此时月球在北回归线或南回归线附近)的潮汐称为回归潮。此时，日潮不等现象最显著。

分点潮(equinoctial tide)：当月球赤纬最小时的潮汐称为分点潮。此时潮汐周日不等现象最不显著。

高高潮(higher high water，HHW)：在1个太阴日中发生的2次高潮中潮高较高的高潮。

低高潮(lower high water，LHW)：在1个太阴日中发生的2次高潮中潮高较低的高潮。

高低潮(higher low water，HLW)：在1个太阴日中发生的2次低潮中潮高较高的低潮。

低低潮(lower low water，LLW)：在1个太阴日中发生的2次低潮中潮高较低的低潮。

潮龄(tidal age)：由朔望月至实际大潮发生的时间间隔称为潮龄。潮龄一般为1～3 d。

平均高(低)潮间隙(mean high/low water interval，MHWI/MLWI)：每天月中天时刻至高(低)潮时的时间间隔的长期平均值称为平均高(低)潮间隙。

二、我国沿海水域潮汐特点概述

中国近海的潮汐主要是由太平洋潮波的传入引起的。海区直接受引潮力而产生的潮汐是极小的。

渤海多为不正规半日潮，秦皇岛海域及其附近为日潮，黄河口外海域为不正规日潮。渤海中部的最大可能潮差在7 m以下，近岸约3 m，其中辽东湾及渤海湾顶部最大超过3 m。

除成山头附近局部海区是正规全日潮外，黄海大部分区域为正规半日潮。山东半岛北岸最大可能潮差为2～3 m，辽东半岛东岸为3～4 m，连云港附近及江苏沿岸在4 m以上。黄海东岸朝鲜一侧的潮差普遍比我国一侧大，仁川最大潮差可达12 m。东海属半日潮，东侧为不正规半日潮，西侧为正规半日潮。浙江、福建沿岸是我国潮差最大的区域，大部分地区最大可能潮差在 7 m 以上，其中，杭州湾为 8～9 m。

南海的潮汐比较复杂，从厦门西南的浮头湾，一直到雷州半岛东岸和琼州海峡东口为不正规半日潮。海南岛东南为不正规日潮；海南岛西部和北部湾为全日潮。南海的潮差一般比东海的小，其东部海域潮差为 1～3 m；西部较大，可达 4 m 及以上；北部湾的北海港最大可达 7 m。

台湾西侧为不正规半日潮，东侧为半日潮。

中国近海的潮流比较复杂。渤海、黄海、东海，除个别地方外，都是正规半日潮或不正规半日潮。渤海海峡有一全日潮的无潮点；黄海多为旋转式潮流；东海近岸多为往复式；外海多为旋转式；长江口附近佘山岛潮流为旋转式；台湾海峡潮流为南北向；南海潮流性质复杂，总体以日潮为主。

潮流的大小与潮差成正比，潮差大的地方潮流也大，反之则小。通常近岸流速较大，外海的较小。海峡、河口和水道等处的潮流更为显著。

渤海潮流的流速一般为 1～2 kn，秦皇岛附近的为 2.5～3 kn，渤海海峡老铁山一侧的流速最大可达 6.3 kn。黄海潮流流速，海区中央小（约为 1 kn），近岸大，东岸大于西岸。我国沿海潮流流速在 2 kn 左右，成山头附近为 3～4 kn。朝鲜沿岸平均潮流流速为 2.5～3 kn，最大可达 4 kn 及以上，东海潮流最大且复杂。佘山岛潮流流速为 2～4.5 kn；杭州湾北岸东部地区为 5～6 kn，大潮时曾出现过 13 kn 的潮流。台湾海峡北口潮流流速不超过 2 kn，澎湖列岛以南为 2～3 kn。南海潮流较弱，海区中央为 0.2～0.3 kn，沿岸多数为 1～2 kn，最大流速出现在琼州海峡，可达 5 kn 左右。

三、河口潮汐特点、潮汐的利用、潮汐表简介

1. 过浅滩问题（最小安全潮高问题）与过横空障碍物问题（最大安全潮高问题）

进出港航道、狭水道、岛礁区和某些沿岸水域存在着一些浅水区，当船舶（特别是大型船舶）航行到这些区域之前，首先要确定本船是否能够安全驶过。这要求潮高不可小于最小安全潮高（见图 2-9），有

$$最小安全潮高=吃水+富余水深-海图水深-(CD-TD)$$

式中，CD 为海图深度基准面与平均海面之间的垂直高度，TD 为潮高基准面与平均海面之间的垂直高度。

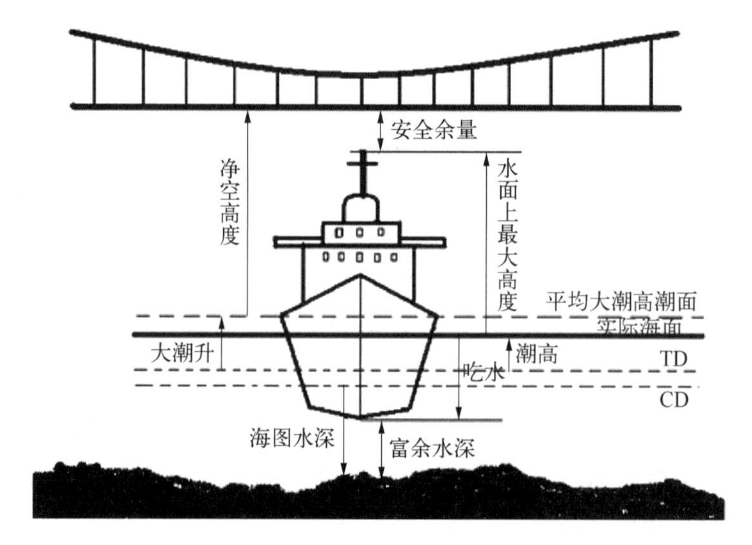

图 2-9　最小安全潮高与最大安全潮高

在某些水道的上空，还建有横跨水道的桥梁基高空电缆等，这些建筑物构成了船舶航行的空中障碍物。为了安全通过这些障碍物，要求潮高不要大于最大安全潮高，有

最大安全潮高＝大潮升＋净空高度－水面上最大高度－安全余量

根据船舶本身情况和航道条件求得安全潮高后，从便可根据《潮汐表》求得合适的通过浅滩或水面上空障碍物的时间，以便引导船舶安全通过。

2. 测深辨位问题

船舶在航行中，有时会通过测深进行船位的辨别，即利用测深仪测出船底至海底的深度，利用下式算出海图水深，从而通过海图辨别测深时船舶的位置：

海图水深＝测深仪测深值＋吃水－潮高

3. 潮汐表简介

我国《潮汐表》每年出版一次，由国家海洋信息中心编制，共 6 册，前 3 册沿岸，后 3 册覆盖世界大洋区。表中一些相关的基准面，如平均海面、深度基准面、平均大潮高潮面等的相互关系如图 2-10 所示。

《潮汐表》中刊载每日高、低潮的潮时和潮高预报的港口称为主港，它通常是重要港口，或者该港口潮汐的特征具有某些代表性。如果某两个港口的潮汐特征类似，则两者之间具有几乎不变的潮时差和潮差比(差比关系)。此时，可利用其中一个港口(主港)的逐日高、低潮的潮时和潮高预报，通过与另一港口的差比关系

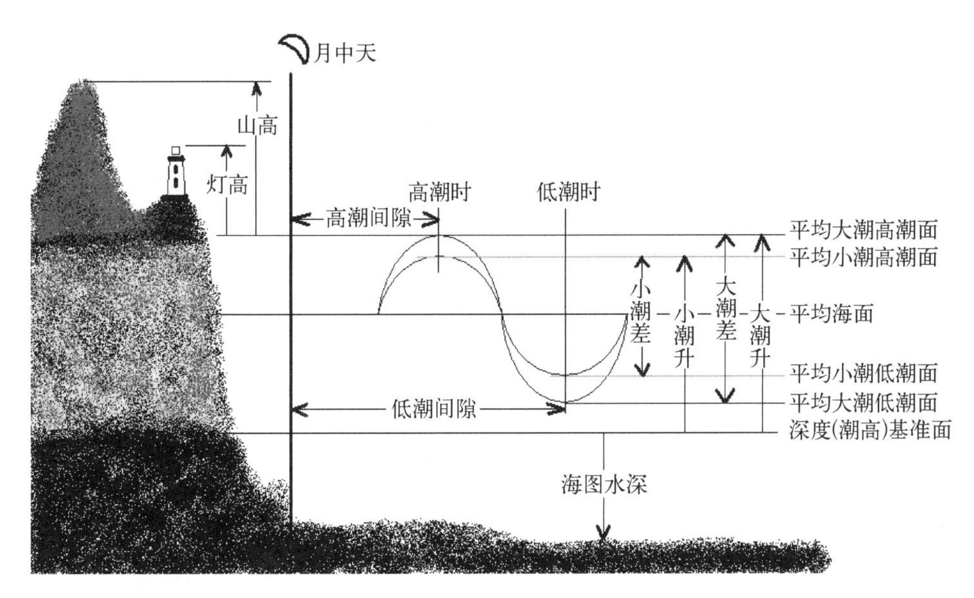

图 2-10 相关基准面相互关系

推算另一港口的潮汐。根据与主港的差比关系来推算潮汐的港口称为附港。

求主港潮汐的步骤如下。

主港高、低潮的潮时和潮高，以及部分主港的每整点时刻的潮高，可直接按日期查《潮汐表》的主表——“主港潮汐预报表”求得。

求附港潮汐的步骤如下。

根据地名查《潮汐表》的“差比数和潮信表”，查得其主港名和差比数等资料，再查取主港的高(低)潮时、高(低)潮高，然后用如下公式计算。

附港高(低)潮时＝主港高(低)潮时＋高(低)潮时差

附港高(低)潮高＝[主港高(低)潮高－(主港平均海面＋主港平均海面季节改正)]×潮差比＋(附港平均海面＋附港平均海面季节改正)

《潮汐表》使用注意事项如下。

《潮汐表》中所给的潮时为当地使用的标准时。我国沿海港口使用北京时间。

潮高单位为厘米。当表中的潮高出现负值时，表示潮面低于潮高基准面。潮高基准面在每页预报表下面有说明。

当潮高基准面与深度基准面不一致时

实际水深＝海图水深＋潮高＋(CD－TD)

式中,CD和TD分别代表海图深度基准面和潮高基准面与平均海面之间的垂直高度。

在正常情况下,中国沿岸主港的预报潮时的误差在30 min以内,潮高误差在30 cm以内,在下列情况下可能出现较大误差,应予注意。

(1) 在寒潮、台风或其他急剧变化的天气时,水位随之发生变化,潮汐预报值将与实际出入较大。寒潮常常引起“减水”,使实际水位低于预报很多,个别强烈的寒潮可使实际水位低于预报1 m以上。夏秋季节受到台风侵袭的地区(尤其是闽浙沿海)常常会发生较大的“增水”,也有个别引起实际水位高于预报1 m以上的情况。此外,长江口附近海域春季经常有气旋,从而引起大风,也会引起水位的较大变化。

(2) 处在江河口的预报点,如营口、燕尾、吴淞、温州、海门、马尾等,每当汛期洪水下泄时,水位急涨,实际水位会高于预报值很多。

(3) 南海的不正规日潮混合潮港,如海口、海安、北海等,因高潮与低潮之间常常有一段较长的平潮时间,预报的潮时有时会与实际差1 h以上,但这对实际使用影响不大,所报时间的潮高仍与实际比较一致。

(4) 潮流预报表的站位分为两种情况:一是往复流性质的站位,可给出逐日的转流时间、最大流速时刻及其流速;二是回转流性质的站位,可给出潮流回转一周(大约一个潮汐周期)过程中的两个极大值和两个极小值,以及与其对应的时刻。

第四节　助航标志

一、内河助航标志

(一) 内河航标

内河航标是船舶在内河安全航行的重要助航设施。内河航标分为天然、人工2种,可标示内河航道的方向、界线与碍航物,揭示有关航道信息,为船舶航行指出安全、经济的航道。

河流左右岸的确定原则:通常应先按水流方向确定河流的上下游,面向河流下游,左手一侧为左岸,右手一侧为右岸;水流流向不明显或各河段流向不同的河流,以通往海口一端为下游,或以通往主要干流的一段为下游,或以河流偏南或偏东的一段为下游，或以航线两段主要港埠间的主要水流方向确定上下游。

左右岸航标的颜色和光色规定：左岸航标颜色为白色（黑色），右岸为红色；左岸航标光色为绿色（白色），右岸为红色。

内河航标按功能分为三类：航行标志、信号标志、专用标志。航行标志指标示航道方向、界限与碍航物的标志，包括过河标、沿岸标、导标、过渡导标、首尾导标、侧面标、左右通航标、示位标、泛滥标及桥涵标十种。信号标志是为航行船舶揭示有关航道信息的标志，包括通行信号标志、鸣笛标、界限标、水深信号标、横流标及节制闸标六种。专用标志是为标示沿、跨航道的各种建筑物，或为标示特定水域所设置的标志，包括管线标和专用标两种。

内河航标配布类别应根据航道条件与运输需要，以河区为单位，通过技术经济论证确定。一类航标配布要求航标夜间全部发光，白天能从一座航标看到次一座标志，夜间能从一盏标灯看到次一盏标灯。二类航标配布分为发光航标和不发光航标分段配布，在昼夜通航的河流上配布发光航标，在夜间不通航的河段上配布不发光的标志。三类航标配布密度比较稀，不要求从一座标志看到次一座标志，对优良河段的沿岸航道可沿岸形航行的不再配布沿岸标，每一座标志所表示的功能与次一座标志的功能应互相连贯，指引船舶在白天安全航行。在航行困难的河段和个别地点配布的航标为重点航标配布，优良河段仅标示出碍航物。侧面标和左右通航标的形状有灯船、柱形浮标、锥形浮标、罐形、杆形等。下文将介绍几种助航标。

1. 侧面标

功能：设在滩、礁石、沉船或其他碍航物靠近航道一侧时，标示航道的侧面界限；设在水网地区优良航道的两岸时，标示岸形、突嘴或不通航的汊港，指示船舶在航道内航行。

形状：采用柱形、锥形、罐形、杆形或桅杆装有球形顶标的灯船。需区分左右岸时，左岸为锥形或加装锥形顶标，右岸为罐形或加装罐形顶标。

颜色：左岸为白色（黑色），杆形为白黑相间横纹；右岸为红色，杆形为红黑相间横纹。

灯质：左岸为绿色（白色）；右岸为红色。

2. 左右通航标

功能：设在航道中个别河心碍航物或航道分汊处，标示两侧都是通航航道。

形状：可用柱形、锥形或灯船，灯桩可用柱形。

颜色：标体每面的中线两侧分别为白色和红色。

3. 桥涵标

设在通航桥孔迎船一面中央，标示船舶通航桥孔的位置。正方形标牌表示通航孔，多孔正方形标牌表示大船通航桥孔，圆形标牌表示小船通航孔。正方形标牌为红色，圆形标牌为白色。

4. 管线标

功能：设在需要标示跨河管线（即管道、电缆、电线等）的两端或一端岸上，或设在跨河管线上下游适当距离的两岸或一岸，禁止船舶在敷设水管的水域抛锚、拖锚航行或垂放重物，警告船舶驶至架空管线区域时注意采取必要措施。

颜色：立柱为红、白色相间斜纹，标牌为白色、黑边、黑字。

（二）内河交通安全标志

《内河交通安全标志》（GB 13851－2022）的主标志共 97 个，其中警告标志 25 个、禁令标志 36 个、指令标志 15 个、指示标志 21 个。警告标志是警告注意危险区域地点的标志，标志边框为黑色，底色为黄色，图形符号为黑色。禁令标志是禁止或限制某种交通行为的标志，与之相对的解除禁令标志则为解除对某种交通行为的禁令的标志。禁令标志边框（斜杠）为红色，底色为白色，图形符号为黑色；解除禁令标志边框（斜杠）为黑色，底色为白色，图形符号为黑色；限制类标志为航道上与通航有关设施使通航净空宽度受限，禁止宽度超过标志数值的船舶通告，边框为红色，底色为白色，图形符号为黑色。指令标志是指令实施某种交通行为的标志，其标志底色为蓝色，图形符号为白色。指示标志是传递与交通有关的信息的标志，其底色为绿色，图形符号为白色。此外，还有辅助标志，其是指凡主标志无法完整表达其规定时，应附加的标志。辅助标志应附设在图形标志下，对图形标志做补充说明，不单独使用。辅助标志为白底、黑字色、黑边框。其他如桥梁标志、临水标志、可变信息标志等不一一陈述。

内河交通安全标志都规定了一定的设置条件。标志的设置以保证交通和航行安全为目的，总体布局，应避免出现标志内容相互矛盾、彼此重复的现象，尽量用最少的标志把所需的信息表达出来。内河交通安全标志应设置在河道岸侧易见处或其他醒目的地方，每一个标志板一般绘制一个标志，需要将多个不相矛盾的标志绘制在一个标志板内时，不得超过四个；解除禁令标志不能同其他标志绘制在一个标志板内，四个以内的解除禁令标志可绘制在一个标志板内。下列主标志必须附加辅助标志：限制靠泊范围的标志、标示某些特定的交通行为区域的标志（如禁泊区、停泊区、游泳区、划艇区等标示所表达的禁令、指令、信息提示等）。

（三）内河通航水域桥梁警示标志

内河通航水域桥梁警示标志的适用对象为跨越通航水域修建的铁路、道路、管路、渡槽、线路等建筑物。内河通航水域桥梁警示标志分为主标志、提示标志和附加标志三类。主标志分甲类和乙类两种，分别适用于水中有墩和水中无墩的桥梁，作用在于显示桥墩或通航净空，标明桥下可航行的通道或船舶通过的最佳位置；提示标志分为通航桥孔编号标志和桥名标志；附加标志的作用在于显示通航桥孔实际通航净空高度。

二、中国海区水上助航标志

在海上交通中，用来指示航道方向、航道位置、危险物等的标志称为助航标志，简称航标。

（一）航标的分类

（1）灯塔：一般设置在重要航道、港湾入口处等的岸上或岛屿上，如图2－11所示。海图上标有灯塔准确位置和资料。灯塔灯光射程远，工作可靠。

（2）灯桩：一种柱状的水泥或铁架结构的建筑物，通常设置在航道附近的岸边、礁石上。灯光射程不及灯塔。

（3）立标：一种结构简单的杆状航标，通常设有顶标（形状有三角形、球形等）。立标一般设置在水域中的浅滩、礁石上，也可设置在岸上作为叠标或导标。

（4）灯船：一种专门作为助航标志的船舶。通常锚泊在周围无显著陆上自然标志，又不便设置灯塔、灯桩等航标的重要航道附近，如图2－12所示。

图2－11　灯　塔

图2－12　灯　船

(5) 浮标和灯浮标：一类具有一定形状的水上浮体标志，一般通过锚泊等固定装置将其设置在航道的边界、碍航物附近等，如图 2－13 所示。浮标用以标示航道边界、碍航物、特殊水域的范围等。设有灯光设施的浮标称为灯浮标。

(a)

(b)

图 2－13 浮 标

(a) 左侧标；(b) 右侧标

(二) 航标的识别

航标通过其形状、颜色、灯光、无线电信号等的设置，使人们能方便地识别和使用。

(1) 标色。航标上涂有各种颜色，写明编号和名称等。

(2) 形状。标身或顶标被设计成各种形状，如球形、锥形等。

(3) 灯光。在航标上设置不同光色、节奏和周期的灯，以便识别。

(4) 音响。在能见度不良时，航标能发出特定声音，以便识别。

(5) 雷达反射器。在航标上设置雷达反射器，能有效提高对雷达波的反射强度，以便识别。

(6) 雷达指向标。在航标上设置定期发射雷达波信号的装置，通过在船上雷达屏幕上显示的航标方位上的亮线，可测得航标的方位。

(7) 雷达应答标。在航标上设置具有雷达波接收和发射的装置，一旦接收到雷达的探测波，立即发射一组特定的莫尔斯码雷达波。例如，发射 R(• − •) 在船舶雷达屏幕上，航标的回波亮点后显示出“ • − • ”的回波信号，这时，航标及其位置就能很快被识别出来。在同一水域中，各雷达应答标的莫尔斯码不一样，海图上均有详细的标注。

(三) 中国海区水上助航标志

《中国海区水上助航标志》(GB 4696－2016)国家标准适用于中国海区及其海港、通海河口的所有浮标和水中固定标志(不包括灯塔、扇形光灯标、导灯、灯船和大型助航浮标)。

该标准包括侧面标、方位标、孤立危险物标、安全水域标和专用标五大类,它们可以结合使用。白天以标志的颜色、标身形状和(或)顶标来表示标志特征。标身基本形状有罐形、锥形、柱形、杆形和球形;标身基本颜色有红色、绿色、黄色、黄黑横纹、红黑横纹和红白竖纹等;顶标的基本形状有罐形、锥形、球形和"×"形;顶标的颜色有红色、绿色、黄色和黑色。夜间以标志的灯质(即光色、灯光节奏和周期)来表示标志特征。

1. 侧面标志

根据航道走向配布,用以标示航道两侧界限、推荐航道或特定航道的标志称为侧面标。确定航道走向的原则如下:船由海向里;在外海、海峡或岛屿之间的水道,原则上按围绕大陆顺时针航行方向;在复杂的环境里,航道走向由航标主管部门确定,并在海图上用箭头表示。当船顺着航道走向航行时,其左舷一侧为航道的左侧,右舷一侧为航道的右侧。

侧面标志分类如下。

(1) 左侧标。设在航道的左侧,用于标示航道的左侧界限。顺航道走向航行的船舶应将该标置于左舷通过。其特征如下:红色罐形(柱形)或杆形浮标,顶标为单个红色罐形。光质为闪红 4 s、闪(2)红 6 s、闪(3)红 10 s、快红。

(2) 右侧标。设在航道的右侧,用于标示航道的右侧界限。顺航道走向航行的船舶应将该标置于右舷通过。其特征如下:绿色锥形(柱形)或杆形浮标,顶标为单个绿色锥形,锥尖向上。光质为闪绿 4 s、闪(2)绿 6 s、闪(3)绿 10 s、快绿。

(3) 推荐航道左侧标。设在航道的分叉处,用于标示推荐航道在该标的右侧。标示特定航道时,标示该航道的左侧界限。顺航道走向航行的船舶应将该标置于左舷通过。其特征如下:浮标形状与左侧标同,涂色为红色,中间一条绿色宽横带,顶标为单个红色罐形。光质为闪(2+1)红 6 s、闪(2+1)红 9 s、闪(2+1)红 12 s。

(4) 推荐航道右侧标。设在航道的分叉处,用于标示推荐航道在该标的左侧。标示特定航道时,标示该航道的右侧界限。顺航道走向的船舶应将该标置于右舷通过。其特征如下:浮标形状与右侧标同,涂色为绿色,中间一条红色宽横带,顶标为单个绿色锥形,锥尖向上。光质为闪(2+1)绿 6 s、闪(2+1)绿 9 s、闪(2+1)绿 12 s。

2. 方位标志

方位标志结合罗经使用,它们分别设立在以被标志点为基准点的四个隅点方位所分割成的四个象限(北、东、南、西)中。方位标志以其所在象限的名称命名,其同名侧为可航水域,危险物位于异名侧,如图 2-14 所示。

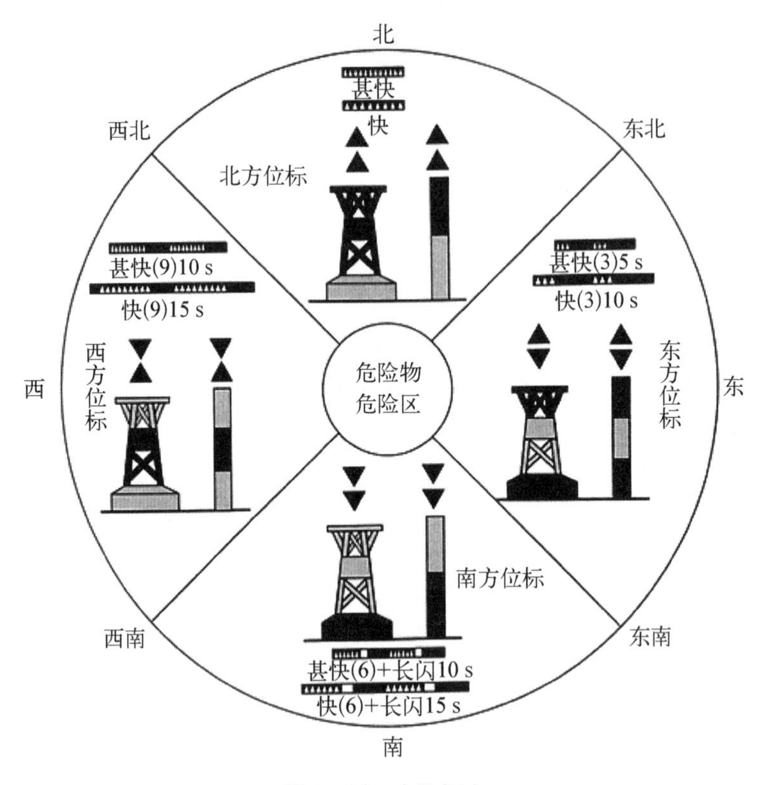

图 2-14　方位标志

(1) 北方位标。设在危险物或危险区的北方,船舶应在该标的北方通过。其特征如下:浮标形状为柱形或杆形;涂色为上黑下黄,顶标为黑色双锥形,锥顶朝上;灯质为白色,连续甚快闪或连续快闪。

(2) 东方位标。设在危险物或危险区的东方,船舶应在该标的东方通过。其特征如下:浮标形状为柱形或杆形;涂色为黑色,中间一条黄色宽横带,顶标为黑色双锥形,锥底相对;灯质为白色,甚快(3)5 s 或快(3)10 s。

(3) 南方位标。设在危险物或危险区的南方,船舶应在该标的南方通过。

其特征如下：浮标形状为柱形或杆形；涂色为上黄下黑，顶标为黑色双锥形，锥尖向下；灯质为白色，甚快(6)＋长闪 10 s 或快(6)＋长闪 15 s。

(4) 西方位标。设在危险物或危险区的西方，船舶应在该标的西方通过。其特征如下：浮标形状为柱形或杆形；涂色为黄色，中间一条黑色宽横带，顶标为黑色双锥形，锥顶相对；灯质为白色，甚快(9)10 s 或快(9)15 s。

3. 孤立危险物标志

孤立危险物标志设置或系泊在孤立的危险物上，或尽量靠近危险物的地方，标示孤立危险物所在。船舶应参照有关航海资料，避开该标航行。其特征如下：形状为柱形或杆形；标身为黑色，中间一道或多道红色宽横带；顶标为两个上下垂直黑球；灯质为白色，闪(2)5 s，如图 2－15 所示。

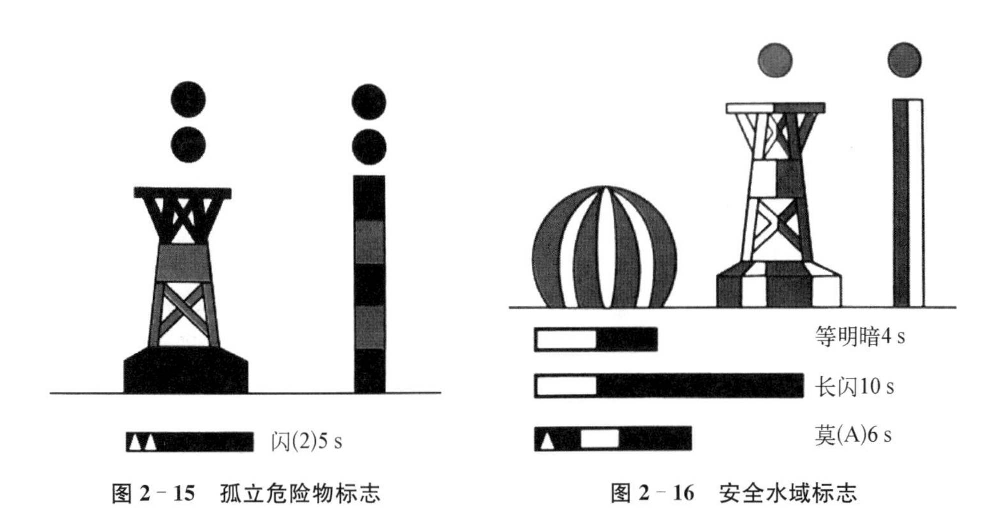

图 2－15　孤立危险物标志　　**图 2－16　安全水域标志**

4. 安全水域标志

安全水域标志设在航道中央或航道中心线上，标示该标周围均为可航水域。船舶可在其任一侧航行。其特征如下：球形浮标或带球形顶标的柱形(或杆形)浮标；颜色为红白相间竖纹，顶标为单个红球；灯质为白色，等明暗 4 s、长闪 10 s 或莫尔斯信号“A”6 s(见图 2－16)。

5. 专用标志

专用标志用于标示某一特定水域特征，如用来指明航海文件中所提到的分道通航制、军事演习区等。其特征如下：形状不限，但不得与侧面标志和安全水域标志相抵触；颜色为黄色；顶标为单个黄色×形；灯质不同用采用不同灯光节奏，黄光，周期 12 s。

(四) 识别助航标志应注意的问题

一个区域内设置有水上标志时，为便于识别和管理，要对浮标进行编号，编号一般遵循航道走向按顺序连续编排，或按左双右单编排，编号一律用阿拉伯数字。正确识别航标是引导船舶安全航行的前提。航行时应注意如下事项。

(1) 航标的灯光以及航标的设置可能改变，航行前应认真核对。无人看守或临时性浮标容易漂离原位或灯光熄灭，可靠性较差。

(2) 为了切实分清灯光节奏和周期相近而位置又比较接近的两个航标，可用秒表准确测定其周期。

(3) 夜间航行时往往是根据航标与船舶的相对位置来发现和识别航标的。但应注意，有时在差不多舷角上的两个航标，距离较远但光度强的航标可能先被发现，距离较近但光度弱的航标反而后被发现。

(4) 对于互闪光或互光航标，由于白光射程远，有色光射程近，在距离较远时，往往只能观察到白光，易误认为是仅发白光的航标。

(5) 由于大气状况的影响，有时会发生灯色混淆的现象。有的航标为了指明其附近暗礁、沉船之类的危险区域，在一定范围内，常用红色或绿色光弧，而在其他范围内用白色光弧。当船舶航行在表示有危险物的光弧范围内时，应更加谨慎驾驶，尤其是船舶需向有危险物一侧转向时，一般应越过该光弧的范围之后才开始转向。在不同光色光弧的分界线处，光色往往模糊不清。

(6) 船舶周围能见度良好但航标附近有云雾时，尤其是高度较高的灯塔等航标有时会被云雾遮住，其灯光射程会明显减小。

第五节 航用海图及航行图

一、墨卡托海图的基本概念、比例尺与图例识别

(一) 墨卡托海图的基本概念

海图是为了满足航海的需要而绘制的一种以海洋和沿岸为主体的地图。海图上详细地绘画有航海所需的各种资料，如岸线、沿岸山头、岛屿、港口水道、障碍物、水流、水深、底质及助航设施等。海图是航海的重要工具之一，用于航行前拟定计划航线/制订航行计划，航行中进行航迹推算、定位与导航，航行结束后总

结航行经验，发生海事时判断事故责任。

等角投影是一种投影图上无限小的局部图像与地面上对应的地形保持相似的投影方法。圆柱投影是利用可以展开的圆柱面为辅助面，通过某种数学法则将地面上的经纬线投影到圆柱面上，再沿圆柱母线切开展平，从而构成地图图网的投影方法。航海上常用等角正圆柱投影，即墨卡托投影来绘制航用海图。

如果船舶始终沿着固定的航向航行，那么它的轨迹在球面上是一条曲线，该曲线称为恒向线或等角航线。如图 2－17 所示，AB 即为恒向线，它与所有子午线的交角都相等，即航向不变。

(1) 当船以真航向 000°或 180°航行时，恒向线与经线重合。

(2) 当船以真航向 090°或 270°航行时，恒向线与纬度圈重合。

(3) 若恒向线起点在赤道上，当船以某一真航向[情况(1)(2)除外]航行时，每当恒向线绕地球一周，都与同一经线相交一次，并且交点的纬度越来越高，逐渐接近极点，但始终到不了极点。因此，恒向线是一条趋向极点的对数螺旋曲线。

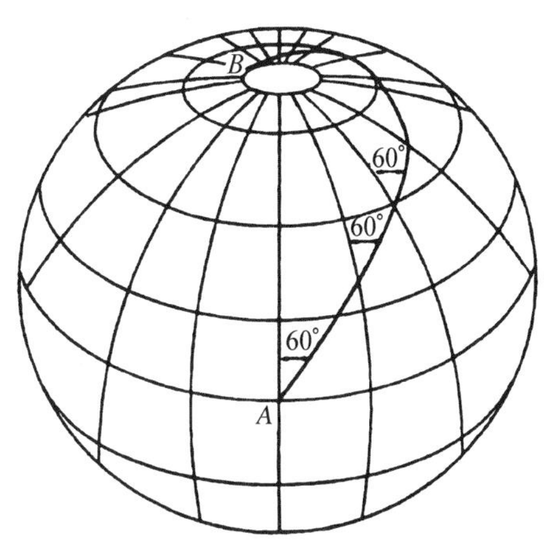

图 2－17　恒向线

墨卡托海图的特点如下。

(1) 经线为南北向互相平行的直线，其上有量取纬度的纬度图尺；纬线为东西向互相平行的直线，其上有量取经度的经度图尺。经线与纬线互相垂直。

(2) 恒向线在图上为直线。

(3) 存在纬度渐长现象，图上纬度 1′(即 1 n mile)的长度是随着纬度升高而增长的。图上经度 1′的长度均相等。

(4) 具有等角的性质，在图上量取物标的方位角与地面对应角相等。

(二) 海图的比例尺

按照一定的数学法则，把地球表面的一部分或全部描述到平面上去的方法，称为地图投影。它主要是将地面上的经纬线按一定的法则绘画到平面上，建立地图的经纬线图网。

海图是将地面按一定比例缩小后绘制而成的，缩小的程度一般用比例尺来表示。比例尺是图上任意线段长度与地面对应的实际长度之比，其表示方法通常有两种：数字比例尺和直线比例尺。数字比例尺用若干数字来表示，如 1∶200 000，表示海图上一个单位长度等于地面上 20 万个相同单位长度。直线比例尺一般用比例图尺绘画在海图标题栏内或图边适当的地方。

一般地图上所注明的比例尺称为普通比例尺或基准比例尺。它可能是图上各个局部比例尺的平均值，或者是以海图上某点或某线所在的位置为基准的比例尺。该点或该线所在的纬度称为基准纬度。例如，某中版海图注有“1∶200 000（基准纬度 30°）”，表示该图的基准比例尺是 1∶200 000，基准纬度是 30°。

海图比例尺决定了海图作业的精度。海图比例尺越小，图幅包括的海区范围就越小，图上内容就越详细、准确；海图比例尺越大，图幅包括的海区范围就越大，图上所记载的各种资料就越简略。

（三）海图的图式、识图和管理

一张海图不仅有经纬线图网，而且绘有各种航海资料，如重要的航行物标，主要地貌、地物，以及海区内航行障碍物、助航设备、港湾设施潮流和海流等。用于表示航海资料的图例、符号、缩写和注记统称为海图图式。为了正确、熟练地利用海图上的航海资料，必须了解各种海图图式的含义，这样才能最大限度地发挥海图的作用，从而保证航行安全。

二、海图标题栏与图廓注记

1. 标题栏

标题栏一般刊印在海图内陆处或航行不到的地方，特殊情况也可能印在图廓外适当的地方，是该图的说明栏，一般制图和用图的重要说明均印在此栏内，其内容主要包括出版单位的标志、图幅的地理位置、图名、比例尺、基准纬度、投影性质、深度和高程的基准面、计量单位、图式版别及绘图资料来源等，如图 2-18 所示。

图 2-18 海图标题栏

海图标题栏通常还印有图区内禁航区、雷区、禁止抛锚区、航标、分道通航制和地磁资料等与航行有关的说明、重要注意事项和警告。有些海图标题栏还附有图区内重要物标的对景图、潮信表、潮流表和换算表等资料。

2. 图廓注记

在海图图廓四周标记有许多与出版和使用海图有关的资料。

(1) 图号。印在海图图廓的四个角上。中版海图图号是按海图所属地区编号的。

(2) 图幅。印在海图图廓外的右下方。图幅标有尺寸，根据它可检查海图受潮后是否有伸缩变形。中版海图以毫米为单位。

(3) 小改正。印在图廓外左下角，用以登记该图出版以来所有小改正的《航海通告》的年份和通告号码，以备查该图是否已改正至最新。

(4) 出版发行情况。印在图廓下边的中间，给出该图出版和发行的单位和日期、新版和改版的日期等。

(5) 邻接图号。印在图廓外或图廓内适当位置，用以表示相同或相近比例尺的邻接海图图号。

三、海图基准面

海图的高程基准面和深度基准面总称为海图基准面。

(1) 深度基准面：海图上所标注的水深的起算面称为深度基准面，又称海图深度基准面。我国海图深度基准面采用理论最低潮面(理论深度基准面)。绝大多数低潮的实际水深大于海图所载水深，有利于保证航行安全。如图 2－19 所

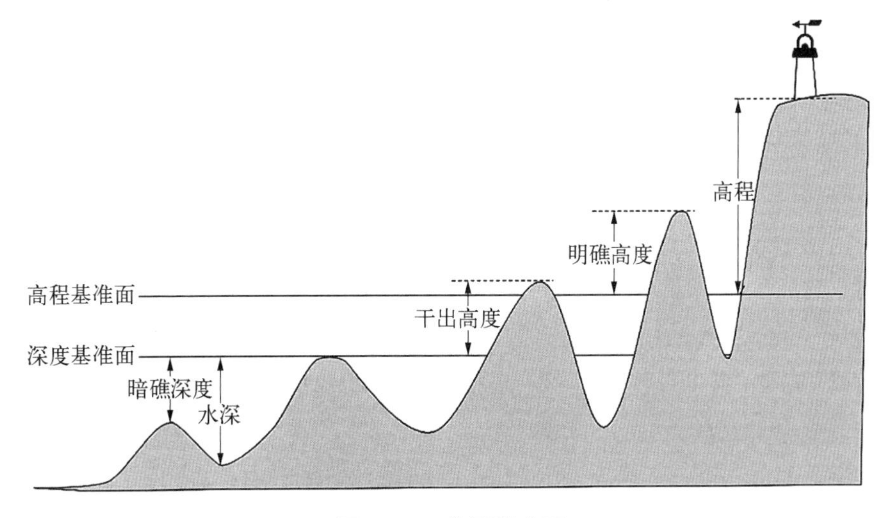

图 2－19　海图基准面

示，海图上所标注的水深是深度基准面到海底的深度。海图上礁石、浅滩等的干出高度也是由深度基准面起算的。

(2) 高程基准面：海图上所标的山峰、岛屿等高程的起算面称为高程基准面。我国沿海海图高程基准面一般采用"1985 国家高程基准面"或当地平均海面。

(3) 其他高度基准面：海图上灯塔和灯桩的灯高、架空电线和桥梁的净空高度是由平均大潮高潮面起算至灯芯或电线最低处的高度。

四、重要海图图式及说明

1. 水深和高程

水深是海图深度基准面至海底的垂直深度。凡海图水面上的数字均表示水深，单位为米，但不包括带括号的和数字下有横线的。斜体字表示是新测量的资料，正体字表示旧资料、深度不准确或来自小比例尺海图上的资料。水深小于 21 m 的精确到 0.1 m，21～31 m 的精确到 0.5 m，大于 31 m 的精确到 1 m。海图注记的水深的整数中心为水深的实测点位置。等深线是图上水深相等的各点的连线，用细实线描绘；不精确等深线是根据稀少水深绘制的，位置不准确，采用虚线描绘。

高程是自高程基准面至物标顶端的海拔高度。高程的起算面和单位一般会在海图标题栏内加以说明。中版海图高程单位为米，高程不足 10 m 的，注记精确至 0.1 m；大于 10 m 的，舍小数而注至整米数。

灯塔或灯桩的灯高是自平均大潮高潮面至灯芯的高度；干出高度指深度基准面以上的高度；比高指自地物、地貌基部地面至其顶端的高度，即物标本身的高度，如塔高是指灯塔本身从塔底至塔顶的高度。

对于山高，除高程点一般用黑色圆点表示并在附近标有高程外，其他各点用等高线描绘。等高线是地面上高程相等的各点的连线，等高线上的数字表示该等高线的高程。用细实线描绘的是基本等高线，用虚线描绘的是草绘等高线（草绘曲线），表示测绘的精度不符合规范。没有高程的等高线仅仅是表示山体形态的曲线，在同一条曲线上高程不一定相等，描绘时可能不闭合。

2. 航行障碍物

海上的航行障碍物包括各种礁石、沉船和其他障碍物。

(1) 礁石可分为明礁、干出礁、适淹礁、暗礁和水下珊瑚礁等。其中干出礁是指位于平均大潮高潮面以下、深度基准面以上的礁石，高潮时淹没、低潮时露出，数字注记系干出高度（深度基准面以上）。

（2）沉船可分为部分露出的沉船、桅杆露出的沉船、危险沉船、非危险沉船、经扫海的沉船、测得深度的沉船和深度未精测的沉船。沉船图式又分为船体形状依比例尺表示和不依比例尺表示两种。

（3）其他障碍物包含捕鱼设备、鱼栅等。凡危险物外加点线圈者，均为对水面航行有障碍的危险物，提醒航海人员予以充分注意。危险物位置未被准确测定者，在图式旁加注“概位”（position approximate，PA）；对位置有疑问者，应加注“疑位”（position doubtful，PD）；对其是否存在尚有疑问时，应加注“疑存”（existence doubtful，ED）；未经测量，据报的航行障碍物，加注“据报”（reported，Rep）。有关航行障碍物的重要海图图式具体如中版海图图式所示。

3. 底质

各种比例尺海图通常还以一定的间距标明海底底质，如沙、泥、黏土、淤泥、石、岩石、珊瑚藻、贝等。底质注记顺序为先形容词后底质种类。形容沙的形容词有细、中、粗、软、硬、坚硬等，如粗沙。已知下层的底质不同于上层底质的地方，先注上层后注下层，如沙泥。两种混合的底质，先注成分多的，后注成分少的，如细沙泥贝，表示细沙多于泥和贝的混合底质。

4. 航行用图

（1）沿岸航行图。其比例尺为1∶100 000～1∶190 000，海图详细地记载航标、危险物、航道等资料，供船舶在沿岸或狭窄水道航行时用。

（2）港泊图。其比例尺大于1∶100 000，海图详细地记载港湾内所有的航海资料，可供船舶进出港湾及锚泊时使用。

5. 海图的购买和使用

应注意核对海图的测量时间和资料来源，海图出版、新版或改版日期，海图比例尺，测深的详尽程度，地貌精度与航标位置等信息，保证海图是可信赖的。

6. 使用海图的注意事项

要尽可能选择现行版、大比例尺海图，善于鉴别海图的可信赖程度。使用前，应根据《航海通告》和有关的无线电警告及时改正。海图上也可能存在不够准确的地方，使用时要注意核对。海图作业应用软质铅笔和软质橡皮，并按规则进行，注意保护海图。每航次需要的海图抽选后应单独存放在海图桌的抽屉内。航次结束后，经船长同意，把海图擦净并放回原处。海图平时应平放在阴凉干燥的地方，防止其受潮、霉烂或变形。

7. 海图的改正

海图上标注的各种航海资料只能反应至出版之日该海区的情况。随着海区实际情况的变化，海图也要有相应的变化，即需要对海图进行改正，即由有关人员在海图上进行改正，称为小改正。若海图还未出售，则由出售或代销的单位负责将直至出售之日的海图实际情况改正至海图上；若海图已售出，则由游艇的操作人员进行小改正。所有的海图及有关的航海资料使用时都必须改正至使用之日的实际情况，否则不能使用。海图小改正的具体方法主要有如下两种。

(1) 手改法。根据《航海通告》的内容，用特制的改图笔，使用红色或紫色墨水，按海图图式的要求直接在海图上改正。对于临时性通告，只用铅笔改正，超出时限后应擦掉。

(2) 贴图法。当《航海通告》的内容涉及沿岸地形、水深比较复杂或小区域密集地点，不宜用笔直接在海图上改正时，则采用《航海通告》所附的贴图来进行改正。其方法如下：先将贴图从通告中剪下来，而后将贴图准确地放在应贴的地方，并用铅笔在其四角做出记号，最后按记号的位置进行粘贴。

海图的改正要求及时和准确，应按下列步骤进行。

(1) 永久性通告的改正。

a. 将收到的各期《航海通告》中有关改正海图的通告登记在海图卡片中，应登记有关通告的年份和号码。

b. 改正每张海图时，应根据该海图卡片上中所登记的通告逐条进行。

c. 改正时，可先根据所给出的大致经纬度在海图上找出参考点位置，然后再仔细阅读通告内容，将所需改正的内容填入或删除。

d. 改正海图应用细尖红墨水钢笔进行，以达到醒目的目的。《航海通告》中符号和凡用斜体字印出的文字或缩写，原则上都要求填入海图。填入的内容所占位置要足够小，且不可遮盖海图上的原有资料。在规定位置填画不下时，可移至一边，并用箭头指明其准确位置。删除内容时应仅用一红线划掉，这样不仅表示删除原内容，而且原内容仍完整可辨。

e. 在通告中如果有“伴随贴图”或者“伴随改正字条”字样，应将贴图或改正字条贴在通告指定的地方。

f. 每条通告改正后，应在海图卡片中将这些通告号码勾掉，并在海图左下角“小改正”栏中按年份将所有已改正过的通告号码注明。

g. 必须核对海图左下角“小改正”栏中的上次改正记录是否与通告中上次改正通告号码一致。如果不一致，则必须找出上一次应改通告，直至衔接一致，并逐一进行改正。

(2) 临时性通告和预告的改正。

a. 临时性通告和预告的内容是临时和未来的，故海图代销店不对这类通告进行改正。因此，使用者在核查此类通告的有效性时应追查到该海图出版、新版或改版之日，并对至今仍有效的临时性通告和预告进行改正。

b. 临时性通告和预告一律用铅笔进行改正，在改正处应注明临时性通告或预告的号码与年份，然后在海图左下角“小改正”栏处另起一行，专门用以记录这类通告的改正。

海图改正后，应在海图左下角的“小改正”栏中记录该《航海通告》的年份和号码。

船上应建立图卡或海图登记簿，及时登记该图的版别及改正情况等资料。通过图卡或登记簿，便可了解每张海图的新旧版别、改正情况和存放地点等信息。

8.《航海通告》

中版《航海通告》每周出版一期，每年 52 期，主要内容如下。

(1) 索引。

由“地理区域索引”和“关系海图索引”两部分组成，用以指明本期通告的内容所涉及的有关海区和需要改正的有关航海图书。

(2) 正文。

刊载了航海图书资料出版和作废等消息，并刊载了对海图的改正通告，其编排顺序是先国内海区后国外海区，国内又以渤海、黄海、东海、南海为序。该部分一般先刊印永久性通告，后刊印临时性通告和预告。

(3) 航行警告。

内容覆盖国际划分的 NAVAREA Ⅵ区的范围，由两部分组成，前一部分重申以前发布而至今仍有效的航行警告的年份与号码，后一部分刊印当前一段时期内新的航海警告内容。

航行警告的收听及处理注意事项如下。

a. 船舶应建立“无线电航海警告汇编簿”，将每期《航海通告》中重印的航行警告分地区、根据编号逐期剪贴汇订。

b. 船舶开航前，应按所经地区查阅“无线电航海警告汇编簿”，阅读与本航次有关的内容，并用铅笔将航行警告改注在海图上；已撤销的警告应予擦去。

c. 船舶在航行中要定时收听航行警告，与航行有关的内容应根据船长指示改注在海图上。

(4) 航标表改正。

按照我国《航标表》的卷名、编号顺序编排，每个编号的改正资料按八栏单面印出，便于贴改。

(5) 航路指南及港口资料改正。

刊印对我国《航路指南》及有关港口资料的改正。

(6) 其他。

凡不属于上述(2)(3)(4)(5)各项而又与航行安全有关的内容均在此栏刊出。此栏不一定每期都有。

使用我国《航海通告》的注意事宜如下。

《航海通告》中的方位均系真方位，所记灯光光弧或导标方位线等系自海上视灯塔、灯柱的真方位。

每一号码的《航海通告》一般由通告号码与标题、通告本文、应改正的海图图号(该图号之后用小括号括起来的数字表示该号海图应改正本通告中的第几款内容，而中括号内的数字则是表示上次该号海图改正的通告号码)和资料来源四部分组成。

第六节 气象常识

一、主要气象要素

(一) 气温

气温是用来表示空气冷热程度的物理量。温度的数值表示法称为温标，气象上常采用摄氏温标(单位：℃)和绝对温标(单位：K)，分别以 0℃、100℃和 273 K、373 K 表示水的冰点和沸点。它们之间的关系为

$$T = 273 + t$$

式中，T 和 t 分别表示绝对温标和摄氏温标。有些国家常使用华氏温标(单位：

℉)，其冰点温度和沸点温度分别为32℉和212℉。它与摄氏温标的关系可表示为 $F=\frac{9}{5}t+32$。

(二) 气压

大气是有质量的。单位截面上大气柱的质量称为大气压强，简称大气压或气压。大气中任意高度上的气压就是从该点起直至大气上界为止，单位面积垂直气柱的总质量。在气温为0℃、纬度为45°的海平面上，760 mmHg柱高的大气压称为一个标准大气压(101.325 Pa)。在国际单位制中，气象常用的气压单位有百帕(hPa)，其换算关系如下：

$$1\ \mathrm{hPa}=100\ \mathrm{Pa}=\frac{3}{4}\mathrm{mmHg}$$

(三) 湿度

大气湿度简称湿度，是用来表示空气中水汽含量或者表示空气潮湿程度的物理量。湿度的表示方法很多，常用的如下。

(1) 绝对湿度(a)。单位容积空气中含有的水汽质量称为绝对湿度，常用单位是 g/cm^3 或 g/m^3。

(2) 水汽压(e)。大气中由水汽所产生的分压强称为水汽压，单位为百帕。在一定的温度条件下，一定体积空气中所能容纳的水汽分子的数量有一个限度，超过这个限度时，水汽就会凝结。因此，空气有未饱和、饱和与过饱和空气之分。饱和空气的水汽压称为饱和水汽压(E)。

(3) 相对湿度(f)。实际水汽压与同温度下的饱和水汽压之比称为相对湿度，用百分数表示，即 $f=\frac{e}{E}\times 100\%$。当 $f<100\%$ 时，表示空气未饱和；$f=100\%$ 时，表示空气饱和。

(4) 露点(I_d)。当空气中的水汽含量不变且气压一定时，降低气温，使空气刚好达到饱和时的温度称为露点，其单位为摄氏度。在天气分析中，经常根据气温(t)与露点(I_d)之差判断空气的饱和程度。

(四) 能见度

在海面上，正常目视力所能见到的最大水平距离称为海面能见度，单位为海里(n mile)或千米(km)。所谓“能见”就是能把目标物的轮廓从天空背景上分辨出来。

雾是影响海面能见度的最主要因素，其他如沙尘暴、烟、雨、雪和低云等也能使能见度变差。根据能见距离的大小，将能见度划分成 0～9 共 10 个等级，如表 2－2所示。能见度好，等级高；能见度差，等级低。

表 2－2　能见度等级

等级	能见距离		能见度鉴定	海面上可能出现的天气现象
	n mile	km		
0	<0.03	<0.05	能见度低劣	浓雾
1	0.03～0.10	0.05～0.2		浓雾或雪暴
2	0.10～0.25	0.2～0.5		大雾或大雪
3	0.25～0.50	0.5～1	能见度不良	雾或中雪
4	0.50～1.00	1～2		轻雾暴雨
5	1～2	2～4	能见度中等	小雪、大雨、轻雾
6	2～5	4～10		中雨、小雨
7	5～11	10～20	能见度良好	小雨、毛毛雨
8	11～27	20～50	能见度很好	无降水
9	≥27	≥50	能见度极好	空气澄明

（五）雾

雾是指近地面层中悬浮的小水滴、小冰晶或两者的混合物使水平能见度小于 1 km（或 0.5 n mile）的天气现象。水平能见度在 1～10 km 时，则称为轻雾。

雾与云在本质上是一样的，都是发生在大气中的水汽凝结现象。它们的区别则在于，雾的下层贴近地面，是发生在低空的水汽凝结现象，而云是发生在高空的水汽凝结现象，两者存在的高度是不同的。

1. 形成

雾形成的根本原因是空气中所含有的水汽量超过了当时温度条件下的饱和水汽量，多余的水汽就凝结成小水滴或小冰晶。实验表明，当相对湿度为 80%～90%时，就有出现雾的可能。雾的形成过程大致如下。

(1) 冷却。空气中的水汽含量不变,气温降低,使空气达到饱和而发生凝结。

(2) 蒸发。气温不变,通过蒸发使空气中的水汽含量不断增加,空气达到饱和而发生凝结。

(3) 既有冷却,又有蒸发。海洋上的雾的形成往往既有蒸发,又有冷却。

2. 雾的分类及各类雾的特点

按照雾的形成原因,一般把海洋及沿海常见的雾分为平流雾、蒸发雾和辐射雾三类。

1) 平流雾

(1) 平流雾的形成。

暖湿空气流经较冷的下垫面(水面或陆面)时,贴近下垫面的空气冷却,达到并维持饱和状态,水汽凝结而形成的雾,称为平流雾。平流雾又称为海雾,是对航海威胁最大的一种雾。

(2) 平流雾特点。

a. 浓度和厚度大。平流雾的浓度往往很大,能见度恶劣,甚至会出现水平视程小于 50 m 的情况;雾的厚度常可达几十米,乃至几百米,遮天蔽日,严重影响天、地文定位。

b. 水平范围广。平流雾的形成与大型天气过程及天气系统的活动有着一定的关系,因此其雾区范围可以很大,通常可达数百甚至数千千米。

c. 持续时间长。平流雾维持五六小时不消散的情况很常见,特别是当暖湿空气较强、流场稳定少变时,可维持几天甚至一周以上。

d. 产生时间不定。平流雾在一日之中任何时刻都可能产生,在大洋中日变化不明显。

e. 常伴有平流低云。平流雾来临之前,往往先见到低云。这种云破碎不堪,很不规则,移速很快,当雾越来越近时,碎云变成大片云层,随后就是贴近海面的大雾涌上岸来。

2) 蒸发雾

较暖的水面或水滴不断蒸发水汽,进入低层较冷的空气中,使空气达到饱和而形成的雾,称为蒸发雾。常见的蒸发雾有锋面雾和蒸汽雾两种。

(1) 锋面雾。

a. 锋面雾的形成。从锋面以上暖空气中下降的水滴降落到冷空气中后,如果水滴温度远高于其周围的冷空气温度，则水滴将会不断蒸发，使锋面以下的低层冷空气中的水汽含量增加，达到饱和而形成雾。这种雾称为锋面雾，又称雨雾或降水雾。

b. 锋面雾的特点。锋面雾对航海的威胁仅次于平流雾。锋面雾最常出现在锢囚气旋中暖锋接近中心的部分，紧靠冷锋后的雨区边缘也可出现。不过浓度较大、范围较广的锋面雾还是多出现在锢囚锋两侧和暖锋前。锋面雾产生的典型部位是暖锋前、第一型冷锋后和锢囚锋两侧。锋面雾随着锋面和降水区的移动而移动。它出现的时刻和强度变化均不受气温日变化的影响。

(2) 蒸汽雾。

a. 蒸汽雾的形成。冷空气流经暖水面时，因水温高于气温，水面不断蒸发水汽进入低层空气，使空气达到饱和状态而形成的雾，称为蒸汽雾。它看起来像从水面冒出的热气。

b. 蒸汽雾特点。蒸汽雾在深秋和冬季较为常见，其特点是浓度不大，厚度较薄，持续时间不长，范围也不广，日变化比较明显。蒸汽雾多出现在清晨，日出后随气温上升而慢慢消散。它的产生与风速无关，在 5～40 m/s 的风速中均观测到过蒸汽雾的产生；风向改变可使蒸汽雾消散。蒸汽雾多出现于高纬沿海、冰缘和冰间水面较狭窄的水带，稍远的地方就没有这种雾。

3) 辐射雾

(1) 辐射雾的形成。

由地面辐射冷却而形成的雾称为辐射雾。晴夜、微风和近地面空气层中水汽比较充沛是形成辐射雾的三个主要条件。

(2) 辐射雾的特点。

辐射雾是一种典型的“陆雾”，主要出现在内陆和港内，大洋上极少产生。与平流雾或锋面雾相比，辐射雾的范围不广，雾层也不厚。

辐射雾的产生有明显的日变化规律。它形成于夜间，日出前最浓，日出后随气温升高逐渐减弱消散。通常，在日出前所产生的辐射雾最容易消散；子夜产生的辐射雾，日出后若干小时才能消散；日落后即产生的辐射雾，最不容易消散。除冬季阴天外，辐射雾午后仍不消散的只是少数。

辐射雾一年四季都可能形成，以秋冬两季最频繁，夏季辐射雾较少。如果辐射雾于夏季形成并移至海面，则不易消散，因为那时的表层海水温度常低于气温。

（六）风

风是天气预报的重要项目之一，也是天气预报的重要依据之一。风是一种对航海有重大影响的气象要素，对船舶航行具有很大影响的海浪和海流主要是由风引起的。

1. 风的定义

空气相对于地面或海底的水平运动称为风。风是矢量，既有大小又有方向。

2. 风向

风向是指风的来向，常用16个方位或方位度数（0°～360°）表示，如图2-20所示。前者多用于陆上，后者多用于海上和高空。

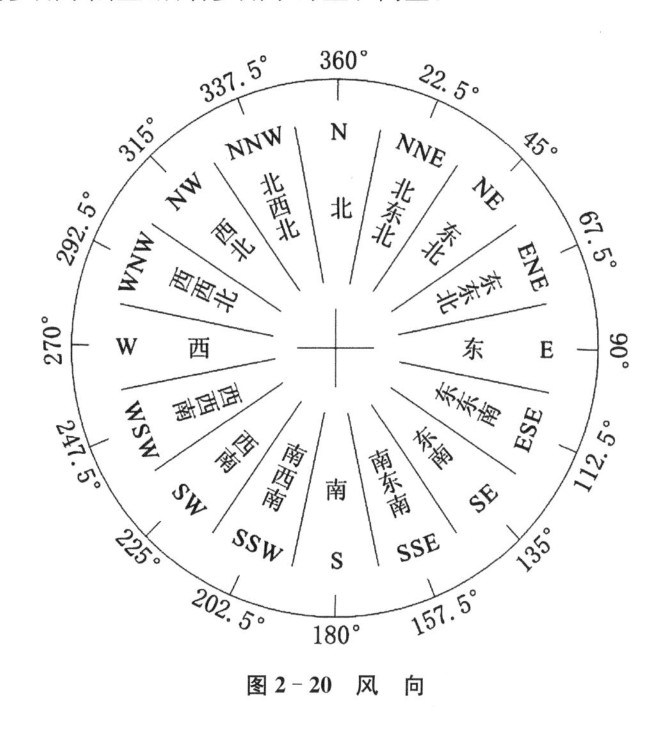

图2-20　风　向

3. 风力

风的大小可以用风速表示，也可以用风力等级表示。

风速是单位时间内空气所流经的水平距离。常用的风速单位有米/秒(m/s)、千米/小时(km/h)和海里/小时(n mile/h)［即节(kn)］。它们之间关系如下：

$$1\ \text{m/s}=3.6\ \text{km/h}=1.944\ \text{kn}$$

$$1\ \text{kn}=1.852\ \text{km/h}=0.514\ \text{m/s}$$

$$1\ \mathrm{km/h}=0.54\ \mathrm{kn}=0.278\ \mathrm{m/s}$$

风力等级是根据风对地面或海面的影响程度来确定的。目前，国际上采用的风力等级是英国人蒲福于1805年拟订的，故又称“蒲福风级”。蒲福将风力分为0～12级，共13个等级。无风为0级，最强的风称为飓风，风力为12级(风速32.7～36.9 m/s)。因此，人们常用“飓风”“12级风”来形容风力之强劲。随着气象仪器的发展，已测知自然界的大风实际上大大超过12级，如有的龙卷风风速可达100 m/s及以上。为便于研究较大的风速，1946年后，把蒲福风级扩展到最大17级，并把14～15级称为强台风，16级及以上称为超强台风。

二、气团

(一) 气团的概念

气团是指气象要素(主要为温度、湿度)水平分布比较均匀的大范围空气团。在同一气团中，温度和湿度的垂直分布(稳定度)几乎相同，天气特点大致相同，变化也不太剧烈。气团的水平范围可达几百千米，乃至几千千米；垂直范围可达几千米，乃至十几千米，常从地面伸展到对流层顶。

(二) 气团的形成与变性

1. 气团的形成

大气的热量主要来自地球表面，空气中的水汽也来自地球表面水分的蒸发，所以下垫面是空气最直接的热源，也是最重要的湿源。气团的形成首先需要有大范围、性质比较均匀的下垫面，广阔的海洋、冰雪覆盖的大陆、一望无际的沙漠等，都可作为形成气团的源地。此外，气团形成还应具备适当的流场条件，使大范围的空气能在源地上空停留较长的时间或缓慢移动，通过大气中各种尺度的湍流、对流、辐射、蒸发、凝结及大范围的垂直运动等物理过程与地球表面进行水汽与热量交换，从而获得与下垫面相应的比较均匀的温、湿特性。适当的流场通常是指准静止的、大型的高压流场。在准静止的高压控制下，高压中的辐散下沉运动可以使大气中的温度、湿度的水平梯度减小，增加大气中温、湿特性的水平均匀性。同时，稳定的环流可使空气较长时间地在温、湿特性比较均匀的下垫面上缓慢移动，使空气有足够长的时间取得下垫面的温、湿特性。例如，西伯利亚地区冬季时为一个不太移动的高压所盘踞，是形成干冷气团的源地。在我国东南方向的辽阔海洋上常有太平洋高压存在，是形成暖湿气团的源地。

2. 气团的变性

大气处在不断的运动中，当气团在广阔的源地上取得大致与源地相同的物理属性，离开源地移至与源地性质不同的下垫面时，两者间会发生热量与水分的交换，气团的物理属性逐渐发生变化，这个过程称为气团的变性。

对于不同的气团，其变性的快慢是不同的。一般说来，冷气团移到暖的地区变性快，而暖气团移到冷的地区变性慢。

(三) 气团的分类和特征

为了分析气团的特征、移动规律，常常对地球上的气团进行分类，分类方法主要有地理分类法和热力分类法两种。

1. 地理分类法

根据气团形成源地的地理位置对气团进行分类，称为气团的地理分类。在地理分类中，按源地的温度性质，将气团分成冰洋气团(北极气团和南极气团)、极地气团、热带气团、赤道气团四大类；按源地的湿度性质，又将气团分为海洋性气团和大陆性气团两种。这样，综合温度和湿度特性，全球大致可分为七种气团。

1) 北极大陆气团

其形成于冰雪覆盖的北冰洋，特点是温度低、低层具有强逆温层，气层相当稳定，湿度小，因此其天气干燥、寒冷、晴朗。

2) 南极大陆气团

其形成于冰雪覆盖的南极大陆，特点同北极大陆气团的。

3) 极地大陆气团

其形成于中高纬度的大陆上，如西伯利亚、蒙古国、加拿大一带。冬季时，气团低层温度很低，有强烈的逆温现象，空气层稳定，天气与冰洋气团类似；夏季时，受大陆热力状况的影响，空气层不稳定，加上湿度增大，常出现多云天气。

4) 极地海洋气团

其形成于南半球中纬度海洋和北太平洋、北大西洋。极地海洋气团多数由极地大陆气团移至海洋上变性而成。冬季时，因洋面温度高于大陆，气团低层温度升高，湿度增大，气层不稳定，易形成对流云，有时产生降水；夏季时，其与极地大陆气团性质类似。

5) 热带大陆气团

其主要源于副热带沙漠地区，如中亚、西南亚、北非撒哈拉沙漠等地，特征是炎热、干燥，其长久控制的地区常形成严重的干旱。

6）热带海洋气团

其形成于副热带高压控制的海洋上，特征是温度高，湿度大，低层不稳定，由于高压中部盛行下层气流，中层存在下沉逆温，阻碍了对流的发展，天气以晴为主。

7）赤道海洋气团

其形成于赤道附近的洋面，具有高温高湿的特征，气层很不稳定，多雷暴和阵性降水天气。

2. 热力分类法

热力分类法是根据气团移动时与其所经下垫面的温度对比或两个气团之间的温度对比来划分的。按这种分类法，气团可分为冷气团和暖气团两大类。

1）冷气团

气团温度低于流经地区下垫面温度的，或两个气团相遇时温度较低者，称为冷气团。当冷气团向南移行至另一地区时，不仅会使这个地区变冷，且由于气团底部增暖，气温直减率增大，气层往往趋于不稳定，有利于对流的发展，产生不稳定天气，低层的能见度一般较高。夏季时，若冷气团中水汽含量多，常形成积云和积雨云，产生雷阵雨。冬、春两季时，由于冷气团中湿度较小，常为干冷天气。冷气团内气温、风等气象要素有明显的日变化，夜间低层辐射冷却，在大陆上可形成辐射雾。

2）暖气团

气团温度高于流经地区下垫面温度的，或两个气团相遇时温度较高者，称为暖气团。当暖气团向北移行至另一地区时，不仅会使这个地区变暖，且由于气团底部变冷，气温直减率变小，会使该地上空气层的稳定度增大，对流运动不易发展，产生稳定天气。因为气层稳定，水汽及尘埃、烟粒等杂质常聚集在低层，所以暖气团中低层的能见度差。如果暖气团中水汽含量多，常形成层云、层积云，并下毛毛雨，有时会出现平流雾。如果暖气团中水汽含量较少，天气就较好。

（四）影响我国的气团

我国大部分地区处于中纬度，冷、暖气流交换频繁，缺少气团形成的环流条件。同时，我国地表性质复杂，没有大范围均匀的下垫面可做气团源地，因而，活动在我国境内的气团，大多是从其他地区移来的变性气团，其中最主要的是极地大陆气团和热带海洋气团。

冬季主要受变性极地大陆气团影响，它的源地在西伯利亚和蒙古国，称为西伯利亚气团，它所控制的地区天气干冷。此外，来自北太平洋副热带地区的热带海洋气团可影响到华南、华东和云南等地。北极气团也可南下侵袭我国，造成气温急剧下降的强寒潮天气。

夏季时，西伯利亚气团在我国长城以北和西北地区活动频繁，我国东部沿海地区主要受变性的热带海洋气团影响。以上两种气团的交汇，是我国盛夏南北方区域性降水的主要原因。此外，热带大陆气团常影响我国西部地区，被它持久控制的地区会出现严重干旱和酷暑。来自印度洋的赤道气团可造成长江流域以南地区大量降水。

春季时，西伯利亚气团和热带海洋气团势力相当，互有进退，因此是锋系及气旋活动最盛的时期。

秋季时，变性的西伯利亚气团占主要地位，热带海洋气团退居东南海上，我国东部地区在单一的气团控制下，出现全年最宜人的秋高气爽的天气。

三、气旋与反气旋

(一) 概念

从流场上看，气旋是一个占有三度空间的大尺度水平空气涡旋，在北半球，气旋范围内的空气逆时针旋转，南半球相反；从气压场上看，在同一高度上，气旋中心的气压比四周低，故又称低气压(简称低压)。

同样，反气旋也是一个占有三度空间的大尺度水平空气涡旋，在北半球，反气旋范围内的空气顺时针旋转，南半球相反；从气压场上看，在同一高度上，反气旋中心的气压比四周高，故又称高气压(简称高压)。

因此，气旋与低气压(或反气旋与高气压)是同一天气系统分别从流场和气压场角度衡量时所使用的两个不同的名称。除低纬度地区外，一般这两个名称可以通用。

1. 水平尺度

气旋和反气旋的水平尺度(范围)均以最外围一条闭合等压线的直径长度来表示。气旋的平均尺度为 1 000 km 左右，大的为 2 000～3 000 km，小的只有 200～300 km(或更小)。就平均情况而言，东亚的气旋水平尺度一般要比欧洲和北美的小。

通常，反气旋的水平范围要比气旋的大得多，直径多为 1 500～2 000 km，大的可达 5 000 km 及以上，最大的反气旋可以与大陆和海洋相比，如冬季亚洲大陆上的反气旋往往占据整个亚洲大陆面积的$\frac{3}{4}$，小的反气旋直径也有数百千米。

2. 强度

气旋和反气旋的强度一般用其中心气压值来表示。对于气旋，中心气压值越低，气旋强度越强；反之，则越弱。对于反气旋，中心气压值越高，反气旋的强度越强；反之，则越弱。另外，气旋和反气旋的强度还可以用其中的最大风速来度量，最大风速越大，气旋和反气旋越强；反之，则越弱。反气旋中的强风一般出现在外围。

地面气旋的中心气压值一般为 970～1 010 hPa，发展得十分强大的气旋，中心气压值可低于 935 hPa，强台风中心气压值还要低很多。地面反气旋的中心气压值一般为 1 020～1 040 hPa，冬季最强的反气旋中心气压曾高达 1 083.8 hPa。反气旋一般是陆上的比海上的强，冬季的比夏季的强。

气旋和反气旋的强度是随时间不断变化的，对气旋而言，若中心气压值随时间降低，称气旋发展或加深；若中心气压值随时间升高，则称气旋减弱或填塞。对反气旋而言，若中心气压值随时间增加，称反气旋加强或发展；若中心气压值随时间降低，则称反气旋减弱。

（二）分类

气旋和反气旋的分类方法较多，通常按其形成和活动的主要地理区域或其热力结构的不同来进行划分。

根据气旋形成和活动的地理区域，将其分为温带气旋和热带气旋；根据气旋的热力结构，将其分为锋面气旋和无锋面气旋（无锋面气旋包括热带气旋和热低压）。根据反气旋形成和活动的地理区域，将其分为极地反气旋、温带反气旋和副热带反气旋；根据反气旋的热力结构，将其分为冷性反气旋和暖性反气旋。

锋面气旋是指与冷、暖锋活动联系在一起的、温度不对称的气旋，常活动于温带地区，故又称温带气旋（可简称为气旋）。而热带气旋以及一些地方性气旋均属于无锋面气旋。

气旋和反气旋并不是一成不变的，不同类型的气旋或反气旋在一定条件下可以发生变化，如锋面气旋可在一定条件下转化为无锋面气旋，而冷性反气旋，当其向低纬移动到一定程度时则会变性为暖性反气旋。

（三）一般天气特征

在近地面层，由于摩擦作用，气旋区域内的气流在逆时针（北半球）或顺时针（南半球）旋转的同时，向气旋中心汇合，因而低层为空气的水平辐合，导致气旋区内的空气在垂直方向上做上升运动，易成云致雨。空气中水汽越多，上升运动越强烈，产生的降水就越大。所以一般来说，气旋中常伴有降水和大风天气，即往往和坏天气联系在一起。

同样，在近地面层，由于摩擦作用，反气旋区域内的气流在顺时针（北半球）或逆时针（南半球）旋转的同时，自中心向四周疏散，因而反气旋区低层为空气的水平辐散，导致反气旋中心区域盛行下沉气流，中心地区一般为晴朗少云的好天气，风也较小。其边缘不同部位的天气因周围天气系统的配置情况而异。

四、龙卷

龙卷是和强对流云相伴出现的，具有垂直轴的小范围强烈涡旋，是一种破坏力很大的小尺度风暴系统，又称龙卷风。

大多数的龙卷在有强烈的雷雨时出现，少数在阵雨时出现，还有个别在未降水的浓积云底部出现。当龙卷出现时，总有一个如同“象鼻子”一样的漏斗状云柱自雷暴云云底盘旋而下，有的能达到地面或水面，有的稍伸即隐，有的悬挂在空中，当它伸达地面或水面时，常能卷起大量的尘土或水，从四周包围成管状，在陆上，卷起泥砂、尘土等，称为陆龙卷（见图 2－21）；在海上，卷起海水，称为水龙卷（见图 2－22），俗称的“龙取水”就是这种天气现象。

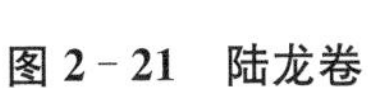

图 2－21　陆龙卷

图 2－22　水龙卷

（一）龙卷的一般特征

1. 水平范围很小

龙卷是一种强烈旋转的小涡旋，水平尺度很小，在地面上，其直径一般在几米到几百米之间，最大可达 1 km 左右；在空中，直径为 3～4 km，最大达 10 km。

2. 持续时间很短

龙卷持续的时间很短，一般为几分钟到几十分钟。

3. 气压极低

龙卷中心的气压非常低。据估计，其中心气压可低至 400 hPa 以下，甚至达到 200 hPa。正是由于龙卷内部气压的剧降，造成了水汽的迅速凝结，龙卷才由不可见的空气涡旋变为可见的“象鼻”式的漏斗云柱。

4. 风速极大

龙卷的主要特征是风速大，为 100～200 m/s，其风速分布特征如下：自中心向外增大，在距中心数十米的区域达最大；再往外，风速又迅速减小。

5. 破坏力极大

因为龙卷的风速和内外气压差特别大，所以龙卷的破坏力非常巨大，可拔树倒屋，甚至对局部地区造成更大的破坏。

6. 移动迅速

龙卷的移动路径多为直线，长度一般为 5～10 km，短的仅 300 m，个别可长达 300 km；平均移速为 15 m/s，最快可达 70 m/s。龙卷的漏斗云柱一般是垂直向下的，但因空中比地面风大，因此，漏斗云柱会发生倾斜，其倾斜方向通常指示了龙卷移动的方向。这一特点可以作为船舶避离龙卷时的一个很有用的参考。

(二) 龙卷的形成及活动特点

龙卷形成的条件与雷暴、飑线相类似，但它要求的层结不稳定更加强烈，因此产生龙卷的雷暴云比别的雷暴云更高、更强。至于龙卷形成的物理机制和演变过程，目前尚无成熟的理论来解释。龙卷有气旋式的，也有反气旋式的，其中气旋式龙卷较为常见。

龙卷主要出现在下半年，陆地上多发生于下午到傍晚，海上一般出现在清晨 6 时左右。在热带和副热带，特别是墨西哥湾、地中海和孟加拉湾上空，水龙卷出现频繁，且多半发生在夏天和初秋。我国南海西沙群岛一带，一年四季均可出现龙卷，以 8—9 月最多。

五、热带气旋的等级和名称

在全球不同的地区，热带气旋具有不同的分类标准和名称，如近中心最大风力 12 级以上的热带气旋，西北太平洋地区称之为台风，北大西洋和东北太平洋地区称之为飓风，北印度洋地区称之为强气旋性风暴，南半球洋面称之为热带气旋或强热带气旋。

西北太平洋(包括南海)地区采用的国际热带气旋分类标准和名称如表2-3所示。日本将近中心最大风力不小于12级的台风又分成了三级：强台风(33～44 m/s或64～85 kn)、非常强台风(44～54 m/s或85～105 kn)和猛烈台风(54 m/s以上或105 kn以上)。

表2-3 西北太平洋地区热带气旋分类标准和名称

近中心最大风力等级(近中心最大平均风速)	名　称	代　号
≤7级(≤33 kn)	热带低压	TD
8～9级(34～47 kn)	热带风暴	TS
10～11级(48～63 kn)	强热带风暴	STS
≥12级(≥64 kn)	台风	T

我国自1989年1月1日起采用国际热带气旋分类标准，但与国际标准不同的是，我国热带低压的标准规定为6～7级，近中心最大平均风速为2 min的平均风速。2006年6月15日我国颁布了一套新的《热带气旋等级》标准(见表2-4)，与以前的标准相比，新国标增加了强台风和超强台风2个等级。

表2-4 我国热带气旋等级划分表

热带气旋等级(代号)	底层中心附近最大平均风速/(m/s)	底层中心附近最大风力/级
热带低压(TD)	10.8～17.1	6～7
热带风暴(TS)	17.2～24.4	8～9
强热带风暴(STS)	24.5～32.6	10～11
台风(TY)	32.7～41.4	12～13
强台风(STY)	41.5～50.9	14～15
超强台风(SuperTY)	≥51.0	16或以上

六、热带气旋结构及其天气特征

发展成熟的热带气旋多呈圆形对称分布，圆形涡旋的直径一般为 600～1 000 km，个别可达 2 000 km 及以上。圆形涡旋垂直伸展高度一般可达对流层上部，个别可达到平流层下部（15～20 km）。热带气旋的垂直尺度与水平尺度的比值约为 1∶50。可见，热带气旋是一个扁圆柱形的气旋性涡旋。

（一）热带气旋的结构

1. 气压场特征

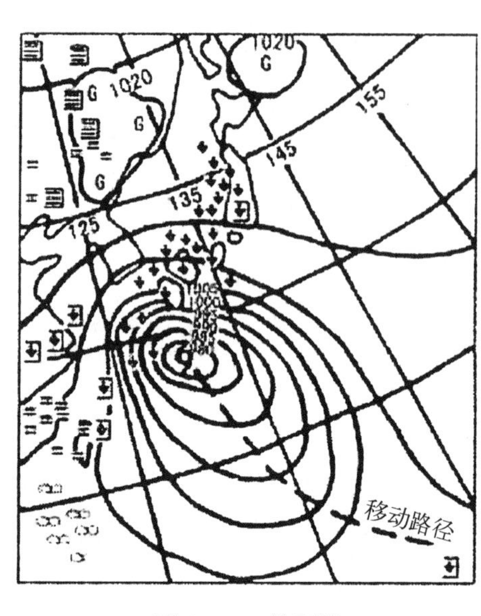

图 2-23 等压线

热带气旋的气压场特征表现为极低的中心气压和极大的水平气压梯度。成熟的热带气旋中心最低气压一般在 960 hPa 以下，西北太平洋热带气旋的中心气压最低曾达 870 hPa（7919 号台风）。在地面天气图上，热带气旋表现为一个准圆形对称、梯度极大（等压线密集）的闭合低压系统。如图 2-23 所示为 2005 年 9 月 6 日在日本长崎沿海登陆的第 14 号台风彩蝶（NABI）的地面天气图。由图 2-23 可见，台风外围等压线较为稀疏，水平气压梯度相对较小，中心周围等压线很密集，水平气压梯度很大，特别在副高一侧，地面的等压线更密集，水平气压梯度更大。

2. 热带气旋的低空风场

热带气旋的低空风场分成三个部分。

(1) 眼区。眼区在中心附近，平均直径为 30～40 km，最大的可达 200 km，小的只有 10 km 左右。眼区内风弱、干暖、少云。

(2) 涡旋区。涡旋区是围绕眼区的一环状的最大风速区，平均宽度为 8～50 km。最大风速区一般与热带气旋眼壁的云墙一致，最强烈的对流和狂风暴雨就发生在这里。

(3) 外围区。外围区是指从最大风速区外缘到热带气旋的边缘之间的区域，其直径一般为 400～600 km。在这个区域中，风速由内向外减弱。

3. 云系特征

在台风眼区，由于盛行下沉气流，通常是风轻云淡的好天气。如果由于下沉气流而有下沉逆温出现，且低层水汽又充沛时，则可在逆温层下产生层积云。在台风眼的周围，由于强烈的上升气流，常造成宽数十千米、高达十几千米的垂直云墙，云墙下经常出现狂风暴雨，这是台风内天气最恶劣的区域。构成云墙的主要是积雨云。云墙之外，各云雨带内的上升气流远不及云墙内旺盛，云的发展自中心向外逐渐减弱。

由图2-24可见，在台风中心附近，由于云层密集，云形的螺旋状不显著，形成密蔽云区（云墙），在离中心较远的地方（紧靠云墙之外）则为若干条螺旋状对流云组成的螺旋云带。此外，在云带之间常出现较薄的层状云或云隙。在螺旋状云带的外缘，还有塔状的层积云和浓积云。特别是在台风前进方向上，塔状云更多，且云体往往被风吹散，成为所谓的“飞云”，沿海渔民称之为“猪头云”。在台风的边缘，则多为辐射状的高云和积状的中低云，偶尔也有积雨云。

图2-24　Q514台风的卫星云团

当台风处于发展阶段时，云系偏于台风前进方向的一侧。在减弱或消失阶段，台风眼区因为有上升气流出现，以致天气反而转坏，云层密布，且有时会出现降水，所以台风登陆后，一般难以观测到典型的台风眼云系；而在台风其他区域内，风力较小，云和降水也较弱。往后，随着台风的继续减弱消失，整个台风区内天气就逐渐转好。

（二）热带气旋天气

热带气旋所伴随的天气主要有狂风、暴雨、巨浪和风暴潮，它们往往会带来巨大的灾害。沿海地区是遭受热带气旋影响最大的地区。孟加拉国在1970年11月和1991年6月受台风袭击，台风所带来的风暴潮和洪水各造成死亡30万人和13.9万人的重大灾难。2005年9月初，“卡特里娜”飓风袭击美国南部沿海地区，造成数千人丧生和失踪，数十万民众无家可归。下面以成熟台风为例来介绍其天气特点。

1. 外围区

在外围区，风力自外缘向中心逐渐增大，风力为6～8级，多呈阵性。天空出现辐射状卷云，随着台风的移近，云层渐密渐厚，出现卷层云、高层云，以及积状中、低云，还有塔状层积云和浓积云，同时有一些低云随风迅速移动，有时产生阵雨。在距离台风中心1 000～2 000 km的海面上，可见涌浪自台风中心传来，其传播速度为台风移速的2～3倍，甚至更大，因此在台风到达前的两三天就可以观测到涌浪。

2. 涡旋区

1) 狂风

热带气旋的风速有很大的阵性，其瞬时极大风速和极小风速之差可达30 m/s及以上，强热带气旋的平均最大风速常常为60～70 m/s，有的最大风速可达100 m/s及以上。热带气旋的风速分布并不均匀，这与气旋周围的气压场分布有关。一般来说，北半球热带气旋的右前方和南半球热带气旋的左前方往往和副热带高压相邻，在这里，水平气压梯度最大，最大风速区也出现在这里。气旋登陆后，由于摩擦加大和水汽供应减少，强度会减弱，风力也没有在海上时大。尽管如此，登陆后出现12级以上的大风还是经常可见的。登陆后，热带气旋的风速受地形影响较大，一般来说，平原地区的风速比山区的大。

2) 暴雨

在涡旋区的云墙下方通常是狂风暴雨。热带气旋暴雨的强度是各类暴雨系统中最强的。通常，一次热带气旋过程能造成300～400 mm的特大暴雨，有的热带气旋的过程降水超过1 000 mm。例如，热带海洋上的留尼汪岛上一次热带气旋过程3天的降水量为3 240 mm；台湾新寮一次热带气旋过程3天的降水量为2 749 mm；7503号热带气旋导致的河南“75.8”大暴雨过程3天的降水量为1 631 mm，是该地区年降水量的2倍。

台风降水量的分布一般是不对称的，暴雨中心常位于台风路径的右侧(少数在左侧)，右前方雨量最大，范围也最广。台风降水具有很强的阵性，有时是倾盆大雨，有时是微雨或无雨。

3) 巨浪

涡旋区可以产生巨大的海面波浪，尤其在紧靠眼壁一带，风向改变迅速，使新生的风浪和已经存在的风浪相互冲撞，形成很高的水柱。波高的大小与风速及大风持续时间成正比。风力达8级时，可以产生波高5 m以上的大浪；12级以上的风可以产生波高达十几米的巨浪。北半球最大浪高出现在台风前进方向的右后象限(距中心 20～50 n mile)。当风浪自台风中心向四周传播时,因能量逐渐消耗,波幅减小,周期加长,波峰变圆滑,从而渐变为涌浪。

4) 风暴潮

由于风暴过境所伴随的强风和气压骤降使受影响海区潮位大大超过正常潮位的现象,称为风暴潮。台风内部气压很低,可引起海面的上升,平均气压每降低 1 hPa,引起水位上升约 1 cm。一个发展成熟的台风,中心气压通常比周围低 50～100 hPa,因此可使潮位升高数十厘米。此外,在沿海地区,向岸风使海水壅积亦可造成高潮。台风登陆时,巨浪冲击海岸,使潮位猛增,若正遇上天文高潮,潮位上涨更猛,巨浪伴随高潮,引起海水倒灌,对沿海造成巨大威胁。

3. 眼区

眼区内由于盛行下沉气流,加上温度较周围高,因此通常是风轻云淡、温暖干燥的好天气。但由于眼区内气压极低,眼壁附近气压差极大,低压吸引海水上涌,使眼区内海面呈半球形凸出,再加上在台风眼附近风向改变迅速,新发展的风浪和已经发展的风浪之间相互冲击,产生波幅很大的陡峭波,即所谓的"金字塔浪"或"三角浪",因此眼区内海况十分恶劣,对航行船舶的安全产生严重威胁。

(三) 船舶防避热带气旋的方法

船舶为了避免或减少热带气旋可能带来的危害,必须采取防避措施。船舶在港内和在海上航行时应采取不同的防避方法。

1. 港内防避

船舶处在港湾、江河和沿岸浅水区内,有地形的屏蔽,受到热带风暴袭击的强度大为减弱。因此,抗风浪能力差的船舶主要采取系泊防避方式。系泊防避有锚泊、系浮筒和靠码头三种方法。如采用锚泊防避时,为增加锚的系留力和减少船舶的偏移,一般抛双锚。系浮筒防避时,一般都将主锚锚链系在单浮筒上;如系双浮筒,须用有足够强度的尾缆系带。船舶系靠码头时,要加强系缆和增加碰垫,特别要加强在最大风力风向上的系缆和在易摩擦的地方增加碰垫,并使各系缆保持受力均匀。

2. 海上防避

在海上航行的船舶遭遇台风时,为了避免被卷入热带风暴中心或中心外围暴风区,一般采取避航方法。船舶可根据热带风暴的动态和强度,不失时机地改变航向和航速,使船位与热带风暴中心保持一定的距离,处于本船所能抗击的风

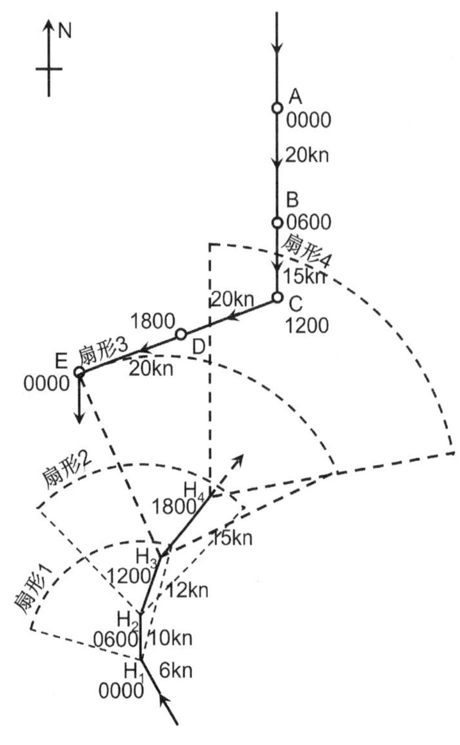

图 2 - 25　扇形避离热带风暴法

力等级的大风范围以外。如图 2 - 25 所示的扇形避离热带风暴法就是一种行之有效的方法。所谓扇形避离热带风暴法就是根据热带风暴中心的位置、移动方向和速度(可从天气报告中获得),结合本船的船位、航向和航速,在海图上作扇形图,使船与热带风暴保持一定距离。作图方法如图 2 - 25 所示。图中,H_1、H_2、H_3、H_4 分别代表世界时 0000、0600、1200、1800 时的热带风暴中心位置,A、B、C、D 分别代表与以上各时刻对应的船位。当 0000 时船舶位于 A 点时,根据天气报告得知热带风暴中心位于 H_1,并得知预报移向和移速,以 H_1 点为中心作扇形 1,其半径等于未来 24 h 的移动距离,夹角从未来移向线向左右两侧各取 30°～45°,这就是船舶未来 24 h 内需避离的危险扇形区。然后每隔 6 h 依次作出扇形 2、扇形 3 和扇形 4,直到船驶至 E 点已完全脱离威胁后,才可以改为沿原定航向航行。采用扇形避离法,应注意以下几点:① 在开阔海洋上航行的船舶可采用此法,而沿岸航行的船舶不能采用;② 扇形半径也可考虑采用 8 级大风圈的半径,使船舶最好距离热带风暴中心 200 n mile 以上,至少也不要小于 100 n mile;③ 扇形夹角的大小,在低纬及热带风暴接近转向时应取 80°～90°,在高纬及热带风暴转向后可取 60°左右。

七、天气预报

天气预报是指对气象要素和天气现象(如风、气温、气压、云、雾、降水等)的预报。

我国在大连、上海、广州、香港、基隆、花莲和高雄等地设有海岸电台,每天定时用中文或英文明码电报向国内外海上船舶转发当地气象台制作的海上天气报告和警报。天气预报和警报除通过海岸电台转发以外,还通过航行警告[电传]

系统(NAVTEX)和传真转发。天气报告阅读时的注意事项如下。

(一) 天气报告的内容

各沿岸国的海岸电台根据世界气象组织(World Meteorological Organization, WMO)所规定的格式和内容定时地向沿海海域的商船和渔船编发相应的报文，完整的报文由十部分组成，而发给商船的完整的报文一般只有如下三部分内容(沿岸船舶可根据具体需要来接收)。

(1) 第一部分。警报，包括大风、风暴、热带气旋和浓雾警报等。

(2) 第二部分。天气形势摘要，包括高压、低压、热带气旋等天气系统的位置，强度、移向和移动速度，锋线的起始点和终点位置及其移动方向和锋的性质等。

(3) 第三部分。海区天气预报，包括天气状况、天气现象、风向、风力和浪级等。

(二) 阅读天气报告和警报的注意事项

(1) 阅读天气报告时应注意广播台的名称、广播时间、播发区域、预报的有效时间(世界时或地方时)和受重要天气系统影响的海域。了解不同海岸电台所播发报文的习惯用法、风格和常用缩略语，并注意积累经验。

(2) 应明确时间用语(地方时)的含义，如表 2-5 所示。

表 2-5 时间用语

用　语	对应时间	用　语	对应时间
白　天	08～20 时	夜　间	20～08 时
早　晨	05～08 时	傍　晚	18～20 时
上　午	08～12 时	下　午	12～18 时
中　午	11～14 时	上半夜	20～24 时
半　夜	23～03 时	下半夜	00～05 时

(3) 应明确天气状况用语含义。晴天(clear sky)：总云量为 0～2；少云(partly cloudy)：总云量为 3～5；多云(cloudy)：总云量 6～8 或高云量 8～10；阴天(overcast)：总云量(一般以中、低云量为主)9～10。

(三) 天气报告的应用

通过海岸电台和传真等收到每日的天气报告以后,船舶驾驶员应尽快阅读和分析。阅读时应注意以下两点。

(1) 目前船舶所在海域被哪种性质的天气系统所控制,并确定处于该天气系统的哪个部位,分析该天气系统的强度大小、位置以及移动的情况。

(2) 根据天气报告内容分析和预报出 12 h、24 h 本船的推算船位的海域受何天气系统所控制和处在该天气系统的何部位,然后再改变航线或抛锚避风等。

八、常见天气谚语

人们在长期的实践中发现天气变化与某些天象、物象和海象之间存在着密切的联系,并总结出许多天气谚语。例如,天上钩钩云,地上雨淋淋;日晕三更雨,月晕午时风;东虹日头,西虹雨;无风来长浪,不久狂风降;八月十五云遮月,正月十五雪打灯;鱼鳞天,不雨也风颠;早霞不出门,晚霞行千里等。

这些谚语在使用时应注意地区、季节等条件,切不可简单套用。

第七节　航行基本要领及定位技术

一、航线的拟定和选择

(一) 游艇航线拟定应考虑的因素

游艇航线拟定的原则是安全第一,应考虑的因素有气象条件(风、气旋、雾、冰情)、海况(流和海浪)、危险物障碍物、定位和避让条件、本船条件(船舶结构强度、吃水、航速、吨位、船员情况)。

(二) 航线拟定的基本步骤

(1) 备妥、改正本航线所需的航海图书资料。

(2) 认真研究有关的航海图书资料,充分了解航区的详细情况。

(3) 在掌握上述航海资料的基础上,选定一条安全的航线。

a. 在航行用图上画出分段计划航线。若发现航线离危险物过近,应根据具体情况调整航线,然后量出各段航线的航向和航程,在各段航线上标出计划航向和航程。

b. 将海图按使用的先后顺序排好,放在海图抽屉内。

（三）预画航线

根据安全和经济的原则，充分考虑下列各点，慎重确定和预画航线。

1. 尽可能采用推荐航线

在没有特殊原因的情况下，应尽可能采用海图和航路指南中的推荐航线，包括采用其所有通航分隔航路。定线航行的船舶，由于对海区比较熟悉，可以将推荐航线用墨水画在海图上作为计划航线，但不能因此而忽视航迹推算工作。

2. 确定适当的离岸距离

适当的离岸距离不是固定不变的，而应根据船舶吃水的深浅、航程的长短、测定船位的难易、海图测绘的精度、能见度的好坏、风流影响的大小、航行船只的密集程度以及本船驾驶员技术水平等情况加以确定。应给避让和转向留有足够的余地。在能见度良好的情况下，距陡峭无危险的海岸，可在离岸 2n mile 以外通过，这样可以保证清楚辨认岸上物标。应沿较平坦倾斜的海岸航行，若夜间航行，或定位条件不好或能见度不良时，应在离岸 10 n mile 以外航行，以策安全。

在定位条件不好的海区沿岸航行时，选择与岸线平行的航线是有利于安全的。在夜间，特别是在可能遇到吹拢风或向岸流影响时，应把航线平行地向外海偏开一些，确保航行安全。

3. 确定避离危险物的安全距离

航线距离其附近的暗礁、沉船、浅滩、渔栅等危险物的安全距离，应根据下列因素考虑决定。

(1) 从最后一个实测船位至危险物的航程和所需的航行时间。在一般情况下，航程越远、航行时间越久，通过时的或然船位区距该危险物的距离越近，因此航线距危险物的距离应大些。

(2) 危险物附近海图测量的精度。通过粗测区的距离应比通过精测区的远些。通过精测过的危险物，可以其外缘以 1 n mile 为半径画出危险圆，再考虑到本船船位误差范围，确定距危险圆的距离。

(3) 危险物附近有无显著的可供定位和避险的物标。

(4) 通过时的能见度情况，当时为白天还是夜晚。

(5) 风流对航行的影响等。

二、转向点定义及选用原则、转向时机掌握

转向点是航行开始新一航向时的位置点。转向点选择原则是最好有明显的

天然或人工标志(如灯塔、立标、岛屿、山头等)。转向时机的掌握技巧如下:应尽量选用转向一侧正横附近的显著物标作为转向物标,避免用平坦的岬角或浮标作为转向物标。在狭水道或岛礁区航行时,除了正横转向外,还可根据条件使用叠标转向、导标转向、逐渐转向等转向方法。

三、船位定义及定位方法

船位是船舶驾驶台的位置。船舶在海上航行时,驾驶人员在任何时候都应该知道自己的船位,这样才能在海图上根据船位了解船舶周围的航行环境,及时采取适当的航行方法和必要的航行措施,保证航行安全。船舶定位的方法很多,本节将介绍陆标定位、方位定位、雷达定位和全球定位系统(global positioning system,GPS)定位等定位方法。

(一) 陆标定位

陆标是指在海图上标有准确位置,可供海上目视或雷达观测定位的山头、岬角、岛屿、灯塔以及其他显著的固定物标的统称。陆标定位是指观测陆标的方位、距离、方位差(称它们为导航参数)或它们的组合等来确定船位的方法和过程。

陆标定位时,必须准确地辨认物标,确保事先在海图上所选定的定位物标和实际所测定的物标是同一物标。如果在实际测定或海图作业时错认了物标,必将出现错误的观测船位,从而威胁船舶的航行安全。航海上常用的识别陆标的方法如下。

1. 孤立、显著物标的识别

孤立的小岛、显著的山峰和岬角等陆标、灯塔和灯桩等航标,可直接根据它们的形状、颜色、相对位置关系和顶标、灯质等特点加以识别。因此,这些物标往往是陆标定位中的首选物标。

2. 利用对景图识别

在航用海图和航路指南中,经常附有一些重要山头和岛屿等的照片或有立体感的对景图,将实际观察到的景象与相应的对景图相比对,便可方便地辨认出对景图中所标明的一些重要物标。同一物标,在不同的方位和距离上观看,其形状也各不相同。因此,每幅对景图都注有该图相对于图中某一物标的方位和距离,使用时要特别加以注意。

3. 利用等高线识别

在航用海图上,山形通常是以等高线(地面上高程相等的各点连线)来描绘的，有时也用草绘等高线（草绘曲线）或山形线来表示。等高线的疏密表示山形的陡峭程度，等高线越密，山形越陡峭；反之，等高线较疏时，表示山形较平坦。因此，可以根据等高线的疏密和形状来判断出地貌的立体形状（见图 2-26）。

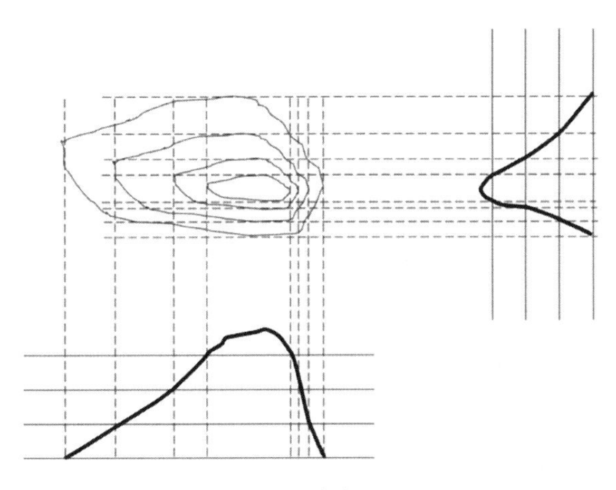

图 2-26　等高线识别

4. 利用船位识别

如图 2-27 所示，在实际工作中，可在测定附近易于识别的两三个物标（M_1 和 M_2）定位的同时，测定所需识别的物标 M 的方位，然后先在海图上根据已知物标 M_1 和 M_2 确定测量当时的船位 A（B、C），再自该船位绘画待识别物标的方位线 TB_1（TB_2、TB_3），如此反复多次，则图上这些方位线（TB_1、TB_2、TB_3……）的交点处的物标，就是所需辨认的物标。

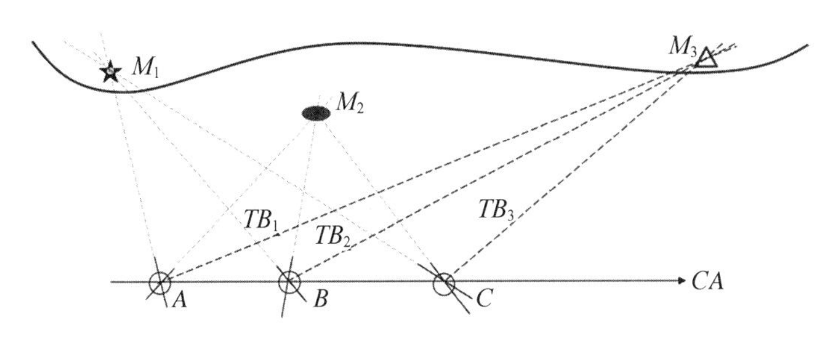

图 2-27　距离方位辨位

（二）方位定位

利用罗经（磁罗经或陀螺罗经）在同一时刻分别观测两个或两个以上陆标的

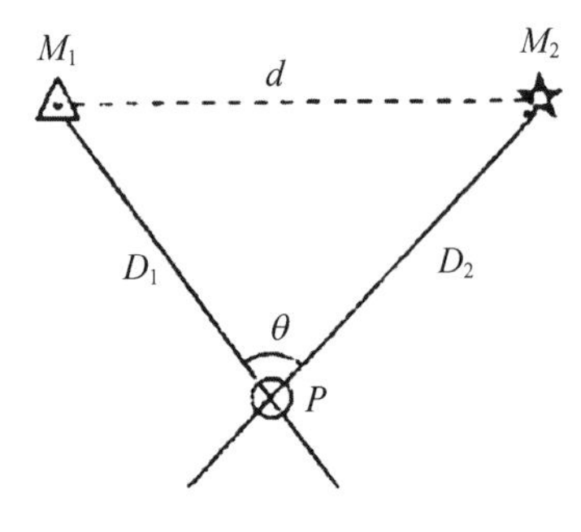

图 2-28　两方位定位

方位而确定船位的方法称为方位定位。由于它具有观测与海图作业简单、迅速等优点，是船舶在沿岸航行时最基本和最常用的定位方法。

如图 2-28 所示，同时观测两个或两个以上的陆标方位，则可以获得同一时刻的两条或两条以上的方位船位线，其交点即是观测方位时刻的观测船位。在交点上画一小圆圈作为陆标定位的观测船位符号。

定位步骤如下。

(1) 在推算船位附近选择两适当的物标 M_1 和 M_2，并注意辨认。

(2) 用罗经观测两物标的方位 CB_1、CB_2。

(3) 按下式求取两物标的真方位：

$$TB_1 = CB_1 + \Delta C$$

$$TB_2 = CB_2 + \Delta C$$

(4) 在海图上分别自 M_1 和 M_2 反方向($TB \pm 180°$、$TB_2 \pm 180°$的方向)绘画方位位置线，其交点即为观测船位 P。

(5) 在观测罗经方位时应同时记下观测时间，并将观测时间标注在观测船位旁。

由于在观测和作图过程中不可避免地存在一定的误差，加上事实上并不能真正做到同时观测，因此上述观测船位并非观测时刻的真实船位所在，只能认为是当时的最概率船位。

(三) 雷达定位

雷达可以观测物标的方位和距离。雷达定位是指船舶驾驶员根据雷达测得的物标距离和方位，通过海图作业求取船位的过程。

1) 雷达定位选择物标的原则

为了提高雷达定位的准确性，选择物标的基本原则如下。

(1) 应选择回波图像稳定、亮而清晰且回波位置应能与海图精确对应的物标，如孤立小岛、岩石、岬角、突堤及孤立又有明显标志的灯标等。应避免使用回波形状可能严重变形或位置难以在海图上确定的物标，如平坦的海岸线、斜缓的山坡、风暴过后的未经核实的浮标及建筑群中的灯塔。

(2) 应尽量选用近而可靠的物标,不用远而不可靠的物标。

(3) 应选用多物标定位,而且位置线交角应符合要求。仅在物标十分可靠时,方可使用单物标方位距离定位。

2) 雷达定位方法

根据物标回波特点及位置分布,雷达定位方法大致可分为如下几种。

(1) 单物标方位、距离定位。其为利用雷达测量同一物标的方位和距离来确定本船船位的一种方法。这种方法简单、快速,而且由于两条船位线交角为90°,船位精度较高,是驾驶员常用的一种方法。

(2) 两个或三个物标距离定位。当物标位置分散且回波特性符合测距要求时,可选择合适的两个或三个物标的距离进行定位。如果交角合适,在相同条件下这是几种定位方法中船位精度最高的方法。

(3) 两个或三个物标方位定位。当物标位置分散且回波特性符合测方位要求时,可选择两个或三个物标的方位进行定位。这种方法作图方便、迅速,便于辨认物标。但是,由于影响雷达测方位精度的因素很多,测方位误差较大,因此,使用此法时,除应遵循上文所述测方位注意事项外,还应尽量采用两物标方位定位。

(四) GPS 定位

船用 GPS 接收机可以测得船位的经纬度,根据船位的经纬度可以在海图上定出船位。GPS 定位精度高,定位方便,是目前主要的定位方法之一。

四、航向

(一) 方向的确定、划分

1. 四个基本方向的确定

通过测者眼睛,并与该点重力方向重合的直线称为测者铅垂线。凡与测者铅垂线相垂直的平面,称为测者地平平面。其中,通过测者眼睛的地平平面,称为测者地面真地平平面。包含测者铅垂线,并与测者子午圈平面相垂直的平面,称为测者东西圈平面(卯酉圈平面)。

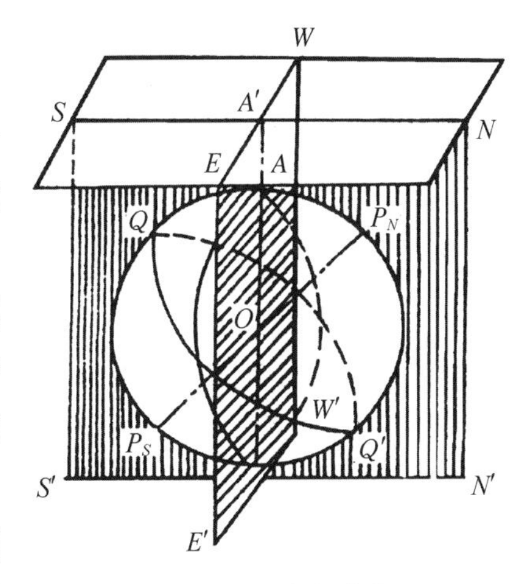

图 2-29 方向确定

在航海中,测者周围的方向是建立在测者地面真地平平面之上的。如图 2-29 所示，A'是测者 A 的眼睛，$A'O$ 为测者 A 的铅垂线，测者地面真地平平面 $WSEN$ 与测者子午圈平面相交的直线 SN 称为测者的方向基准线——南北线。它靠近地理北极 P_{N} 的一方是测者的正北方向，靠近南极 P_{S} 的一方为测者的正南方向。测者地面真地平平面与测者东西圈平面的交线 WE 称为测者的东西线。当测者面北背南时，测者东西线的右方是正东方向，左方是正西方向。

位于不同地点的测者，具有不同的测者铅垂线和测者地面真地平平面，其方向基准也各不相同。

位于两极的测者无法确定其方向基准；位于南极的测者，其任意方向都是正北方向；而位于北极的测者，其任意方向都是正南方向。

2. 航海上方向的划分

仅在测者地面真地平平面上确定四个基本方向，不能完全表示测者地面真地平平面上的其他各个方向，远远不能满足航海的需要，必须将方向做进一步的划分。航海上常用的划分方向的方法有如下三种。

1）圆周法

将地面真地平平面等分为 360 个方向，相邻的两个等分方向之间的夹角为 1°。

以正北为方向基准 000°，按顺时针方向计量到正东为 090°，正南为 180°，正西为 270°，再计量到正北方向为 360°或 000°。

圆周法始终用三位数表示方向，是航海上最常用的表示方向的方法。

2）半圆法

与圆周法一样，将地面真地平平面等分为 360 个方向。度量方法如下。

(1) 测者纬度为北纬。以正北(N)为起始方向 0°，向东(E)(目标在东侧)或向西(W)(目标在西侧)度量，计量范围为 0°～180°。并以起点和度量方向命名，如 30°NE，150°NW。

(2) 测者纬度为南纬。以正南(S)为起始方向 0°，向东(E)(目标在东侧)或向西(W)(目标在西侧)度量，计量范围为 0°～180°。并以起点和度量方向命名，如 30°SW，150°SE。

半圆法多用于表示天体的方位。

3）罗经点法

如图 2－30 所示，罗经点法以北、东、南、西四个基本方向为基点；将平分相邻基点之间的地面真地平平面方向称为隅点，即东北(NE)、东南(SE)、西南(SW)和西北(NW)四个方向；将平分相邻基点与隅点之间的方向称为三字点，其名称由基点名称加上隅点名称组成，即北北东（NNE）、东北东（ENE）、东南东（ESE）、南南东（SSE）等八个方向；再将平分相邻基点或隅点与三字点之间的16个方向称为偏点，偏点的名称由基点名称或隅点名称加上偏向的方向组成，如北偏东（N/E）、东北偏北（NE/N）、东偏北（E/N）等。

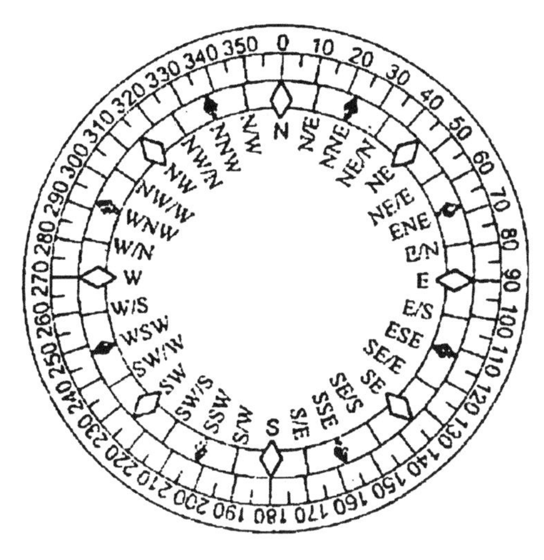

图 2 - 30　罗经点法

这样，有4个基点、4个隅点、8个三字点和16个偏点，共计32个方向点，称为32个罗经点。罗经点也可以认为是两个相邻的罗经点方向之间的角度，因此，1点＝360°/32＝11°25″。

(二) 航向、方位和舷角

航海上经常涉及的方向有两种：船舶航行的方向（航向）和物标相对于测者的方向（方位）。现将与此有关的若干定义介绍如下。

(1) 航向线。当船舶无横倾时，船舶首尾面（通过船舶铅垂线的纵剖面）与测者地面真地平平面所相交的直线称为船首尾线。首尾线向船首方向的延伸线称为航向线，如图2-31所示。

(2) 真航向。船舶航行时，在测者地面真地平平面上，自真北线顺时针方向计量至航向线的角度，称为船舶的真航向，计量范围为000°～

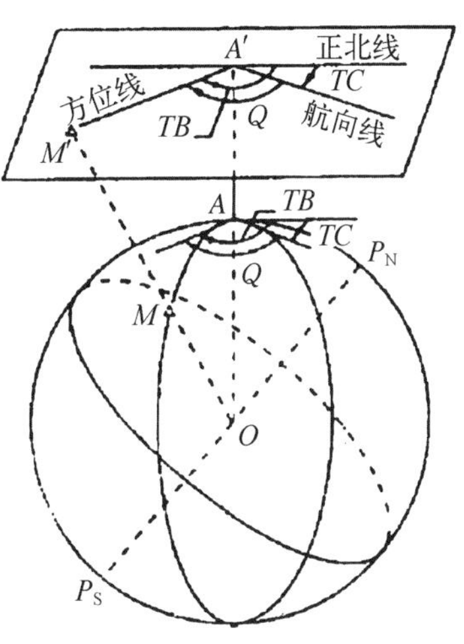

图 2 - 31　航向方位舷角

360°，记为 TC。

(3) 方位线。在地球表面上连接测者与物标的大圆弧 AM 称为物标的方位圈。而物标方位圈平面与测者地面真地平平面相交的直线 $A'M'$ 称为物标的方位线。

(4) 真方位。在测者地面真地平平面上，自正北方向线顺时针方向计量至物标方位线的角度称为物标的真方位，计量范围为 000°～360°，记为 TB。

(5) 舷角。在测者地面真地平平面上，从航向线到物标方位线之间的夹角称为物标的舷角或相对方位。舷角以航向线为基准，按顺时针方向计量至物标方位线，计量范围为 000°～360°，始终用三位数表示，记为 Q；或以船首向为基准，分别向左(物标在左舷)或向右(物标在右舷)计量至物标方位线，计量范围为 000°～180°，向左计量为左舷角 $Q_{左}$，向右计量为右舷角 $Q_{右}$。当舷角 $Q=090°$ 或 $Q=90°$ 时，称为物标的右正横；当 $Q=270°$ 或 $Q_{左}=90°$ 时，称为物标的左正横。

物标的真方位是以测者的正北方向线为基准度量的，与航向无关。如果只改变航向，而测者的位置不发生变化，则物标真方位不变。物标的舷角是以航向线为基准度量的，只要航向发生变化，物标的舷角也随之改变。航向、方位和舷角之间的关系如下：

$$TB=TC+Q_{左} \text{ 或 } TB=TC+Q_{右}$$

$Q_{右}$ 为＋，$Q_{左}$ 为－。

(三) 海上方向的测定

航海上测定向位(航向和方位)的仪器是罗经。目前，海船上配备的罗经有陀螺罗经(俗称电罗经)和磁罗经两类，小船上用得比较多的是磁罗经。

磁罗经的指向原理：磁罗经是由我国古代四大发明之指南针演变发展而来的。它是根据在水平面内自由旋转的磁针受到地磁磁力的作用后，能稳定指示地磁磁北方向的特性而制成的。

磁罗经的作用：测定船舶的航向和物标的方位。

使用磁罗经注意事项：因为磁罗经有误差，所以用磁罗经测得的航向和方位并非前述的真航向 TC 和真方位 TB，而是罗航向 CC 和罗方位 CB。真向位和罗向位之间的换算关系为

$$TC=CC+AC,\ TB=CB+AC$$

式中，AC 称为罗经差，有

$$AC = \mathrm{Var} + \mathrm{Dev}$$

式中，Var 为磁差，根据海图上给出的磁差资料计算求得；Dev 为自差，根据 CC 查自差表求得。

五、不同类型河段的航行方法

内河船舶驾驶员要根据内河航道的地形、水文、气象等特点，利用航标、航海仪器、航道图志等引导船舶安全航行。内河引航的基本要求是随时确定和摆正船位。内河船舶通常用目测岸标定位，雷达定位也日益广泛应用。摆正船位主要在于掌握好船舶的航向和离岸距离。

内河航道与海洋航道不同，航道尺度受限制，河槽常有变迁，水位随季节涨落，水流形态复杂，这些都影响着船舶的航行。内河航道按航行条件的不同可分为顺直河段、弯曲河段、浅滩河段、架桥河段、河口段等航道。在不同类型的内河航道上，船舶航行方法各有特点。

(一) 顺直河段航行

河槽在较长距离内保持顺直地势的河段，航道宽、水流平顺。航行中要力求摆正船位。下行船一般应沿主流而下。上行船应航行于缓流区，但船底富余水深不能过小，如缓流区水深不够，也可沿陡岸航行，但不能距岸过近，也不应占用下行航道。

(二) 弯曲河段航行

弯曲河段凹岸冲刷、凸岸淤积，流态复杂。主流、回流、扫弯水和横流对船舶航行都有一定影响，对下行船影响更大。下行船转向时，在惯性离心力、舵的横移力和扫弯水作用方向一致的情况下，容易发生扫岸、触坡等事故。因此，下行船在驶入弯道之前应调整船位，使航迹线的曲率半径大于航道轴线的曲率半径(长江船员称之为“拉大档子”)，以降低转向时的惯性离心力，然后提前操舵转向，将航向变换角沿线分散，防止在弯曲顶点附近集中使用大舵角而产生过大横移，并可为下一步反舵稳向或调顺船身提供便利。下行船在驶入弯道前还应及时减速，在驶抵弯顶前再及时增速，使船在通过弯顶时的离心力较小，却又有较大的舵力可供使用。扫弯水与背脑水易使船随流漂移，所以宜使船位偏于横流的上方(即水势高的一边)，长江船员称之为“挂高”。挂高是通过有横流河段的重要方法。

(三) 浅滩河段航行

浅滩是内河常见的一种碍航物。船舶通过浅滩时，要力求使船首尾线垂直于浅滩的沙脊棱线，并使航向平行于流向，既避免用舵增加航行阻力，又防止船舶偏移。因为水流在流过沙脊时，流向大抵垂直于沙脊棱线。浅滩河段往往有横流，航槽又窄，船舶通过时，受横流的推压，容易越出航道界限，发生搁浅事故。因此，船舶在横流中航行时，航线应偏于横流的上方，即“挂高”。为使航迹与预定航线相重合，应使航向与预定航线间有一航向调整角，以抵消横流的作用。

（四）架桥河段航行

河流上架桥后，主要受与桥梁非正交的主流影响，对下行船的航行造成干扰，使船位难以控制。因此船舶通过大桥时，应提高航速以抑制与桥梁非正交的主流，避免船位偏移。船在进桥孔前要及时用舵调整航向，尽量缩小航迹宽度，对正桥孔正中通过。

（五）河口段航行

河口可分为入海河口、支流河口与入湖河口三种。入海河口段水面宽广，风浪较大，有潮流的影响，主要靠航标指示航道界限。船舶多按罗经定向航行，还须掌握潮流、风浪的影响，充分利用潮流以提高航速。支流河口段在干支流汇合处流态乱，常有不正常的水流，如夹堰水（两股不同流向的水流相互冲击摩擦，在水面呈现的一长条乱流）、回流等。夹堰水常使航行船舶发生偏转和颠簸。回流对上行船有利，但它与邻近其他水流结合，能使船舶严重偏转失控。所以船舶进出支流河口时应绕过或避开这些不正常水流区行驶。支流河口附近进出口航路交叉，船舶应注意避碰。入湖河口段岔道多而浅、窄、弯，船舶航行困难，应根据情况分别应用浅滩河段或弯曲河段的方法。

六、特殊情况下的航行

（一）雷雨大风天航行

在雷雨大风天航行时，应检查并保证做好以下各项工作：确保船体水密；保证排水畅通；加强移动物体的系固，确保船舶稳性；做好应急准备。

（二）夜间航行

在夜间航行时，驾驶员在瞭望时应充分考虑到驾驶台设备和可供使用的助航仪器的局限性、当时航区的环境和情况以及所实施的程序和安全措施。应开启雷达、航行灯，缓速航行。

（三）雾中航行

雾中航行的主要特点就是能见度不良，视线受限制。由于能见度不良，不能及时发现船舶附近的物标、航标和周围船舶动态,给船舶定位、导航和避让等造成很大的困难。游艇进入雾区之前应尽快完成以下准备工作:准确地测定船位,了解周围船舶动态;按规定采取安全航速,鸣放雾号,显示航行灯;开启雷达、VHF,特别注意瞭望;做好随时操作游艇、改变现有状态的准备;保持安静,保证有效的听觉和视觉瞭望等。

进入雾中航行,应适当增大航线的离岸距离,保证艇岸之间有足够的回旋余地。认真做好航迹推算工作,勤测船位,充分利用一切手段来定位和导航,尤其是充分地使用雷达。可以使用等深线作为避险线导航。航速降低后,风、流影响加大,艇位易偏离计划航线,应加强雷达观测,及时发现他船,并采取有效避让措施。注意倾听声号,以尽早发现船舶警告危险。由于声音的作用距离和方向随天气(风向、风力等)因素变化而变化,因此不能简单地根据声音的大小和方向判断目标船的距离的远近和方位。听见雾号声,应视船舶在危险区内,注意采取一切必要的避碰措施。

(四) 洪水期航行

(1) 游艇在洪水期要及时检查锚、锚链等锚泊设备,锚泊时应抛足锚链,必要时可抛双锚。同时加强值班,确保不发生走锚险情。

(2) 洪水期岸坪被淹没,应行驶于航标标示的航道内,不可因贪缓流而过分靠近堤岸行驶,以免发生搁浅、触礁等事故。

(3) 游艇在经过水流流速与航道夹角较大的水域时,要谨慎驾驶,不可出角过大,避免游艇发生倒头事故。

(4) 禁止游艇淌航。洪水期水流大,淌航易造成游艇失控而发生事故。

(5) 游艇经过弯曲航道的岸咀、碛坝、矶头等下方时,要注意不正常水流,下行船舶防止落湾,上行船舶不可过分深入回流区,以防在驶出回流时造成打张倒头。

(6) 游艇要注意洪水期江面漂流的浮木、渣草等,以防浮木打伤车叶,渣草堵塞艇底阀门。

(7) 游艇经过桥区水域、施工水域时,要注意与桥墩和施工设施保持一定的横距,避免因横流影响而发生触碰事故。

(8) 游艇在通过大桥、架空电缆等跨江建筑和设施时,要提前精确计算本艇水线以上高度与跨江建筑净空高度的关系,确保游艇顺利通过而不发生触碰事故。

(9) 洪水期水流流速增大,上行游艇可根据航经水域水流情况合理水域,严禁超载。

(10) 驾引人员应加强瞭望,谨慎操作。

第八节 游艇助航设备的使用

一、游艇罗经的使用及注意事项

(一) 磁的基本知识

(1) 磁极和磁轴。磁极:磁性最强处称为磁极。中性区:中部无磁性的部分称为中性区,条形磁铁的磁性位置约在离末端$\frac{L}{12}$处。针形磁铁可认为在其针尖上。磁北极:悬挂时指北的一端称为磁北极,显示为“N”或红色。磁南极:悬挂时指南的一端称为磁南极显示为“S”或蓝色。特性:同性相斥,异性相吸。

(2) 磁轴。磁铁中两磁极的连线称为磁轴。

(3) 磁化。原来没有磁性的物体在磁场中得到磁性的现象称为磁化。硬铁能被较强的磁场磁化,一经磁化,其磁性可在较长时间内保持不变,剩磁大,矫顽力大,曲线面积大;软铁能被较弱的磁场磁化,随外界磁场的变化,其磁性随之改变,剩磁小,矫顽力小,曲线面积小。

(4) 磁赤道。磁倾角 θ 为零的各点连接而成的一条不规则曲线称为磁赤道。在磁赤道上,$\theta=0$,地磁水平分力 H 最大,磁罗经指北力最大;在极地附近,$\theta\approx 90$,H 很小,磁罗经由此失去指北力。

(5) 地磁场。围绕在地球外表空间的天然磁场称为地磁场。

(6) 磁差。磁子午面与地理子午面之间的夹角称为磁差。当磁北偏在真北之东时,称东磁差;当磁北偏在真北之西时,称西磁差。注意:地球上不同地点磁差的大小及方向不同,同一地点的磁差也因时而异,某些地方磁差会产生异常。

(二) 使用注意事项

游艇罗经分两种。一种是磁罗经,它是利用磁针在地磁力作用下能够指向磁北的原理制成的一种指向仪器。所有船舶都应安装磁罗经,用于观察航向和测定物标方位。另一种是陀螺罗经,又称电罗经,它是利用陀螺仪的基本特性——定轴性和旋进性，借助于控制设备和阻尼设备，能自动找北并精确地跟踪地理子午面的一种指向仪器。它不依赖地磁场定向，不受磁干扰影响，因而能在船舶上高度精确地工作。与磁罗经相比，陀螺罗经的主要优点是指向精度高（一般误差小于±1°）；能带多个复示器，有利于船舶自动化；不受磁干扰影响，指向误差小；安装位置不受限制等。其主要缺点是必须有电源才能工作（可靠性较差），工作原理、结构复杂。

二、VHF 无线电设备的使用及注意事项

游艇应配备一台固定安装的 VHF 无线电装置，以便艇与岸、艇与艇进行通信，VHF 无线电装置应安装在驾驶室。

VHF 无线电装置应至少具有电话功能。对于 A 类游艇，VHF 无线电装置还应具有数字选择性呼叫（digital selective calling，DSC）功能（至少满足国际电信联盟规定的 D 级 DSC 的要求）。对于 A 类游艇应配备一台雷达应答器。对于敞开式游艇，可仅配便携式 VHF 无线电设备，至少应具有 156.300 MHz（CH06）、156.650 MHz（CH13）和 156.800 MHz（CH16）频率上的无线电话功能。

使用 CH16 之前，应在此频道上守听适当时间，以确定是否有遇险呼叫通信正在进行。避免在无线电话规定的静默时间内（每小时的 00—03 min 和 30—33 min）进行普通的呼叫。使用 CH16 进行普通的呼叫时，应尽量减少使用时间，且不应超过 1 min，双方沟通联系后应立即转到其他工作频道。CH16 上连续呼叫三次，但仍未收到被呼叫台的回答时，即应停止呼叫，3 min 后再重新呼叫。船舶在海上航行，应在 CH16(156.800MHz) 守听或呼叫。

船舶进出港口、相互对遇、横交或追越时，均应在 CH06 上播发或交换船位、航向、航速及双方的操作意图以保证船舶安全。通话应简明扼要，严守国家机密。使用人员应将每次通信内容，包括有关导航、避让或防台商定的要点及时间、地点、对方船名等记录在无线电话工作日志内，以备查用。

三、导航设备的使用及注意事项

（一）雷达回波识别及定位

1. 定位物标回波识别

可以用于雷达定位的物标主要有孤立的小岛、岬角、突出陡峭的海岸、雷达

应答标(racon)等。其回波的主要识别方法如下。

1) 将雷达荧光屏上物标回波形状与海图上物标形状比较进行识别

首先根据船舶在海图上的推算船位和航向等因素，观察和记住海图上船位周围海区绘制的岛屿、岬角以及突出陡峭的海岸的形状、大概方位和距离等，再在雷达荧光屏上，根据扫描中心周围岛屿、岬角以及突出陡峭的海岸的形状、大概方位和距离等回波特点，将两者进行对比，即可确定雷达荧光屏上所要选择的定位物标回波(见图 2－32)。

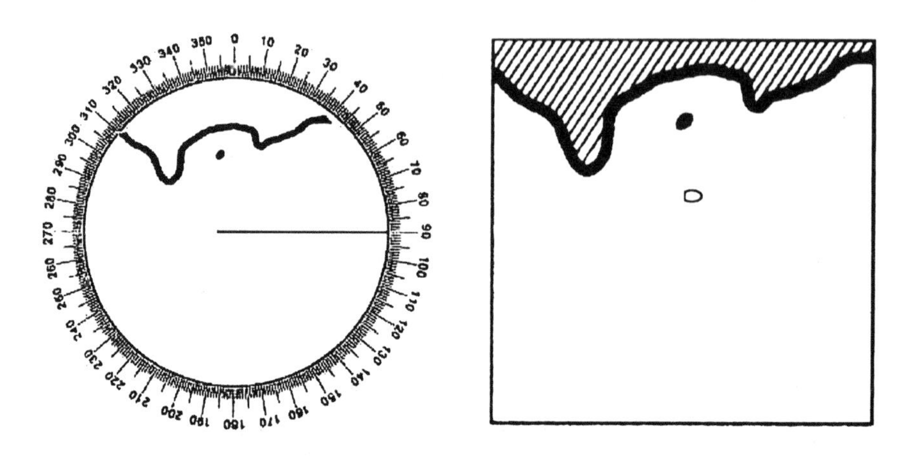

图 2－32　定位物标的回波

2) 根据已知准确船位识别

当对船舶周围海域不太熟悉且岛屿、岬角、突出的海岸较多，根据雷达荧光屏上物标回波形状与海图上物标形状比较，难以识别定位物标回波时，可以根据已知准确船位的方法识别定位物标回波。其方法是在测定已确认物标回波的距离方位进行定位的同时，也测定将被选用但未被确认物标回波的距离方位进行定位。若根据已确认物标所测定的船位与未被确认物标所测定的船位是同一个船位，则未被确认的物标就被确认了。当原来的定位物标不能再继续用于定位时，即可使用新确认的定位物标进行定位。

3) 根据雷达航标特点识别

对于用于雷达定位的雷达应答标，应在海图上用航标符号标示出其位置和编码；而在雷达荧光屏上，雷达应答标从所安装的物体回波，背向扫描中心发射编码符号。根据推算船位、大概的方位距离和发射的编码符号，可以在雷达荧光屏上确认所选用的雷达应答标。

2. 雷达定位原理

1）雷达测距原理

雷达收发机的发射部分产生电磁波脉冲，由天线向外发射。电磁波在空气中沿发射方向匀速直线传播，其传播速度为 3×10^8 m/s。当电磁波在传播中遇到与空气不同的物体（如船舶、海岛、岸线、高山等）时，电磁波就会被这些物体反射回来并被雷达天线所接收（回波）。若设雷达发射的电磁波脉冲从发射到被物体反射回来，被天线接收的传播时间为 Δt，则雷达到反射物体的直线距离为

$$D=\frac{1}{2}\times3\times10^8\Delta t$$

由于雷达安装在船上，因此在雷达显示器荧光屏上，扫描中心代表雷达所在的船舶，反射物体显示在荧光屏上（回波），根据显示器距离标志就可以测量出反射物体到船舶的距离。

2）雷达测向原理

雷达通过天线的不停旋转，瞬间定向发射与接收电磁波脉冲，故电磁波脉冲回波的方向就是反射物体的方向。在雷达显示器上有表示方向的方位圈（称为固定方位圈或罗经方位圈），荧光屏上反射物体回波所对应的方位圈刻度就是该物标的方位。

(二) 雷达定位

雷达定位方法有测量一个物标的距离和方位定位、测量两个或两个以上物标的距离定位、测量两个或两个以上物标的方位定位等。

1. 定位物标选择

选择定位物标的总原则是选择物标回波稳定、明亮清晰、位置与海图上的位置精确对应、测量精度高的物标。具体可选用的物标如下。

(1) 孤立的小岛、岩石，高而陡峭的岬角、突堤、雷达应答标等。

(2) 尽量选择距离近、失真小的物标。

(3) 选择船位线交角好的物标。

2. 定位方法

1）单一物标定位

在雷达显示器上同时测量一个物标的距离和方位，在海图上从所测物标测量点画出该物标的方位线（方位船位线），再以所测物标测量点为圆心，以其测距离为半径画的圆（一般只画出所需要的一段圆弧）就是船位圆，船位圆与方位线

的交点就是雷达船位。物标真方位是根据显示器上罗经刻度盘读取物标罗方位后，经陀螺差改正得到的。

2）两物标定位

(1) 测量两物标距离定位。

在雷达显示器上测量两个物标的距离，在海图上分别以所测物标测量点为圆心，以所测距离为半径画出两个船位圆（一般只画出所需要的圆弧），两个船位圆的交点就是雷达船位。测量时应尽量缩短测量时间间隔，测量顺序应遵照先慢后快、先难后易的原则，即先测距离变化慢的物标（左右舷方向的物标），再测距离变化快的物标（船首尾方向的物标），以提高定位精度；距离变化相同的物标，应先测难测的物标，后测容易测的物标，以减小定位误差。

(2) 测量两物标方位定位。

在雷达显示器上测量两个物标的方位，在海图上分别从所测物标测量点画出两个物标的方位线（方位船位线），两条方位线的交点就是雷达船位。测量两个物标方位时应尽量缩短测量时间间隔，测量顺序应遵照先慢后快、先难后易的原则，即先测方位变化慢的物标（船首尾方向的物标），再测方位变化快的物标（左右舷方向的物标），提高定位精度；方位变化相同的物标，应先测难测的物标，后测容易测的物标，以减小定位误差。测量两物标方位定位的方法在实际中较少使用，因为在一般情况下，其定位精度不如单一物标距离方位定位法和两个物标距离定位法高。

有条件时也可以测量三个（及以上）物标定位，以提高定位精度。定位时除了选择定位精度高的物标外，还应选择船位线交角好的物标。两物标定位时，船位线交角最好为 90°（应在 30°～150°范围内）；三物标定位时，船位线交角最好为 120°。

（三）GPS 定位

GPS 接收机又称 GPS 导航仪，船舶使用的 GPS 导航仪是比较简单的一种。卫星导航系统共设置 21＋3 颗 GPS 卫星，分布在 6 个轨道上，轨道高度为 20 200 km。所发射的信号频率为 1 575.42MHz 和 1 227.60MHz。单频道 GPS 卫星导航的接收频率为 1 575.42MHz。卫星运行周期为 6 h。GPS 卫星导航仪采用码片及频率搜索电路。GPS 卫星信号波的调制信号是 P 码和 CA 码。CA 码是一种慢速、短周期的伪随机二进制序列码，P 码是快速、长周期的伪随机码。通常，商船上采用使用 CA 码的 GPS 卫星导航仪定位与导航，其码率为 1.023 MHz。

GPS卫星每帧电文播送时间为30 s,播送完整的历书需用时12.5 min。GPS卫星导航系统可为船舶在江河、湖泊、港口、狭窄水道、近海及远洋提供定位与导航,可在水面、空中定位,但不能在水底定位。其近于实时定位。

1. GPS导航仪组成及作用

GPS导航仪一般由接收天线、本机和电源组成。

1) 接收天线

GPS导航仪的接收天线安装在一定高度,用于接收GPS卫星发射的信号。

2) 本机

本机是一台GPS导航仪的主体部分,主要作用是输入数据、对接收信号进行放大处理、解码、测量计算、显示数据等。

3) 电源

GPS导航仪的电源由变压器和有关电子器件组成,其作用是将船用电源转换为天线和本机各部分所需要的电源。

2. GPS导航仪启动方式

GPS导航仪的启动方式一般分为冷启动、热启动和日常启动3种。

1) 冷启动

GPS导航仪的冷启动是指一台导航仪安装后的第一次开机使用,或停机3个月以上(有的导航仪为6个月以上)后的再次开机,或停机后位置变化100 mi(1 mi≈1.6 km)以上(有的导航仪为位置变化600 n mile以上)时的再次开机。冷启动时,导航仪须进行初始化输入,即在输入推算船位经纬度、时间、天线高度、水平精度衰减因子(horizontal dilution of precision,HDOP)等数据后,导航仪搜索卫星,重新收集历书,30 min后,才开始自动定位。

2) 热启动

当GPS导航仪关机后,位置变化不超过100 mi(有的导航仪为不超过600 n mile)或关机日期不超过3个月(有的导航仪为不超过6个月),且导航仪内保存有卫星星历时的启动称为导航仪的热启动。热启动时,一般不需要向导航仪输入初始数据。接通电源后,最多不超过20 min就可以自动定位。

3) 日常启动

船舶在航行或停泊时的GPS导航仪关机后再启动,称为导航仪的日常启动。由于航行或停泊时一般关机时间很短且位置基本不变,因此日常启动导航仪时无须初始化输入。日常启动是GPS导航仪常用的开机方式,开机后马上就可以自动定位。

3. GPS 导航仪主要功能

1）船位计算和显示功能

一般每隔 3～5 s 更新一次船位，并显示在 GPS 液晶屏上。

2）导航功能

显示航向、航速；具有偏航报警和到达报警的音响和图示；计算显示风流压差；标绘航迹和航路点等。

3）航线设计功能

可输入存储 10 条以上航线，每条航线可以设定 10 个以上航路点。可计算显示到某一航路点的航向、距离、到达时间等。

4）存储导航信息

可以存储重要航路点、计算航程等。

5）显示和预报卫星的有关信息

显示用于定位的卫星编号、仰角、方位角等。可以预报未来卫星升出地平线的时间、编号、仰角、方位角等信息。

（四）AIS 设备

AIS 是一个广播转发器系统，在海上移动通信频道 VHF 上工作，它能把船舶信息（如船名、呼号、海上移动识别码、位置、航向、航速等）自动发到其他船上或岸上，以快速的频率、处理多路通信，并使用自控时分多址联接技术来满足通信的高密度率，保证船对船和船对岸操作的可靠和实时性能。AIS 的最大意义就是为进一步提高船舶安全航行提供了一种有效的信息手段。IMO 规定 AIS 应满足的功能要求如下：船-船方式避碰、作为沿海国家获取船舶及其货物资料的一种方法、作为 VTS 工具。

AIS 的主要功能为自动播发 AIS 信息、自动接收 AIS 信息、以标准界面输出 AIS 信息。AIS 可以用于船与船之间的识别、监视、避碰、定位、通信，还可以提搜索救助的效率。在船载 AIS 设备中，能够完成收发通信的设备是 VHF，能够提供精确船位信息的是 GPS（或北斗）导航仪，能够提供航向信息的设备是陀螺罗经。

AIS 自动播发的船舶信息中包括船舶的静态、动态及与航行安全有关信息。AIS 的工作频率是 161.975 MHz 和 162.025 MHz，收发信息的频道是 87 和 88。AIS 发射的信息电文每帧占用时间为 1 min，更新速度（最快）为 2 s，更新速度取决于航速和航向的变化。AIS每分钟可以处理2 000个报告，播发和接收信息的方式是自动连续。

AIS由AIS运载体和AIS岸台系统组成。AIS船台设备的工作模式与岸台的工作模式相同。在大洋及所有其他海域，AIS系统的一般工作模式是双通道模式，AIS并行地在两个信道中同时接收，同时在这两个信道中有规律地交替发送。AIS系统的信号发射采用自组织时分多址技术。

在使用AIS设备的过程中应特别注意是否存在以下问题：① 船员输入不正确或随意添加符号；② 船舶呼号没有输入或输入不正确；③ 海上移动识别码没有输入或输入不正确；④ IMO号码输入不正确或没有输入；⑤ 罗经误差较大或没有连接罗经；⑥ 没有输入或错误输入船舶种类和航行状态；⑦ 目的港输入不正确或没有输入；⑧ 舶长度/吃水没有输入或输入不正确；⑨ 岸基监视站的AIS设备没有输入水上移动业务标识码(maritime mobile service identity，MMSI)。

(五) 使用雷达进行避让的方法

1. 保线航行

船舶沿岸航行或特殊海域航行，单纯依靠定位不能有效保证航行安全时，可使用雷达采用保线航行，主要有以下方法。

1）导标导航

使雷达荧光屏上的方位标尺指向导标回波的特定方位(或舷角)并始终保持，则船舶航行就是安全的。若导标回波偏在方位标尺线的左边或右边，就要调整航向，使方位标尺线始终指向导标回波。

2）方位叠标导航

在雷达荧光屏上选定两个以上的物标回波，使用方位标尺使其回波重叠，船舶航行时一直保持两物标回波重叠的状态，船舶的航行就是安全的。

3）距离叠标导航

在雷达荧光屏上，使选定的两个基本点物标回波位于同一距标圈上，船舶始终保持这种状态航行，船舶的航行就是安全的。

2. 雷达避险线

船舶在狭窄水道或特殊海域航行，单纯依靠定位不能有效保证航行安全时，经常采用雷达避险线航行，主要有以下方法。

1）距离避险线

在雷达荧光屏上，选定某一物标回波作为避险物标，根据船舶航行安全的需要，用雷达活动距标设定距离避险物标回波的安全距标圈，航行中保持此距标圈始终与避险物标回波相切，船舶的航行就是安全的。当选定的避险物标与危险物（区）的连线和计划航线垂直或接近垂直时，宜采用距离避险线航行。

2）方位避险线

在雷达荧光屏上，选定某一物标回波作为避险物标，根据船舶航行安全的需要，用方位标尺（机械方位标尺或电子方位线）指向所选定的避险物标回波，操纵船舶，使其方位标尺始终位于所选定的避险物标回波外侧，船舶就是安全的。

当所选定的避险物标与危险物（区）的连线和计划航线平行或接近平行时，宜采用方位避险线航行。必要时，也可以采用距离避险线和方位避险线双重避险措施。

3. 港口雷达站

为了使进出港的船舶航行更安全，世界各大港口都建立了 VTS 系统。当船舶进出港口时，船舶必须接受 VTS 港口雷达导航站的导航和指挥。VTS 港口雷达导航站可向被导航的船舶提供其航向、航速、偏航情况、船舶交会状态等信息，引导船舶安全航行。

4. 雷达导航的注意事项

在进入危险区前，应预先找到主要导航物标及危险物标的位置及特点。确定雷达导航的方式，并确定安全距离及有关导航参数。

在狭窄水道航行时，由于物标近、方位距离变化快，有时不能及时定位，应采用物标与物标回波对照的方法导航，要求识别物标要准确迅速。

同时，雷达荧光屏上出现假回波的可能性增加，应仔细辨认，不可混淆，充分利用雷达方位标尺和活动距标圈协助判断船位。最好使用真运动导航，可选用船首向上或真北向上的显示方式。

使用雷达瞭望时，应根据本船船型、航行状态、速度、当时的视距、船舶密度等情况决定使用何种量程。沿岸航行，常用量程为 6 n mile；近岸航行时，量程可用 3 n mile。根据情况，量程之间可相互转换，以利于尽早发现物标，特别是小船的回波。

第三章　游艇操纵基本知识

第一节　游艇操纵性能基础

一、基本概念

（一）船舶的启动、停止、倒车性能

1. 船舶启动性能

船舶由静止状态进车，使船舶达到与主机功率相应的稳定船速所需的时间和航进的距离，称为船舶的启动性能。船舶从静止状态逐级动车，直至达到定常速度所航行的距离与排水量成正比，与航速的平方成正比，与阻力成反比。游艇因为排水量小，所以启动所需的时间和距离都较小。

2. 船舶停止性能

以某一速度航行的船舶，从发出主机停止车令起到船舶对水停止移动时所需的时间和滑行的距离，称为停车冲时和停车冲程。对于游艇，则有定义：以常速前进的游艇，从操纵手柄（器）置于“停车”的位置时起，到游艇对水停止移动时所需要的时间以及在此时间内游艇由于惯性而继续前进的距离，称为游艇的停车冲时和停车冲程。

3. 船舶倒车性能

一般定义：船舶由前进状态后退，从发令开始到船对水停止移动所需的时间及航进的距离，称为倒车冲时和倒车冲程。对于游艇，则有定义：以常速前进的游艇，从操纵手柄（器）置于“全速倒车”的位置时起，到游艇对水停止移动时所需要的时间以及在此时间内游艇由于惯性而继续前进的距离，称为游艇的倒车冲时和倒车冲程。

（二）船舶旋回性能

船舶旋回性能常用旋回圈来衡量，一般船舶进距应不超过 4.5 倍船长（垂线间长，下同），相应的旋回初径应不超过 5.0 倍船长。

游艇的旋回圈是指当游艇用固定的舵角与速度进行 360°旋回时，游艇重心的轨迹。游艇旋回圈的大小与很多因素有关（如游艇形状与尺度、舵的形式与舵面积、艇速、舵角、水深、风、流以及吃水等）。

1. 旋回圈的基本要素

（1）进距。也称纵距，是指从操舵开始到船舶的航向变化 90°时船舶重心的纵向移动距离。它是判断旋回过程中船舶纵向占用水域范围的依据。进距越小，表示船舶对操舵的反应越迅速。

（2）旋回初径。其是旋回运动的船舶航向角变化 180°时船舶重心的横向移动距离，也称掉头距离。旋回初径是判断旋回过程中船舶横向占用水域范围的依据。旋回初径越小，船舶旋回性能越好。游艇旋回初径比旋回直径[即游艇操舵旋回时，进入匀速圆周运动（角加速度为零，角速度为定值）时的旋回直径，为旋回初径的 0.9～1.2 倍]大 10%左右。通常旋回初径可用艇长的倍数来表示。

（3）反移量。也称偏距，是指在旋回转舵阶段，由于船舶转动惯量很大，还来不及产生较大的旋转角速度，则在舵产生的横向力的作用下，使船舶重心产生向转舵相反方向的横移量。游艇满舵转向时，艇尾向转舵相反方向横移，偏出原航向的距离约为艇宽的$\frac{1}{2}$。掌握偏距对游艇靠码头、航行中避让船舶是很重要的。

（4）转心。其是从旋回圈的曲率中心作船舶首尾面的垂线的垂足。船舶前进中，转心的位置在离船首柱后$\frac{1}{5}$～$\frac{1}{3}$船长处。游艇旋回时，转心一般在距离艇首$\frac{1}{3}$艇长处，因此用舵后艇尾摆动要比艇首摆动大。俗话说“首动一尺，尾动一丈”。

2. 影响旋回圈大小的主要因素

车速不变，舵角越大，旋回圈越小。通常舵面积比大时，则旋回圈小。在舵角不变旋回时，加大车速，则旋回圈小；车速相同时，船速高则旋回圈大。

3. 游艇旋回过程中的注意事项

当游艇用快速、大舵角旋回时，船首迎流形成的角度对艇产生阻滞作用，艇速明显下降，要防止产生阻尼力使乘员前冲。操舵不久后，艇身因舵力横倾力矩而出现少量内倾，接着由于船舶旋回惯性离心力矩的作用，内倾将变为外倾。如载客不平衡,会加重内外倾程度。在快速、大舵角旋回时,要防止舵系统突然急剧受力,发生设备故障。

(三) 航向稳定性能

航向稳定性是指船舶在受外界干扰取得转头速度,当干扰消除后,在保持正舵的条件下,船舶所受的转头阻矩对船体转头运动产生影响,使船舶转头运动由此发生变化的性质。一艘航向稳定性好的船舶,直进航行中即使很少操舵,也能较好地保向;当操舵改向时,能较快地应舵;转向中回正舵时,又能较快地把航向稳定下来。其特点是对舵的响应快、耗时短,因而舵效较好。游艇一般都具有较好的航向稳定性,即操舵后应舵快,回正舵后迅速停止转向。而大型船舶,尤其是满载超大型船舶的航向稳定性极差,航行中游艇与其相遇一定要充分注意大船的这一特性。

二、游艇操纵设备与使用

(一) 舵与舵效

1. 舵

舵是操纵船舶的重要设备之一,操舵是控制船舶方向的主要手段。舵的作用是利用水流对舵的作用力使船舶保持或改变航向。舵应布置在推进器尾流中,但为了避免船尾部震动,舵导缘至桨叶随缘间距离不宜太小,高速船的约为螺旋桨直径。

2. 舵效

舵效即舵的控向效应。操船中的舵效是指操纵运动中的船舶获得一定舵角后,使船舶在一定时间、一定水域内所获得的转头角的大小。若能在较短时间、较小水域内取得较大的转头角,则称为舵效好;否则,舵效就差。

3. 影响舵效的因素

影响舵效的因素是多方面的。

(1) 在一定范围内,增大舵面积能增加舵的法向力和转船力矩,提高回转性能。在零舵角时,增加中纵剖面尾部面积,并使形心后移,能有效提高船舶的直线航行稳定性。

(2) 舵角的大小直接影响转船力矩和转头角的大小,因此增加舵角可有效地提高舵效。

(3) 舵速越大,舵效越好;舵速越低,舵效越差。但降低船速、加大转速,同样可以达到增大舵速的目的，从而提高舵效。

(4) 其他因素还包括舵面积比、舵机性能、排水量、纵横倾，以及风流、浅水等外界因素。

(二) 推进器与推进器的使用

1. 推进器

推进船舶运动的推进工具统称为推进器，俗称倒车。推进器的种类很多，应用最普遍的推进器是固定螺距螺旋桨。除此之外，还有可调螺距螺旋桨、转动导管推进器、Z 型推进器、喷水推进器、侧推器等。

2. 推进器的使用

固定螺距螺旋桨是大多数商船采用的推进器。螺旋桨正车旋转时推水向后，而被推动的水给桨叶一个反作用力，这个反作用力在船首方向的分量就是推船前进的推力；倒车时，则水对桨叶产生一个指向船尾的反作用力，称为倒车推力或拉力。面向船首，螺旋桨顺时针旋转称为“右旋桨”，反之为“左旋桨”。固定螺距螺旋桨一般采用右旋形式，大多数商船配置固定螺距螺旋桨。

可调螺距螺旋桨可改变螺距，从而使螺旋桨产生的推力发生变化，直至产生负推力，使船舶倒航。这样，可使主机在不改变转速和功率的情况下操纵船舶。适用于拖船、渡船、破冰船等特种船舶。

转动导管推进器是一种安装在尾部垂直轴上随垂直轴转动的推进器，兼具舵的作用。部分款式的游艇采用转动导管推进器。

3. 侧推器及其使用

侧推器是安装在水线以下、与船舶首尾面垂直的隧道推进器，为电力驱动。侧推器按照需要安装在船首(或船尾)处，其隧道开口应尽量做到在航行中所产生的附加阻力最小。大船侧推器功率约为主机额定功率的$\frac{1}{10}$，游艇侧推器功率与主推进器之比高于大船。安装侧推器的目的在于提高自力操纵的机动性和控制性，使操作人员可直接在驾驶台遥控，通过操纵杆控制左右方向和转速。侧推器只有在船舶处于低速时才能发挥较大的作用。

4. 双车游艇及操纵特性

从船尾方向看装有双车叶的船，会看到两个车叶分别向两舷外侧转动，右舷车叶向右转，左舷车叶向左转。因此船舶在前驶或后退时，两舷车叶片产生的侧推力便会互相抵消。

双螺旋桨船舶的两个螺旋桨以同样转速同时进车或倒车时，它们所产生的横向力会互相抵消，船首基本不发生偏转。

双螺旋桨船舶如配置双舵，舵应安装在桨后，这样能充分利用螺旋桨的尾流，提高船的直线航行稳定性和旋回性。根据经验，双螺旋桨船舶多采用外旋式双舵。

双螺旋桨船舶如采用单舵，则舵应安装在两个螺旋桨之间，这样，舵面不直接受到排出流的作用。为了有助于船舶回转，往往使两车以不同的工况工作来达到操纵目的。

各类游艇中，采用双螺旋桨的极为普遍。如总长×型宽×型深×吃水＝28 m×5.8 m×3.3 m×1.1 m 的玻璃钢游艇，安装了 2 台 270 hp（1 hp＝745.7 W）主机带动双螺旋桨工作；又如总长×型宽×型深×吃水＝17.6 m×4.6 m×2.8 m×1.1 m 的 TD－20 客位游艇安装了 2 台 350 hp 主机带动双螺旋桨工作，航速可达 23 kn。

5. 无舵叶游艇的操纵

采用转动导管推进器的单、双螺旋桨船，或采用其他推进形式的双螺旋桨船即使不配置舵，也可以达到操纵船舶旋转的目的。

采用转动导管推进器的船，其转动导管带有稳定翼，在前进时有很好的应舵性能，同时也具有很好的直线航行稳定性能，但是操纵时要注意惯性淌航、系离泊遇风时的直线航行稳定性和倒航操纵性下降。

无舵双桨船操纵旋回时，控制船舶用一侧进车，另一侧倒车，甚至可以原地旋回。

6. 高速行驶操纵避碰

有关规则要求，高速航行时，应当宽裕地让清所有船舶。

应注意保持正规瞭望，尤其要注意对水面漂浮的障碍物的瞭望。

应保持互见。一是用视觉发现他船的真实船体；二是要求两船能相互看到对方，尤其是要求一船在看到他船时，要从他船的角度考虑对方是否也能够看到本船。

应正确、有效地使用雷达。雷达是瞭望和判断有无碰撞危险的有效工具。游艇在高速航行时，由于速度快，因而在使用雷达时就不能像普通的船舶，而应更注意其直观的判断和估计。

应谨慎使用大舵角。游艇在高速航行时由于速度快、排水量小（质量轻），在用舵旋回时，可能会产生较大的横倾。如果用高速、大舵角旋回，很可能会产生倾覆的危险或过大横倾。

第二节　外界因素对游艇操纵的影响

一、风、流对游艇操纵的影响

(一) 艇在风中的偏转

游艇在风中偏转时可能有以下情况。

(1) 静止中或航速接近于零时，艇身将趋向于和风向垂直。

(2) 前进时，若正横前来风，空载、慢速、尾倾、艇首受风面积大，则顺风偏；若满载或半载、首倾、艇尾受风面积大，则逆风偏。若正横后来风，则逆风偏显著。

(3) 后退时，在一定风速下，当艇有一定退速时，艇尾迎风，正横前来风比正横后来风显著。退速较低时，船的偏转基本上与静止时情况相同，艇尾不一定迎风。

(二) 风致漂移

艇受风作用而向下风漂移，其漂移速度随艇速降低而增加。停于水上的艇受风作用时，最终将保持正横附近受风，并匀速向下风横向漂移，此时，漂移速度最大。航行中，艇速提高，漂移速度减小。

(三) 强风中操艇的保向性

在航行中，除首尾向来风时游艇不发生偏转外，其他方向来风都将使艇在向下风漂移的同时还产生偏转运动。为了保证游艇能航行在预定航线上，必须根据风压差采取压舵措施来抵消游艇的漂移和艇首的偏转。风速越大，航速越小，则风压差也越大，压舵量也势必增加。当风速增大到某一界限时，即使用满舵，也无法保持航向。能够用舵保持航向的风速界限称为保向界限。

影响保向界限的因素如下。

(1) 对同一游艇来说，压舵角大，保向范围就大。

(2) 斜顶风时的保向性较斜顺风时的好。

(3) 正横附近或稍后受风时，保向最为困难。风速只要达到艇速的数倍时，就将出现即使满舵也无法操纵的情况。

(四) 流的影响

1. 对艇速和冲程的影响

顺流航行时，实际艇速等于静水艇速加流速；顶流航行时，实际艇速则等于静水艇速减流速。因此,在静水艇速和流速不变的条件下,顺流航行时,对地船速比顶流航行时实际对地艇速大2倍流速。

顶流时,对地冲程减小,流速越大,冲程越小;顺流时,对地冲程增加。

2. 对舵效的影响

使用同样的舵角,顶流时能在较短的距离上使艇首转过较大的角度,需要时也比较容易把定,操纵较为灵活,因此,顶流时的舵效较顺流时的好。但当船首斜向顶流时,由于流压力矩的作用,游艇向迎流舷回转困难,舵效反而差。

3. 流压对漂移的影响

游艇首尾线与流向有一夹角时,流速和静水艇速的合速度将使艇向与水流来向相反的一舷运动。流压使艇漂移,流速越大,夹角越大,流压也越大;艇速越慢,流压也越大,漂移速度也越快。

操纵时应特别警惕横压流的影响,尤其是游艇以较低航速在狭窄水域航行时应特别注意漂移速度,及时修正流压差。

4. 对旋回的影响

船舶顺流旋回时,纵距要比顶流旋回时大得多,这是受水流推移的缘故。在旋回过程中,船舶除了做旋回运动外,还有受水流作用而产生漂移运动。在有流水时,要掌握好转向时机。静水中可在转向依据的物标接近正横时转向;顺流时,应适当提前转向;顶流时,应适当延迟转向。这样,在流压的推移下,船位在转向后仍能保持在预定的航线上。

5. 弯道水流

在水道的弯段,不论水流涨落,其流向都向凹岸一边冲压。近凹岸边水深流急,凸岸边水浅流缓。凸岸下流还存在回嘴流,加上岸壁效应的影响,使操纵变得困难。如操纵不当,就会发生碰撞、搁浅等事故。顶流过弯时,船位应在中央航道略偏凹岸;顺流过弯时,船位应在航道中央附近。

二、浅水、狭水道、岸壁及船间效应

(一) 浅水对游艇操纵的影响

1. 水深与纵倾变化

浅水航行时受龙骨下水深变小的影响,船体会下沉,纵倾发生变化。根据佛劳德的研究成果,浅水中船体下沉与纵倾变化规律如下:较低船速时,船体就开始出现下沉,航速越大,下沉越大;水深越浅,h/d(即水深/吃水)越小,航速越大,下沉越大；水深越浅，船体达到首纵倾最大值及由首倾变为尾倾时所需船速越低。

2. 船舶尺度与纵倾变化

当船速较小时，会产生船体下沉现象，船首尾均下沉，首沉大于尾沉；当船速较大时，尾沉大于首沉；当船速大于 20 kn 时，船体仍保持尾倾趋势而逐渐上浮，并超过其静浮位置，呈滑行于水面的状态。

游艇因其长度较小、船速较大，常速行进时 Fr 也容易达到 0.6 以上 $\left(Fr\text{ 即佛劳德数，其值为}\dfrac{V}{\sqrt{gL}}，V\text{ 为船速，}g\text{ 为重力加速度，}L\text{ 为船长}\right)$。而高速行驶的游艇更容易呈水面滑行的状态。

3. 航速下降

浅水造成的航速下降主要有以下几个方面的原因。

(1) 由于船体相对流速加快，摩擦阻力增大。

(2) 船体下沉后，浸水体积增大，使摩擦阻力相应增加。

(3) 由于流速加快，沿船身流线的压力差额变化较大，越靠近船尾方向，压力增高越急剧，从而使涡流阻力增大。

(4) 水深限制了兴波的水质点做圆周运动的空间，也增加了兴波能量的损耗，因此，兴波阻力增大。

(5) 船尾螺旋桨附近涡流增大，排出流的排泄不畅，在功率不变的条件下，螺旋桨旋转阻力增加、负荷加重，从而转速下降，推进效率降低，加之各桨叶推力不均匀，使船体剧烈抖动。

4. 舵效下降、舵力不变

在浅水中，舵力变化不大，但回转阻力却大大增加。所以，浅水中的舵效较深水中的明显下降。

5. 旋回性下降

在浅水中航行时，船舶旋回阻力矩及虚惯性力矩均有较大增加。所以，船舶从深水进入浅水中后，旋回性变差。

6. 冲程减小

在浅水中，船舶所受阻力增大，螺旋桨推进效率下降，因此，冲程会有一定程度的减小。

7. 艏偏转

艏向深水偏，艉向浅水偏，应压浅水舵，保持航向。

(二) 狭水道对游艇操纵的影响

1. 狭水道航行及掉头

装有单一右转车叶的船舶，如要在狭窄航道中掉头，应该向右转向。此方法可以利用车叶在后退时所产生的侧推力。

双车叶船在狭窄航道中掉头，譬如向左舷方向掉头时，便需要使右车叶前驶、左车叶后退，如此，两个车叶便会产生方向相同的侧推力，船只几乎可以原地掉头。

双螺旋桨船舶向左掉头操作步骤如下：① 靠航道右边慢车前进；② 到达适当位置，右机向前，左机向后，船会向左舷自转；③ 轴心约在船身长度的三分之一位置；④ 船可轻易地在狭窄水道中掉头。

2. 狭水道凹凸岸影响

在河道的弯段，不论涨落流，水流的流向都向凹岸一边冲压。近凹岸边水深流急，近凸岸边水浅流缓，凸岸下流还存在回嘴流，加上岸壁效应的影响，使操纵变得困难。如操纵不当，就会发生碰撞、搁浅等事故。

(三) 岸壁效应

1. 定义

在浅窄航道航行时，会受到航道窄的影响而产生岸壁效应，又称侧壁效应。在船舶距离岸壁较近时，岸壁效应更明显。为了抑制船首向深水侧偏转，保持船舶沿航道航行，需向岸壁侧压舵，岸壁效应越明显，保向所需压舵量越大。岸吸、岸推现象会同时发生，船首岸推，船尾岸吸，须向内舷压舵。

2. 类似岸壁效应的海底倾斜影响

当船舶驶于海底沿船宽方向有明显倾斜的浅水域时，船舶将因海底倾斜效应出现与岸壁效应相似的运动，即整体向浅水方向横移，船首则向深水侧转头。操船者在浅窄水域航行时，应密切注意水深的变化，注意保持足够的富余水深，以保证安全。

3. 影响岸壁效应的因素

越靠近岸壁，岸壁效应越剧烈，过于接近时将难以保向；水道宽度越窄越剧烈；航速越高越剧烈；水深越浅越剧烈；船型越肥大越剧烈。

(四) 船间效应

1. 船间效应的表现

船舶在近距离航行，如对驶、追越或驶近系泊船时，船舶两舷的水流对称性遭到破坏，会产生类似岸壁效应的现象，如互相吸引或排斥、转头、波荡等，称为船间效应。

(1) 吸引与排斥。航进中的船舶，当首尾处于水位升高处时，压力增高，从而给靠近航行的他船以排斥作用；当船中部附近水位下降时，压力降低，则给靠近航行的船舶以吸引作用。

(2) 转头。当船首向与他船散波方向存在夹角时，即船舶斜向与散波遭遇时，会产生伴随波的回转运动，即转头。当对方船的兴波越激烈时，转头越大；当小型船、吃水浅的船受到高速大型船的散波作用时，转头特别显著。

(3) 波荡。处于他船船行波中的船舶，因其处于波的不同位置而受到向前加速和向后减速的作用，这种现象称为波荡。

以上三种现象有时可能同时出现。

2. 船间的影响因素

两船横距越小，船间作用力越大，约与横距的 4 次方成反比；船间作用力矩约与两船横距的 3 次方成反比。一般说来，当横距小于两船船长之和时，就会产生船间效应；当横距小于两船船长之和的一半时，则船间效应明显增加。

船速越大，则兴波越激烈，船间效应越大。船间作用力和力矩约与船速的平方成正比。

两船作用时间越长，速度差越小，相互作用越大。在对驶情况下，因两船相对运动速度较高，相互作用力和力矩虽然很大，但作用时间短暂，在船间效应发展起来之前，两船已相互驶过，因而船间效应的作用效果大为减小；在追越情况下，尤其当两船速度差较小时，持续时间长，船间效应明显。

当大小相差较大的两船并航时，较小的船受影响较大。游艇因艇身较轻，所受影响极大。

当在浅窄的受限水域中航行时，船间效应比在宽广的深水域中的明显。

三、拥挤水域对游艇操纵的影响

(一) 拥挤水域

拥挤水域指由于航道自然条件、通航密度、航行控制区域或警戒区域等限制所形成的临时性或持续性的船舶航行不畅的水域。拥挤水域多位于港口或在港口附近。在大海上，捕鱼季节大批渔船聚集也会构成临时性的拥挤水域。

(二) 进入拥挤水域前的准备

(1) 备妥有关海图、港图、最新蓝图、港章、航路指南等资料。

(2) 及时收听和改正航行通告,研究、核查最新海图和蓝图,特别应留心水深、浮标的变动情况。

(3) 掌握拥挤水域内可航水域的水文情况,包括水流、水深、可航宽度、最大偏航距离、潮汐、潮流和洪峰等。

(4) 掌握拥挤水域内助航标志及导航设施的情况,不但应准确识别并判明标志的意义,而且要熟记其号码和配布,包括标志间的距离和驶至各航标的大致时间等。此外,对岸形及显著物标也应加以熟悉。

(5) 掌握拥挤水域内的船舶交通状况,包括航行船舶和锚地船舶的动态、分道通航制的适用水域及有关航道航速等方面的特殊规定。

(6) 检查并确认船舶操纵系统、动力系统、声光信号、助航设备等是否处于良好工作状态。

(7) 注意拥挤水道相邻的锚地或停泊区的位置,航行时应核对助航标志编号,夜间应核实灯质。

(8) 进港前仔细查阅进港指南和有关港章的规定。

(三) 拥挤水域航行时注意事项

(1) 控制船速,防止浪损,适时停船。顺水航行时,航速应严格限定在港章规定以内。

(2) 船间距离较近时,应及时降速,防止船间效应产生。

(3) 注意横越船、一条龙、靠离泊或进出锚地的船舶动向,及时避让。

(4) 防止因避让船舶而误入浅滩,应经常核对船位,确切地辨认沿岸陆标及所有有关的航行标志。

四、恶劣天气影响下游艇的操纵

(一) 事前的准备及预防工作

(1) 将船上移动物品固定绑扎。

(2) 尽量抽干舱底积水,减小自由液面。

(3) 在海图上检定船舶位置,并拟定周详计划,以便确定安全航向和航速。

(4) 避开浅滩与急流地带,以免遭遇恶劣天气时增加额外困难。

(5) 检查船上安全设备,包括手持式红光火焰信号、救生衣及救生圈等。关闭石油气罐的开关。

(6) 即使在日间,需要时也应开启航行灯。

(7) 检查油箱,尽可能注满。检查机器,准备随时开动。电池周围加垫以固定位置。

(8) 热水瓶和食用容器灌满淡水,以作备用。

(9) 向船员分派雨衣,防止因寒冷而发生伤亡。

(10) 预先吞服晕船药,非执行任务的船员应尽量休息。

(11) 持续不间断地保持敏锐的瞭望。

(二) 大风浪中的船舶操纵

船舶在大风浪中航行时,不论以何种相对位置受风,都会给船舶操纵带来困难,存在一定的危险。因此,必须采取有效的操船措施,减轻船舶的摇摆,缓和波浪的冲击或设法尽早驶离大风浪海区。

1. 偏顶浪与Z字航行

在大风浪中航行时,为了避免船首受过大的冲击和减轻横摇与纵摇,并使船回到计划航线上,可依波浪遭遇周期公式求出合适的航向与航速,采用偏顶浪Z字航行的方法,即先以船左(右)侧前方对浪,与波浪成一交角(通常以2~3个罗经点斜向迎浪),航行一段时间后,再用另一侧前方对浪,如此反复,进行Z字航进。但要注意,此时风流压将显著增大。因此,偏顶浪航行的条件是风浪不太大,且船舶有一定的前进速度,并能保持舵效,以防船首被压向下风而造成横浪。

2. 滞航

滞航是指以保持舵效的较低航速将风浪保持在船首左或右舷2~3个罗经点方位上斜迎浪进车的操船方法。此时,船舶实际上多处于慢进状态,个别船由于轻载或受风面积较大等原因处于不进甚至是微退的状态。滞航有利于缓解船舶纵摇、横摇、拍底和甲板上浪等现象,航行时容易保持船首对波浪的姿势,以等待海况好转。

3. 漂滞

船舶主机停止,随风浪漂流,称为漂滞。主机或舵发生故障将被迫漂滞。滞航中不能顶浪、顺航中保向性差以及船体衰老的船可采取主动漂滞。漂滞时应采取措施避免横浪,可在船首送出锚绳或缆绳,尽可能保持船首顶浪。

第三节　游艇靠离泊操纵要领

一、靠离码头操作

(一) 靠码头前的考虑事项

如靠泊码头有水流或风,一般应逆风或逆流靠泊码头,这样有利于控制船速和保持舵效。

靠泊之前,必须充分考虑风力、水流、码头水深、船只长度、船只性能以及泊位的方向和特点,预先做好计划。

如靠泊浮泡,亦须留意风向,例如,若当前正吹北风,船头应向北接近浮泡。

(二) 靠离码头综合注意事项

如右舷单桨船要以左舷系泊码头,可用较大的靠岸角,船舶后退时不但可以制止船身前滑,且后退时所产生的横向力能令艉偏向码头;如以右舷系泊码头,便会产生相反的横向力,艉会偏移码头,故需使用较小的靠岸角度系泊。船舶在吹开风的情况下系泊,要使用较大的角度靠岸,必要时可借助右舷尾缆将艉拉向码头。

二、不同舷侧靠泊操纵举例

(一) 右转螺旋桨左舷靠泊码头

在无风和水流影响的情况下,右转螺旋桨机动船左舷靠泊码头应按如下方法操纵。

(1) 慢速前进(距离码头约一个半船位及约成30°或较大角度)。

(2) 停船(距离码头约一个船位)。

(3) 倒船(距离码头约半个船位,因受横压力影响,船尾向左摆动)。

(4) 停定。

(二) 右转螺旋桨右舷靠泊码头

在无风和水流影响的情况下,右转螺旋桨机动船右舷靠泊码头应按如下方法操纵。

(1) 慢速前进(距离码头约一个半船位,微左舷,与码头约成10°角或较小角度)。

(2) 停船(距离码头约一个船位,将船头摆向左舷)。

(3) 倒船(当码头在船的右舷正横时,正舵,倒船把船停定,尽量避免横压力把船尾拉离码头)。

(三) 右转螺旋桨左舷退靠码头

如船舶以左舷系泊码头,可以用后退船机的方法系泊。将船舶后驶不但可以制止船身前滑,后退时所产生的侧推力更能令船尾倾向码头。

(四) 右转螺旋桨右舷横风靠泊

如船舶以右舷系泊码头,便会产生相反的侧推力,故需使用较尖锐的靠岸角度系泊,并将船舵向左转,使船尾摆向码头。船舶在吹离岸风的情况下系泊时,要使用较大的角度靠岸,必要时可借助右舷尾缆将船尾拉向码头。

三、游艇离泊操纵

在没有风和水流影响的情况下将左舷靠岸的船舶解离码头时,可使用前倒缆,让机器慢驶向前,并将船舶尽行转左。当船尾外摆至约 30°时,船舶转回正中,机器半速后退。如使用以上方法将右舷靠岸的船舶解离码头,需另加一横缆使船尾外摆。此摆动由侧推力导致,可令船首压向码头。安装侧推器的游艇可以先使船尾摆出码头,然后启动侧推器平移船身离泊。

四、驶近和系离浮筒

驶离浮筒时,船舶应逆风或逆流慢速驶向浮标,并使船首方向与其他船舶的拴首方向相同,在船首的船员用手势指示浮标位置及距离(如手臂平伸代表距离仍远,手臂下伸代表已经抵达),直至船舶抵达浮标,然后令船停定,并将泊缆及后备缆系于船舶的缆扣上。

五、游艇锚泊要领及缆索具使用

(一) 锚泊信号

当游艇需要在锚地锚泊时,必须按规定悬挂相应的号灯(或号标)。

(1) 下锚锭的游艇必须在最显而易见之处悬挂如下信号:在船首,悬挂一盏环照白灯或一个黑球;在船尾或其附近,低于前文所述白灯或黑球的位置,悬挂一盏环照白灯。

(2) 长度在 50 m 以下的船舶,可以在最显而易见之处悬挂一盏环照白灯以代替(1)中所规定的号灯(或号标)。

(3) 下锚碇的船舶,可以用可供使用的作业灯或同类的灯光照亮上甲板。长度在 100 m 或以上的船舶必须依照此规定。

(4) 搁浅的船舶必须悬挂(1)或(2)中所规定的号灯(或号标),同时在最显而易见之处另加两盏在同一垂直线上的环照红灯或三个在同一垂直线上的圆球。

(5) 长度在 7 m 以下的船舶,当下锚停车时,如不在狭窄的水道、航道或下锚碇区附近或其他船舶通常航行的地区,不必悬挂(1)或(2)中所规定的号灯(或号标)。

(6) 长度不足 12 m 的船舶,当搁浅时,无须悬挂(4)中所规定的号灯或号标。

(二) 锚地的选择及抛锚常识

1. 抛锚的安全地点

良好的锚地应符合如下条件:背风背浪背流、有足够的水深、半沙半泥或泥底、不是禁止抛锚区、有足够的地方回旋。

2. 锚泊操纵

首先选择安全地点抛锚,准备锚链或锚绳,其长度大概是水深的 5~7 倍,摆正船头,开倒车,随后下锚,直至放出预计长度的锚链或锚绳。

下锚后用目标重叠法确定船位,如目标无变动,则锚已固定;若走锚,则继续放锚链或锚绳;若仍未固定,则绞起再抛。

3. 走锚的判断

船舶走锚时会产生如下的现象:船首不再与风或水流在同一方向,锚链一直绷紧或有跳动,两边景物不断往前移动,重叠景物不再重叠,水深有显著变化,海床底质有显著变化。

(三) 缆索具的使用

1. 缆绳作用与使用

如图 3-1 所示为各缆绳。

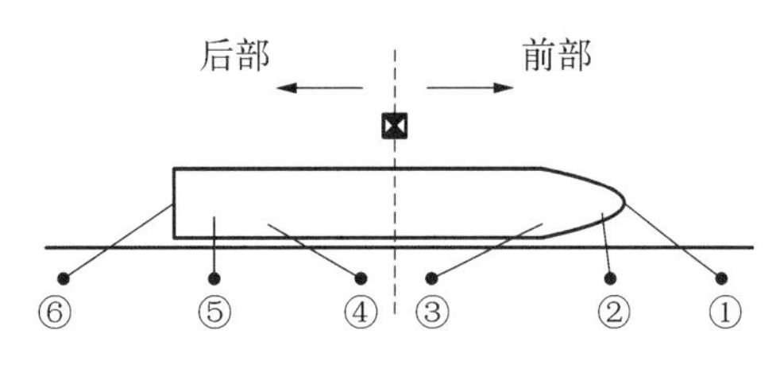

① —前缆;② —前横缆;③ —前倒缆;
④ —后倒缆;⑤ —后横缆;⑥ —后缆。

图 3-1 系泊用缆

(1) 前缆:阻止船舶后移。

(2) 前倒缆:阻止船舶前移,靠泊过程中宜使其受力向尾靠拢。

(3) 前横缆:阻止船舶横开,吹开

风强烈靠泊时可先带前横缆收紧，然后用车舵拢尾同时松前横缆。

(4) 后缆：阻止船舶前移。

(5) 后倒缆：阻止船舶后移。

(6) 后横缆：阻止船舶横开。

2. 系解缆操作

根据泊位、风流情况和缆绳的作用确定先系哪一条缆绳。常规条件下，一般先系前首缆。系缆水手应预先清除靠泊舷侧障碍物，便于系缆时首尾行动。备妥碰垫，判断艇身与码头接触点及时使用。前后系缆的大型游艇应协调好缆绳受力，配合操作。下首锚后，尾靠泊时至少有 2 根以上后缆以大于 20°的角度伸向码头，收紧。车与码头保持一定距离。解缆离泊应待收起缆绳再动车，以免螺旋桨缠绞缆绳。

3. 缆绳维护保养

应经常检查缆绳的磨损情况，及时插接或更换。盘缆应顺势堆放，避免扭结损伤缆绳。平时应将缆绳置于干净、干燥处，防止油污沾污缆绳。马尼拉绳还应经常晾晒，防止霉变。防止系缆与码头摩擦，易发生摩擦的部位可用帆布衬垫或包扎。

第四节　游艇应急操纵

一、人员落水时的操纵方法

(一) 救助落水者常规做法

如果发现有人意外落水，应迅速采取以下措施。

(1) 立即转向，使船尾螺旋桨避开落水者。

(2) 发出警报信号。

(3) 向落水者抛出救生圈，救生圈可以助浮及标示位置。

(4) 指定人员留意该落水者，如落水者为儿童，则派一人(非驾驶员)腰系绳索跳下水救助。

(5) 尽快转向回航，在大浪中迎风转向，以便控制船舶。当该落水者在船舶的向风船舷时，停止发动机并救人。

(6) 给落水者急救。

(二) 大型游艇救助落水者操船

1. 单旋回法

停车，向落水者一舷操满舵，落水者过船尾后加速；若落水者在望，待落水者方位尚差 20°时正舵，船将凭借惯性继续回转，至船首对准落水者后把定，适时停车，接近落水者(见图 3-2)。若落水者难以视认，则待船首转过 250°时正舵，边减速停车边努力寻找落水者。

单旋回法适用于实时发现人员落水，且落水者始终在视觉观察范围中的情况，是有效快捷的接近落水者操船方法。

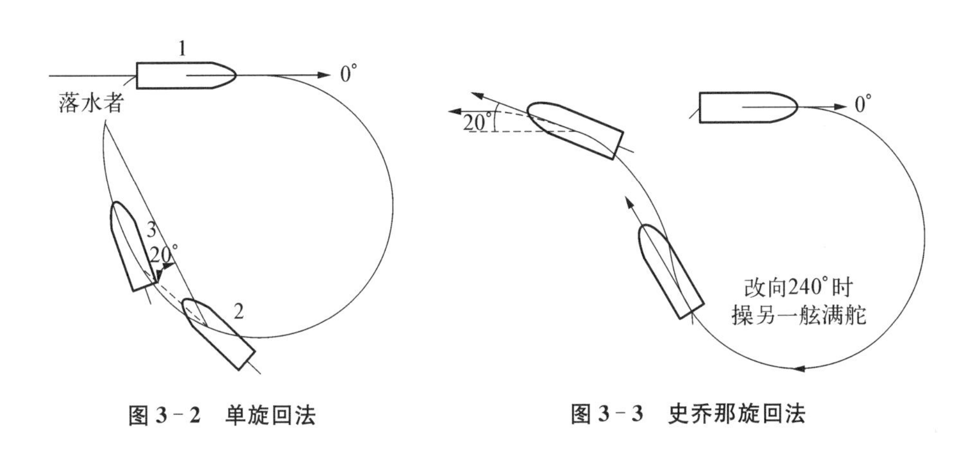

图 3-2 单旋回法　　图 3-3 史乔那旋回法

2. 史乔那旋回法

如发现人员已经失踪，为了顺着原航迹返程寻找落水者，可采用下述步骤：向任一舷操满舵；当船舶改向到 240°时改操另一舷满舵；当船首向离反航向相差 20°时正舵，船随回转惯性驶上反航向，把定，边航进边搜索(见图 3-3)。虽然采用此法返回原航向不够准确，但优点是回转距离短，省时。

二、游艇进水时的应急措施

游艇进水后，应立即关闭邻近舱室的水密门窗，并立即启动泵浦排水。一般游艇配置的泵浦排水能力较低，所以排水量有限，如遇海水大量涌入，就非常危险。同时，应设法进行堵漏。确定游艇破损部位、漏洞大小和形状后，应立即采取堵漏措施。对于较大的破洞，可用堵漏毯紧贴洞口外的船壳，以限制其进水量。为增加堵漏毯的强度，可在毯中插入几根钢管。挂上堵漏毯后，再根据破洞大小，在船内采用堵漏板予以牢固支撑。对于大破洞，仅凭堵漏毯往往难以奏效，当游艇有沉没之虞时，如没有抢滩条件，应组织弃船逃生。

三、游艇碰撞时应急措施

在游艇与他船发生碰撞的前后，应立即根据当地当时的情况，迅速做出正确的判断，果断地采取最妥善的处置措施。在碰撞不可避免而又尚未发生时，应根据当时的情况确定如何操纵船舶才能尽可能地减小受损程度。而减小碰撞受损程度的决定性因素有二：一是减小船舶运动速度，以减小碰撞时冲量；二是减小碰角，以避开要害部位。而碰撞一经发生，则应立即依据当时情况采取紧急措施，以保证游艇乘员生命安全并抢救船舶。

游艇与他船发生碰撞后，随着浮力的迅速丧失，游艇会快速沉没。逃离游艇时应避免被船身倒扣，入水后应设法尽快攀爬上他船。

如果碰撞发生处附近有浅滩，被撞游艇有沉没危险时，应设法抢滩，或请求有动力的他船将游艇顶至浅滩搁浅。

四、游艇火灾时应急措施

游艇一旦发生火灾，首先应发出消防应变信号，全船人员按应变部署迅速到指定地点集合待命，按具体分工投入灭火工作。然后根据火灾性质、火势大小、船舶所在水域等情况，综合考虑下述措施。

(1) 根据火源地点，操纵船舶处于下风侧。一般火区在船尾部时，应迎风航行；火区在船首部时，应顺风航行；火区在船中部时，则傍风而行。可能的话，还应尽量降低船速，避免急剧转向，以免火势加剧。

(2) 查明火源、火灾性质、燃烧面积及火势，确定灭火方案。

(3) 采取合理灭火措施。如采用喷水灭火，应与排水同步进行，以防倾斜、超载和增大自由液面而导致稳性降低，甚至出现倾覆危险。如采用封闭窒息法灭火，不能急于开舱或通风，防止复燃。在自行灭火无效或察觉无法有效控制火势时，应请求外援。若无外援，应做出抢滩或弃船决策。将详情记入航海日志，并迅速将火灾事故向附近的主管机关和船舶所有人报告。火灾扑灭后，应分析起火原因。游艇船长(或驾驶员)必须申请公安消防监督机关对起火原因和损失情况进行鉴定。

第四章　游艇避碰技术

第一节　内河避碰技术

《中华人民共和国内河避碰规则》(以下简称《内规》)是全国内河交通的主要规章，是适用于全国内河通航水域的航行规则。其避让原则符合我国内河船舶航行实际情况，对维护水上交通秩序、防止船舶碰撞、保障人民生命财产安全发挥着积极作用。同时为内河水上交通事故调查处理提供了主要的法律依据，对内河航运事业的发展起到促进作用。

现行《内规》是1991年中华人民共和国交通部在1979年《内规》的基础上修订并于1992年实施的新《内规》。为适应内河船舶避碰的需要，交通部于2003年通过《中华人民共和国内河避碰规则修正案》，对《91规则》进行了修正，新增“渡船”“船舶定线制、分道通航制”条款。共有五章四十九条三个附录，内河通航水域是船舶交通密集、碰撞事故多发的水域之一，海船船员有必要了解和掌握《内规》，进入内河航行必须适用《内规》。

一、《内规》的适用范围

《内规》的适用范围为在我国境内江河、湖泊、水库、运河等通航水域及其港口航行、停泊和作业的一切船舶、排筏。

二、航行与避让

《内规》第二章第一节是内河航行和避让的总原则、基本条件和预防措施，也是第二章其他三节的基础。其中，第六条参照《国际海上避碰规则》第五条，要求船舶在任何时候均应当保持正规瞭望并以安全航速行驶，在决定安全航速时考虑各种有关因素。针对内河航行以及避碰的特点，规定机动船航经一些特殊水域时应当及早控制航速，尽可能保持较宽距离驶过，以避免浪损，同时，各船要注意本船的防浪能力和防浪措施。

（一）航行原则

《内规》第八条规定：

“机动船航行时，上行船应当沿缓流或者航道一侧行驶，下行船应当沿主流或者航道中间行驶。但在潮流河段、湖泊、水库、平流区域，任何船舶应当尽可能沿本船右舷一侧航道行驶。

设有分道通航、船舶定线制的水域，必须按照有关规定航行和避让。两船对遇或者接近对遇应当互以左舷会船。”

1. 航行原则的重要性

《规则》第八条是船舶航行与避让安全的最基本保证，是维护水上交通秩序、预防船舶碰撞事故的重要条件。主要体现在两方面：一是以规则的形式对船舶航路做出规定，减少船舶选择航路的随意性，体现了规范航路的重要性；二是从船舶避碰技术的角度规定了不同流向的船舶各自按规定航路行驶，各行其道，分道行驶，避免形成对遇或接近对遇而发生碰撞，体现了航路选择的合理性。

2. 航行原则的规定

《内规》第八条的实质是对船舶选择航路的原则做出的规定。“航路”是指船舶根据河流客观规律或者有关规定，在航道中所选择的航行路线。“航道”通常是指可供船舶航行的水域。在不同的通航水域，由于通航条件和环境不同，船舶选择航路规定有一定的差别。船舶选择航路的依据是河流的客观规律或者有关规定，而不是凭船舶驾驶员主观随意选择。

1）上行船走缓流、下行船走主流

除感潮河段、湖泊、水库、平流区域外，对于有主流、缓流较明显之分的水域，机动船航行时，上行船应当沿缓流或者航道一侧行驶，下行船应当沿主流或者航道中间行驶。

2）各自靠右行驶

在感潮河段、湖泊、水库、平流区域中，任何船舶应当尽可能沿本船右舷一侧航道行驶。就感潮河段而言，由于水流流向受潮汐涨落影响，同时又随季节、水位、朔望、风向、风力等因素的不同而变化，随着涨、落潮流的转换，河段水流的流向也随之变化。如仍按“上行船走缓流或者航道一侧，下行船走主流或者航道中间”的原则行驶，则势必导致船舶为适应这种变化而频繁横越航道，船舶碰撞风险反而增大。此外,因船舶类型、船员素质、观察角度、航速要求的不同,极易使船舶判断不一而造成混乱局面。同时,因感潮河段地处河流入海口附近水域一般比较宽阔,船员在航行中习惯以罗经航向、航标为参照行驶。基于以上原因,规定船舶在感潮河段选择航路的原则是“各自靠右行驶”。就湖泊、水库、平流区域而言,这些水域虽各有特点,但它们具有水流较平缓、流速较小、流向不明显的共性,因此,在这些水域规定船舶“各自靠右行驶”的航行原则,符合这些水域的实际情况。

3)船舶定线制

我国内河某些通航水域所采用的船舶定线制借鉴了海上船舶定线制的功能和原理,特别是借鉴了分道通航制的功能和原理,只是在结合具体水域特点时,所采用的具体方式有所差别。

(二)避让原则

《内规》第二章第一节第九条规定:“船舶在航行中要保持高度警惕,当对来船动态不明产生怀疑,或者声号不统一时,应当立即减速、停车,必要时倒车,防止碰撞。采取任何防止碰撞的行动,应当明确、有效、及早进行,并运用良好驾驶技术,直至驶过让清为止。

船舶在避让过程中,让路船应当主动避让被让路船;被让路船也应当注意让路船的行动,并按当时情况采取行动协助避让。

在任何情况下,在长江干线航行的客渡船都必须避让顺航道或河道行驶的船舶。

两机动船相遇,双方避让意图经声号统一后,避让行动不得改变。”

1. 避让行动的要求

“来船动态不明”可能包括下列情况。

(1)来船的船名、种类、性质、大小不清。例如,难以判断工程船、渔船、渡船、快速船、失控船以及船队的队形等。

(2)来船运动状态不清。例如,难以判断上行船、下行船、横越船、掉头船、靠离泊船、锚泊船等。

(3)来船号灯、号型、声号、信号旗不清,或者与来船的VHF电话联系不上。

(4)来船不按规定航路行驶,或者船位不落位。

(5)来船避让意图不明确和行动不协调。例如,我船发出会船信号后,对方不回答,或者发出相反信号;对方已做相应回答却中途突然改变信号;双方统一了避让意图后，对方却未采取相应的避让行动，甚至采取了相反的避让行动等。

当发现上述来船动态不明并产生怀疑，或者声号不统一时，应当立即减速、停车，必要时倒车，防止碰撞。以上行动有利于争取到避让所需的时间和距离，以便于进行判断、交换和统一意图，及时采取有效的避让行动消除碰撞危险。

避免碰撞的发生是《内规》的最终目的。为实现这一目的，船舶所采取的避免碰撞的行动包括为避免形成碰撞危险的行动、减小碰撞危险的行动、避免形成紧迫局面的行动、避免形成紧迫危险的行动和紧迫危险形成后所采取的紧急行动等。从避碰的方式说，为避免碰撞所采取的任何行动包括转向行动、变速行动、转向和变速相结合的行动。在某些特定的环境和情况下还包括备车、备锚、抛锚等避碰准备和紧急行动。

所谓“明确”是指避让意图和行动清楚明朗、连贯统一，使对方易于察觉，一目了然，而不致产生错觉、怀疑或误解。

所谓“有效”是指在船舶避碰的过程中，为了保证达到在安全的距离驶过的预期效果，应细心核查行动的有效性。

所谓“及早”是指在时间和距离两个方面都留有余地，避碰行动完成之后，两船能在安全距离外驶过。

“良好驾驶技术”是指船舶驾驶人员因在长期的驾船生涯中所积累的宝贵经验而形成的优良技术及习惯做法。例如，熟悉航道、水流、航标等通航水域情况，正确估计风、浪、流的影响；熟悉车舵性能，正确使用车舵，保证在必要时具有良好的舵效；在能见度不良、通航密度大的水域或者狭窄、弯曲航道时，对可能的碰撞危险应有足够的戒备和避让措施；进入锚地意欲锚泊之时，应正确选择锚位，注意留有足够的余地，以应付船舶旋回的需求，以及在走锚或者他船走锚的情况下，来得及采取应急措施以防止碰撞等。在船舶避碰中，注意运用良好驾驶技术，除要遵守《内规》中有关规定外，还应遵守《内规》未明确指出的与避碰有关的良好驾驶技术的要求。

“驶过让清”是指两船在采取相应的有效避让措施后，已经在安全距离外驶过，不再存在任何碰撞危险并已进入正常航行。在这个时刻到来之前，避让双方均不能解除在避让过程所应承担的责任和义务，应密切注意情况的发展和变化，直到碰撞危险解除为止。

2. 避让责任

当两船相遇构成碰撞危险时，会遇双方要按规定，必须明确双方的避让责任和义务。船舶之间的避让责任是指《内规》规定相遇两船在避碰中一船对另一船所承担的责任，也就是相遇两船之间的避让关系。纵观《规则》各条规定，船舶之间的责任分为以下两种。

1）一船应给另一船让路

当《内规》规定会遇两船中一船应给另一船让路时，前者即为“让路船”，后者即为“被让路船”。该避让责任的确定采用了“等级制原则”和“几何制原则”。“等级制原则”是按船舶之间避让操纵性能优劣划分避让责任。例如，机动船应当避让在航施工的工程船。“几何制原则”是在相遇两船避让操纵性能基本相同的情况下，按船舶之间几何位置划分避让责任。例如，同流向的两横越船交叉相遇，有他船在本船右舷者，应当给他船让路；两帆船相遇，两船都是顺风船或者抢风船，左舷受风船应当避让右舷受风船。

2）一船不应妨碍另一船的安全通行

当《内规》规定会遇两船中一船负有不应妨碍另一船安全通行的责任，前者即为“不应妨碍的船舶”，后者即为“不应被妨碍的船舶”。例如，横越船不应妨碍顺航道行驶的船舶。衡量一船是否妨碍另一船的依据，就是一船对另一船是否构成碰撞危险或是否导致来船不能在安全的距离上驶过。

（三）客渡船的避让

客渡船因其装有大量旅客而短距离区间航行，并且频繁横越、掉头、靠离泊位，操作过程十分复杂，事关生命财产。在长江干线航行的客渡船与顺航道或河道行驶的船舶相遇，客渡船（长江干线）是让路船，而顺航道或河道行驶的船舶是被让路船。

（四）避让意图的统一

两船相遇致构成碰撞危险时，避让意图的统一和避让行动的协调是确保两船安全避让必不可少的重要环节。只有统一避让意图，才能保证避让行动的协调。双方避让意图的统一主要通过声号的交换统一、VHF 通信协议和灯光信号的方式实现。会遇双方避让意图经统一后，避让行动必须得到坚决执行。

三、机动船之间的避让行动

《内规》第二章第二节主要就机动船之间的避让关系或避让责任做出规定，同时对避让行动提出了具体要求。

(一) 对驶相遇

《内规》第二章第二节第十条规定，两机动船对驶相遇(指顺航道行驶的两船来往相遇，包括对遇或者接近对遇、互从左舷或者右舷相遇、在弯曲航道相遇，不包括两横船相遇)，除第二节另有规定外，应按照如下规定。

(1) 上行船应当避让下行船，但在潮流河段，逆流船应当避让顺流船；在湖泊、水库、平流区域，单船应当避让船队。

(2) 在潮流河段、湖泊、水库、平流区域，两船对遇或者接近对遇，除特殊情况外，应当互以左舷会船。

(3) 机动船驶近弯曲航段、不能会船的狭窄航段，应鸣放声号以引起他船注意。遇到来船时按本条(1)(2)项规定避让，必要时上行船(逆流船)还应当在该航段下方等候下行船(顺流船)驶过。

(二) 追越

《内规》第二章第二节第十一条规定，一机动船正从另一机动船正横后大于22.5°的某一方向赶上、超过该船，可能构成碰撞危险时，应当认定为追越。并应注意某些特殊水域禁止追越或并列行驶。追越要征得被追越船同意，被追越船同意追越后要协助避让。

(三) 横越和交叉相遇

《内规》第二章第二节第十二条规定，机动船在横越(指船舶由航道一侧横向或接近横向驶向另一侧，或者横向驶过顺航道行驶船舶的船首方向)前应当注意航道情况和周围环境，在确认无碍他船行驶、按规定鸣放声号后方可以横越。该条还规定如下。

(1) 横越船应当避让顺航道行驶的船，不得在其前方突然和强行横越。

(2) 同流向的两横越船交叉相遇，有他船在本船右舷者，应当给他船让路。

(3) 不同流向的两横越船相遇，上行船应当避让下行船，但在潮流河段逆流船应当避让顺流船。

(4) 在平流区域两横越船相遇，上行船应当避让下行船；同为上行或下行横越船时，有他船在本船右舷者，应当给他船让路。

(5) 在湖泊、水库两船交叉相遇，有他船在本船右舷者，应当给他船让路。

(四) 尾随行驶

《内规》第二章第二节第十三条规定，机动船尾随行驶时，后船应与前船保持适当距离，以便前船突然发生意外时，能有充分的余地采取避免碰撞的措施。

(五) 在干、支流交汇水域相遇

《内规》第二章第二节第十四条规定，机动船驶经支流河口，在不违背第八条规定的情况下，应当尽可能地绕开行驶。除在平流区域外，两机动船在干、支流交汇水域(指不与本河同出一源的支流与本河的汇合处)相遇时，应当遵守下列规定避让。

(1) 从干流驶进支流的船，应当避让从支流驶出的船。

(2) 干流船与从支流驶出的船同一流向行驶，干流船应当避让从支流驶出的船。

(3) 干流船与从支流驶出的船不同流向行驶，上行船应避让下行船，但在潮流河段逆流船应当避让顺流船。两机动船在平流区域进出干、支流交汇水域相遇时，有他船在本船右舷者，应当给他船让路。

(六) 在叉河口相遇

《内规》第二章第二节第十六条规定，两机动船在叉河口(指与本河同出一源的叉河道与本河的分合处)相遇，同一流向行驶时，有他船在本船右舷者，应当给他船让路；不同流向行驶时，上行船应当避让下行船，但在潮流河段逆流船应当避让顺流船。

(七) 其他规定

《内规》第二章第二节第十七条规定，不论第二章第二节有何规定，机动船与在航施工的工程船相遇，机动船应当避让在航施工的工程船。第十八条规定，限于吃水的船舶(该类船舶的实际吃水在长江定为 7 m 以上，在珠江定为 4 m 以上)遇有来船时，应当及时发出会船声号。除第十六条外，不论第二章第二节有何规定，来船应当尽可能让出深水航道。两艘限于吃水的海船相遇时，应当按第二章第二节各条规定避让。第十九条规定，快速船(指静水时速 35 km/h 以上的船舶)在航时应当宽裕地让清所有船舶。两快速船相遇时，应当按第二章第二节各条规定避让。第二十条规定，机动船或者船队(指由拖轮和被吊拖、顶推的船舶、排筏或者其他物体编成的组合体)在掉头前应当注意航道情况和周围环境，在无碍他船行驶时，按规定鸣放声号后方可以掉头。过往船舶应当减速等候或者绕开正在掉头的船舶行驶。

四、机动船、非机动船的避让行动

《内规》第二章第二节第二十一条规定了机动船与人力船、帆船、排筏相遇时的避让关系。

(1) 机动船发现人力船、帆船有碍本船航行时，应当鸣放引起注意和表示本船动向的声号。人力船、帆船听到声号或者见到机动船驶来时，应当迅速离开机动船航路或者尽量靠边行驶。机动船发现与人力船、帆船距离逼近，情况紧急时，也应当采取避让行动。

(2) 人力船、帆船除按当地主管部门规定的航线航行外，不得占用机动船航道或航路。

(3) 人力船、帆船不得抢越机动船船头或者在航道上停桨流放，不得驶进机动船刚刚驶过的余浪中去，不得在狭窄、弯曲、滩险航段、桥梁水域和船闸引航道妨碍机动船安全行驶。

(4) 人工流放的排筏见到机动船驶来，应当及早调顺排身，以便于机动船避让。

五、船舶在能见度不良时的行动

《内规》第二章第四节第二十三条规定，船舶在由于雾、霾、下雪、暴风雨、沙暴等原因而使能见度不良的情况下航行时，应当以适合当时环境和情况的安全航速行驶，加强瞭望，并按规定发出声响信号。装有雷达设备的船舶测到他船时，应当判定是否存在碰撞危险。若存在，则应当及早地与对方联系并采取协调一致的行动。除已判定不存在碰撞危险外，每一艘船舶当面临听到他船雾号不能避免紧迫局面时，应当将航速减到能维持其航向操纵的最低速度。无论如何，每一艘船舶都应当极其谨慎地驾驶，直到解除碰撞危险为止，必要时应当及早选择安全地点锚泊。

六、其他行动规定

《内规》第二章第四节第二十四条至第二十七条对靠泊、离泊、停泊、渔船捕鱼、失去控制的船舶、非自航船舶的行动做出了规定。第二十四条要求机动船靠、离泊位前应当注意航道情况和周围环境，在无碍他船行驶时，按规定鸣放声号后方可行动。正在上述水域附近行驶的船舶听到声号后，应当绕开行驶或者减速等候，不得抢挡。第二十五条要求船舶、排筏在锚泊时不得超出锚地范围，系靠不得超出规定的尺度，停泊不得遮蔽助航标志和信号。禁止船舶、排筏在狭窄、弯曲航道或者其他有碍他船航行的水域锚泊和系靠。要求过往船舶除因工作需要外不得在锚地穿行。第二十六条要求渔船捕鱼时不得阻碍其他船舶航行，也不得在航道上设置固定渔具。第二十七条要求失去控制的船舶和非自航船（指驳船、趸船等本身没有动力的船舶）应当及早选择安全地点锚泊，严禁非自航船自行流放。

七、号灯、号型与声响信号

内河船舶号灯、号型、灯光信号和声号的种类要多于海船，但其信号设备技术要求则略低于海船。《内规》第四十六条对使用甚高频无线电话协助避碰做出了明确规定，这是《国际海上避碰规则》所没有的。总的来说，《内规》作为一种特殊的避碰规定，在避碰信号上基本符合《国际海上避碰规则》第一条中所提出的"尽可能符合本规则条款"和"尽可能不致被误认"的要求。了解和掌握了《国际海上避碰规则》有关避碰信号的规定，就比较容易了解和掌握《内规》有关避碰信号的规定，反之亦然。

第二节　国际海上避碰规则

《一九七二年国际海上避碰规则》（下称《规则》）适用于公海和连接于公海而可供海船航行的一切水域中的一切船舶，包括游艇。规则规定了船舶驾驶人员如何避免碰撞，可以说是一部技术规范。当船舶发生碰撞事故发生后，《规则》也是海事法庭判明双方责任的法律依据。

一、船舶在任何能见度情况下的行动规则

（一）瞭望

每一船在任何时候都应使用视觉、听觉以及适用当时环境和情况的一切有效手段保持正规的瞭望，其目的是便于对局面和碰撞危险做出充分的估计。

瞭望手段与注意事项如下。

（1）凭借视觉、听觉和其他一切可用的手段，从来船的形体、号灯和号型、声响和灯光信号、雷达回波、VHF（receiver/transmitter，R/T）通信和从 VTS 服务中获得的信息，及早发现在本船周围的其他船舶。

（2）根据所获得的上述来船信息和航海知识与经验，了解和掌握他船的大小、种类、状态、动向以及分布等。

（3）根据《规则》判定会遇局面、碰撞危险、避让关系等。

（二）安全航速

1. 安全航速概念

每一船在任何时候都应以安全航速行驶，以便能采取适当而有效的避碰行动，并能在适合当时环境和情况的距离以内把船停住。

2. 决定安全航速的考虑因素

所有船舶都应考虑能见度情况；通航密度情况；船舶的操纵性能，特别是在当时情况下的冲程和旋回性能；夜间出现的背景亮光，如来自岸上的灯光或本船灯光的反向散射；风、浪和流的状况以及靠近航海危险物的情况；吃水与可用水深的关系。

3. 备有可使用的雷达时的考虑因素

对于备有可使用的雷达的船舶，在设定安全航速时还应考虑如下因素：雷达设备的特性、效率和局限性；所选用的雷达距离标尺带来的限制；海况、天气和其他干扰源对雷达探测的影响；在适当距离内，雷达对小船、浮冰和其他漂浮物有无法探测的可能性；雷达探测到的船舶数目、位置和动态；当用雷达测定附近船舶或其他物体的距离时，可能对能见度做出的更确切的估计。

（三）碰撞危险的判断方法

1. 碰撞危险

每一船都应使用当时环境和情况下的一切有效手段断定是否存在碰撞危险，如有任何怀疑，则应认为存在这种危险。

2. 使用雷达判断

如船舶装有雷达设备并可使用，应予以正确使用，包括远距离扫描，以便获得碰撞危险的早期警报，并对探测到的物标进行雷达标绘或系统观察。不应当根据不充分的资料，特别是不充分的雷达观测资料做出推断。

3. 判断碰撞危险的考虑因素

(1) 如果来船的罗经方位没有明显的变化，则应认为存在碰撞危险。

(2) 即使来船有明显的方位变化，有时也可能存在碰撞危险，特别是在驶近一艘很大的船或拖带船组时，或是近距离驶近他船时。

（四）避免碰撞的行动

1. 为避免碰撞所采取的行动

为避免碰撞所采取的行动包括转向行动、变速行动，以及转向与变速相结合的行动。在某些特定的环境和情况下还应包括备车、备锚、备舵、备帆、抛锚等避碰准备和紧急行动等。

2. 为避免碰撞所采取的行动原则

如当时环境许可，为避免碰撞所采取的行动应是积极的，并应及早地进行和注意运用良好的船艺。

(五) 狭水道

沿狭水道或航道行驶的船舶，只要安全可行，应尽量靠近其右舷的水道或航道的外缘行驶。

帆船或者长度小于 20 m 的船舶不应妨碍其他只能在狭水道或航道以内安全航行的船舶通行。

从事捕鱼的船舶不应妨碍其他在狭水道或航道以内航行的船舶通行。

如果船舶穿越狭水道或航道会妨碍其他只能在这种水道或航道以内安全航行的船舶通行，则不应穿越。后者若对穿越船的意图有怀疑，可以使用至少五声短而急的声号。

在狭水道或航道内，如只有在被追越船必须采取行动以允许安全通过才能追越时，则企图追越的船应鸣放规则所规定的相应声号。被追越船如果同意，应鸣放规则规定的相应声号，并采取使之能安全通过的措施；如有怀疑，则可以鸣放规则所规定的声号。

船舶在驶近可能有其他船舶被居间障碍物遮蔽的狭水道或航道的弯头或地段时，应特别谨慎地驾驶，并应鸣放规则规定的相应声号。

如当时环境许可，任何船舶都应避免在狭水道内锚泊。

二、船舶号灯、号型和声响信号

(一) 船舶号灯

在各种天气和时间内都应遵守号灯的使用规定。在此时间内不应显示别的灯光，不会被误认为《规则》条款规定的号灯、不会削弱号灯的能见距离或显著特性或不会妨碍正规瞭望的灯光除外。

如已设置《规则》条款所规定的号灯，若能见度不良，也应从日出到日没时显示，并可在一切其他必要的情况下显示。

如图 4－1 所示为航行灯，包括桅灯、舷灯、尾灯、拖带灯、环照灯和闪光灯。

(1) 桅灯。安置在船的首尾中心线上方的白灯，在 225°的水平弧内显示不间断的灯光。该装置使灯光从船的正前方到每一舷正横后 22.5°范围内显示。

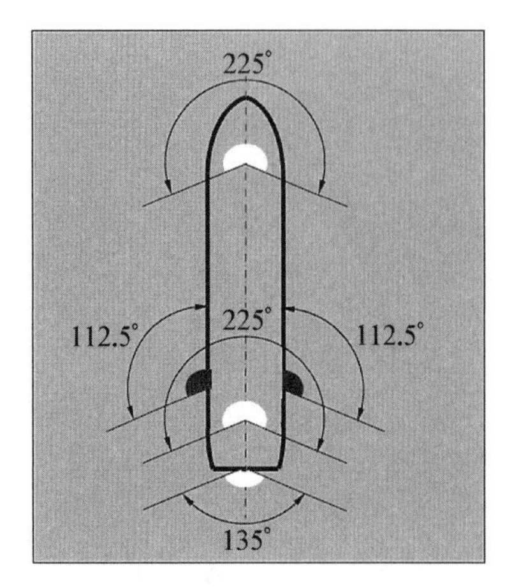

图 4-1 航行灯

(2) 舷灯。右舷的绿灯和左舷的红灯，在112.5°的水平弧内显示不间断的灯光。该装置使灯光从船的正前方到各自一舷的正横后22.5°范围内分别显示。长度小于20 m的船舶，其舷灯可以合并成一盏，装设于船的首尾中心线上。

(3) 尾灯。安置在尽可能接近船尾的白灯，在135°的水平弧内显示不间断的灯光。该装置使灯光从船的正后方到每一舷67.5°范围内显示。

(4) 拖带灯。具有与尾灯相同特性的黄灯。

(5) 环照灯。在360°的水平弧内显示不间断灯光的号灯。

(6) 闪光灯。每隔一定时间以频率为每分钟120次及次以上闪烁的号灯。

(二) 船舶号型

在各种天气和白天中都应遵守号型的使用规定。

(三) 声响信号

1. 操纵和警告信号

当船舶互见，在航机动船按本规则条款准许或要求进行操纵时，应用号笛发出下列声号。

(1) 一短声：表示“我船正在向右转向”。

(2) 二短声：表示“我船正在向左转向”。

(3) 三短声：表示“我船正在向后推进”。

2. 在狭水道或航道内互见时的声号

企图追越他船的船应用号笛发出下列声号表示其意图。

(1) 二长声继以一短声：表示“我船企图从你船的右舷追越”。

(2) 二长声继以二短声：表示“我船企图从你船的左舷追越”。

(3) 五短声：表示“我船对你船的行动有怀疑”，或者给予警告。

将要被追越的船，应以号笛依次发出下列声号表示同意：一长、一短、一长、一短声。

3. 其他

当互见中的船舶正在互相驶近，并且不论什么原因，任何一船无法了解他船的意图或行动，或者怀疑他船是否正在采取足够的行动以避免碰撞时，存在怀疑的船应立即用号笛鸣放至少五声短而急的声号以表示怀疑。该声号可以用至少五次短而急的闪光来补充。

船舶在驶近可能有其他船舶被居间障碍物遮蔽的水道或航道的弯头或地段时，应鸣放一长声。该声号应由弯头另一面或居间障碍物后方可能听到的任何来船回答一长声。

三、船舶在互见中的避碰行动

(一) 追越

图 4-2 为追越过程的示意图。

1. 让路义务

不论避碰规则的各条规定如何，任何船舶在追越他船时，均应给被追越船让路。

2. 追越局面

一船正从他船正横后大于 22.5°的某一方向赶上他船时，即该船相对其所追越的船所处的位置，在夜间只能看见被追越船的尾灯而不能看见它的任一舷灯时，应认为在追越中。

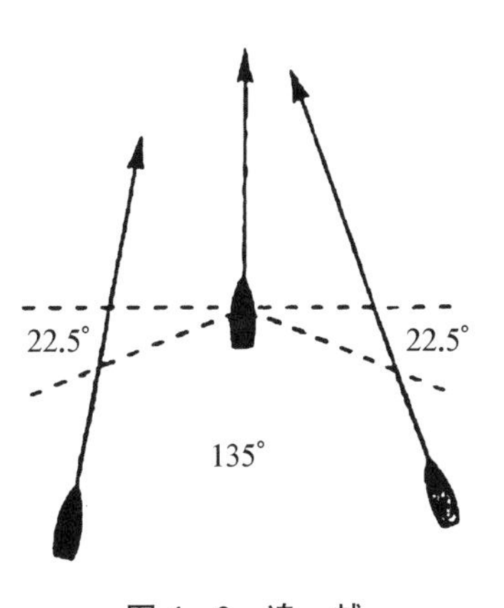

图 4-2 追 越

3. 行动准则

当一船对其是否在追越他船有任何怀疑时，该船应假定在追越，并应采取相应行动。

在追越中，两船间方位的任何改变，都不应把追越船作为《规则》中所指的交叉相遇船，或者免除其避让被追越船的责任，直到驶过让清为止。

(二) 对遇

1. 对遇局面

当一船看见他船在正前方或接近正前方，并且在夜间能看见他船的前后桅灯成一直线或接近一直线和(或)两盏舷灯、在白天能看到他船的上述相应形态时，则应认为即将对遇。

2. 行动准则

当两艘机动船在相反或接近相反的航向上相遇，且构成碰撞危险时，应各向右转向，从而各从他船的左舷驶过。

当一船对是否对遇有任何怀疑时，该船应假定确实即将对遇，并应采取相应的行动。

(三) 交叉

1. 交叉相遇局面

两船相遇，且构成碰撞危险时，排除追越和对遇局面，即为交叉局面。

2. 行动准则

当两艘机动船交叉相遇，且构成碰撞危险时，若本船右舷存在他船，应给他船让路。如当时环境许可，还应避免横越他船的前方。且避让时，避让角度应大到能使被让路船在雷达上识别出来，如转向角大于30°。

(四) 让路船和直航船行动原则

1. 让路船

让路船是指按《规则》规定须给他船让路的船舶。《规则》规定会遇两船中的一船应给另一船让路时，前者即为让路船。

2. 直航船

直航船是会遇两船避让关系中与让路船相对应的一个概念，其实质还是被让路船。当《规则》指定相遇两船中的一船应给另一船让路时，该“另一船”即为直航船。直航船的名称源于《规则》要求该类船舶履行保持航向和航速(即直航)的义务。

四、船舶之间的责任

除在狭水道和追越情况中另有规定外，船舶之间还应履行如下责任。

(一) 机动船避让对象

机动船在航时应给下述船舶让路：失去控制的船舶、操纵能力受到限制的船舶、从事捕鱼的船舶、帆船。

(二) 帆船避让对象

帆船在航时应给下述船舶让路：失去控制的船舶、操纵能力受到限制的船舶、从事捕鱼的船舶。

(三) 渔船避让对象

从事捕鱼的船舶在航时，应尽可能给下述船舶让路：失去控制的船舶、操纵能力受到限制的船舶。

(四) 其他责任

除失去控制的船舶或操纵能力受到限制的船舶，如当时环境许可，任何船舶都应避免妨碍限于吃水的船舶的安全通行。

限于吃水的船舶应全面考虑其特殊条件，特别谨慎地驾驶。

在水面的水上飞机通常应宽裕地让清所有船舶，并避免妨碍其航行。在有碰撞危险的情况下，应遵守各款的规定。

五、船舶在能见度不良时的行动规则

本节所述行动规则适用于在能见度不良的水域中或在其附近航行时不在互见中的船舶。

每一船应以适合当时能见度不良的环境和情况的安全航速行驶，机动船应做好随时操纵机器的准备。

在遵守各条规则时，每一船应充分考虑当时能见度不良的环境和情况。

当一船仅凭雷达测到他船时，应判定是否正在形成紧迫局面和(或)存在碰撞危险。若是，应及早地采取避让行动，如果这种行动包括转向，则应尽可能避免如下各点。

(1) 除对被追越船外，对正横前的船舶采取向左转向。

(2) 对正横或正横后的船舶采取朝着它转向。

(3) 除已断定不存在碰撞危险外，每一船当听到他船显示在本船正横以前的雾号，或者与正横以前的他船出现不能避让的紧迫局面时，应将航速减到能维持其航向的最小速度。必要时，应把船完全停住，而且，无论如何，应极其谨慎地驾驶，直到碰撞危险解除为止。

六、遇险信号使用

(一) 遇险信号

下列信号，不论是一起或分别使用或显示，均表示遇险需要救助。

(1) 每隔约 1 min 鸣炮或燃放其他爆炸信号一次。

(2) 以任何雾号器具连续发声。

(3) 以短的间隔，每次放一个抛射红星的火箭或信号弹。

(4) 以无线电报或任何其他通信方法发出莫尔斯码 SOS 的信号；以无线电话发出“梅代”(MAYDAY)的信号(也可用汉语拼音发出 Meidai 音译)。

(5)《国际简语信号规则》中表示遇险的信号 N.C.。

(6) 由一面方旗放在一个球体或任何类似球形物体的上方或下方所组成的

信号。

(7) 船上的火焰(如从燃着的油桶等发出的火焰)。

(8) 火箭降落伞式或手持式的红色突耀火光。

(9) 橙色烟雾信号。

(10) 两臂侧伸，缓慢而重复地上下摆动。

(11) 无线电报报警信号。

(12) 无线电话报警信号。

(13) 由应急无线电示位标发出的信号。

(14) 由无线电通信系统发送的经认可的信号。

(二) 防止混淆

除为表示遇险需要救助外，禁止使用或显示上述任何信号以及可能与上述任何信号相混淆的其他信号。

(三) 空中识别、海水染色

应注意《国际信号规则》《商船搜寻和救助手册》的有关部分以及下述的信号：一张带有一个黑色正方形和圆圈或者其他合适的符号的橙色帆布(供空中识别海水染色标志)。

七、定义及术语

“船舶”一词，指用作或者能够用作水上运输工具的各类水上船筏，包括非排水船筏和水上飞机。

“机动船”一词，指用机器推进的任何船舶。

“帆船”一词，指任何驶帆的船舶，即便装有推进器，但也不在使用。

“失去控制的船舶”一词，指由于某种异常情况，不能按规则要求进行操纵，因而不能给他船让路的船舶。

“操纵能力受到限制的船舶”一词，指由于工作性质，使其按规则要求进行操纵的能力受到限制，因而不能给他船让路的船舶。其应包括但不限于下列船舶：从事敷设、维修或起捞助航标志、海底电缆或管道的船舶；从事疏浚、测量或水下作业的船舶；航中从事补给或转运人员、食品或货物的船舶；从事发放或回收航空器的船舶；从事清除水雷的船舶；从事拖带作业的船舶，而该项拖带作业使该拖船及其被拖物体驶离其航向的能力受到严重限制。

“限于吃水的船舶”一词，指由于吃水与可航行水域的水深和宽度，致使其驶离航向的能力受到严重限制的机动船。

"在航"一词,指船舶不在锚泊、系岸或搁浅状态。

船舶的"长度"和"宽度"是指其总长度和最大宽度。

只有当一船能自他船以视觉看到时,才应认为两船在互见中。

"能见度不良"一词,指任何由于雾、霾、下雪、暴风雨、沙暴或任何其他类似原因而使能见度受到限制的情况。

第五章　游艇机械推进动力装置基本知识

第一节　游艇动力装置的种类和特点

为游艇提供动力的形式可分为三种主要形式：风帆推进动力、机械推进动力、机械和风帆推进混合动力。

本节主要介绍机械动力装置。它是为船舶获取机械能、热能、电能而配置的机械设备的组合，主要有发动机、轴系、螺旋桨(推进器)、发电机、管(线)路等设备。

游艇的机械推进形式可分为内燃机直接推进、电力推进、喷水推进等。内燃机直接推进是由内燃机直接或通过齿轮箱驱动螺旋桨；电力推进是内燃机带动发电机，再通过推进电动机驱动螺旋桨；喷水推进是内燃机带动艇内水泵自船底吸水，再将水流从喷管向后喷出所获的反作用力作为推进动力。这些游艇的动力核心都用到内燃机，下面就将介绍游艇用内燃机的工作原理和总体构造相关知识。

一、四冲程内燃机

四冲程内燃机分别在四个活塞行程内完成进气、压缩、做功和排气行程，即在一个活塞行程内只进行一个行程。因此，活塞行程可分别用四个行程命名，如图 5－1 所示。

内燃机汽缸内的气体压力随曲轴转角或汽缸容积的变化曲线称为示功图，是用示功器在实验中直接测得的。根据示功图可以获得很多重要的数据，如汽缸内的瞬时压力和温度、最高爆发压力、着火时刻、燃烧终点、燃烧规律等，是分析内燃机工作过程的原始数据。

(一) 四冲程汽油机的工作行程

四冲程汽油机的运转是按进气行程、压缩行程、做功行程和排气行程的顺序

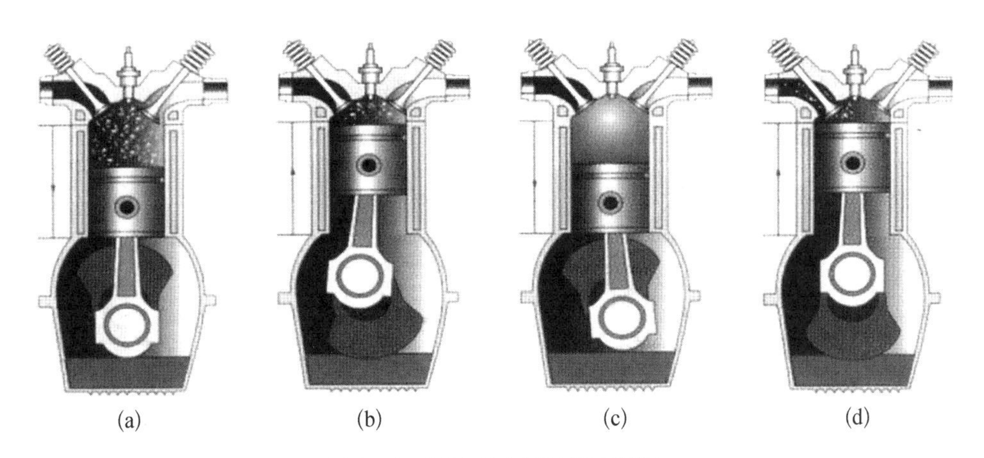

(a)　(b)　(c)　(d)

图 5-1　四冲程内燃机活塞行程

(a) 进气行程;(b) 压缩行程;(c) 做功行程;(d) 排气行程

不断循环反复的。

1. 进气行程

由于曲轴的旋转,活塞从上止点向下止点运动,这时排气门关闭,进气门打开。进气过程开始时,活塞位于上止点,汽缸内残存有上一循环未排净的废气,因此,汽缸内的压力稍高于大气压力。随着活塞下移,汽缸内容积增大,压力减小,当压力低于大气压时,汽缸内产生真空吸力,空气经空气滤清器,并与化油器供给的汽油混合成可燃混合气,通过进气门被吸入汽缸,直至活塞向下运动到下止点。在进气过程中,受空气滤清器、化油器、进气管道、进气门等阻力影响,进气终了时,汽缸内气体压力略低于大气压,为 0.075～0.09 MPa,同时受到残余废气和高温机件加热的影响,温度为 30～50℃。实际上,汽油机的进气门是在活塞到达上止点之前打开的,并且延迟到下止点之后关闭,以便吸入更多的可燃混合气。

2. 压缩行程

曲轴继续旋转,活塞从下止点向上止点运动,这时进气门和排气门都关闭,汽缸成为封闭容器,可燃混合气受到压缩,压力和温度不断升高,当活塞到达上止点时,压缩行程结束。此时气体的压力和温度主要由压缩比的大小而定,可燃混合气压力为 0.6～1.2 MPa,温度为 600～700℃。压缩比越大,压缩终了时汽缸内的压力和温度越高,则燃烧速度越快,发动机功率也越大。但若压缩比太高,容易引起爆燃,使发动机过热,功率下降,汽油消耗量增加以及机件损坏。轻微爆燃是允许的,但强烈爆燃对发动机是有害的。汽油机的压缩比一般为 6～10。

3. 做功行程

做功行程包括燃烧过程和膨胀过程，在这一行程中，进气门和排气门仍然保持关闭。当活塞位于压缩行程接近上止点（即点火提前角）位置时，火花塞产生电火花点燃可燃混合气，可燃混合气燃烧后放出大量的热使汽缸内气体温度和压力急剧升高，最高压力为 3～5 MPa，最高温度为 2 200～2 800℃，高温高压气体膨胀，推动活塞从上止点向下止点运动，通过连杆使曲轴旋转并输出机械功，除了用于维持发动机本身继续运转外，其余用于对外做功。随着活塞向下运动，汽缸内容积增加，气体压力和温度降低，当活塞运动到下止点时，做功行程结束，气体压力降低到 0.3～0.5 MPa，气体温度降低到 1 300～1 600℃。

4. 排气行程

可燃混合气在汽缸内燃烧后生成的废气必须从汽缸中排出去，以便进行下一个进气行程。当做功接近终了时，排气门开启，进气门仍然关闭，靠废气的压力先进行自由排气，活塞到达下止点再向上止点运动时，继续把废气强制排出到大气中去，活塞越过上止点后，排气门关闭，排气行程结束。实际上，在汽油机的排气行程中，排气门提前打开，延迟关闭，以便排出更多的废气。由于燃烧室的存在，不可能将废气全部排出汽缸。受排气阻力的影响，排气终止时气体压力仍高于大气压力，为 0.105～0.115 MPa，温度为 900～1 200℃。曲轴继续旋转，活塞从上止点向下止点运动，开始了下一个新的循环过程。可见四冲程汽油机以进气、压缩、做功、排气四个行程为一个工作循环，这期间活塞在上、下止点往复运动了四个行程，相应地，曲轴旋转了两圈。

图 5-2 为四冲程汽油机的示功图。

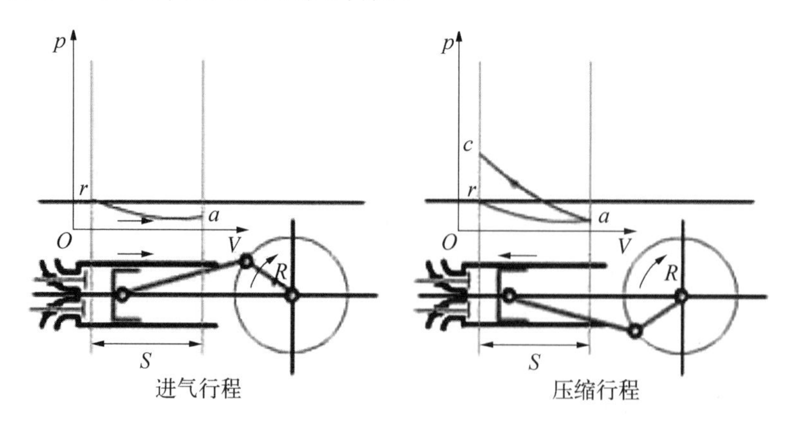

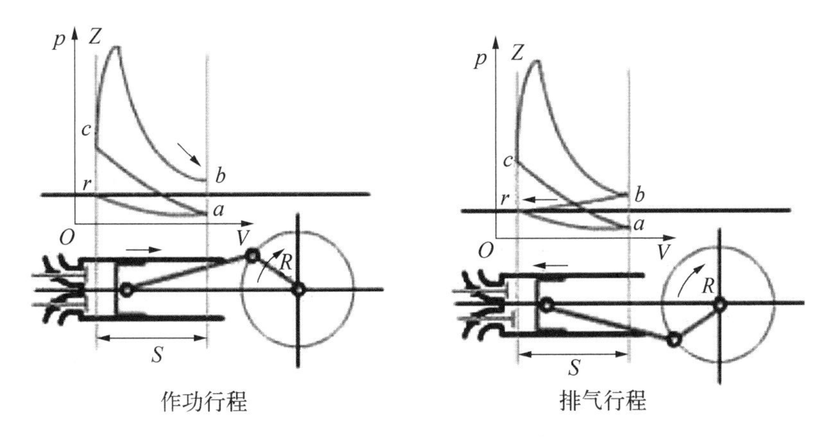

图 5－2　四冲程汽油机示功图

(二) 四冲程柴油机的工作原理

四冲程柴油机与四冲程汽油机的工作过程相同，每一个工作循环同样包括进气、压缩、做功和排气四个行程，但由于柴油机使用的燃料是柴油，相比汽油，柴油黏度大、不易蒸发、自燃温度低，故可燃混合气的形成、着火方式、燃烧过程以及气体温度压力的变化都与汽油机的不同，四冲程柴油机的工作过程如图 5－3 所示。

四冲程柴油机在进气行程中与汽油机不同的是，柴油机吸入汽缸的是纯空气而不是可燃混合气，在进气通道中没有化油器，进气阻力小，进气终了时气体压力略高于汽油机而气体温度略低于汽油机。进气终了时，气体压力为 0.08～0.095 MPa，温度为 300～370℃。其工作原理如图 5－3 所示吸气(进气)部分。

在柴油机中，压缩行程压缩的也是纯空气，在压缩行程接近上止点时，喷油器将高压柴油以雾状喷入燃烧室，柴油和空气在汽缸内形成可燃混合气并着火燃烧。柴油机的压缩比比汽油机的大很多(一般为 16～22)，压缩终了时，气体温度和压力都比汽油机的高，大大超过了柴油机的自燃温度。压缩终了时，气体压力为 3.5～4.5 MPa，温度为 750～1 000℃。柴油机是压缩后自燃着火的，不需要点火，故柴油机又称为压燃机，其工作原理如图 5－3 所示压缩部分。

柴油喷入汽缸后，在很短的时间内与空气混合后便立即着火燃烧，柴油机的可燃混合气是在汽缸内部形成的，而不像汽油机的可燃混合气主要是在汽缸外部的化油器中形成的。柴油机燃烧过程中汽缸内出现的最高压力要比汽油机高得多，为 6～9 MPa，温度为 2 000～2 500℃。做功终了时，气体压力为 0.2～0.4 MPa，温度为 1 200～1 500℃。其工作原理如图 5－3 所示燃烧与膨胀(做功)部分。

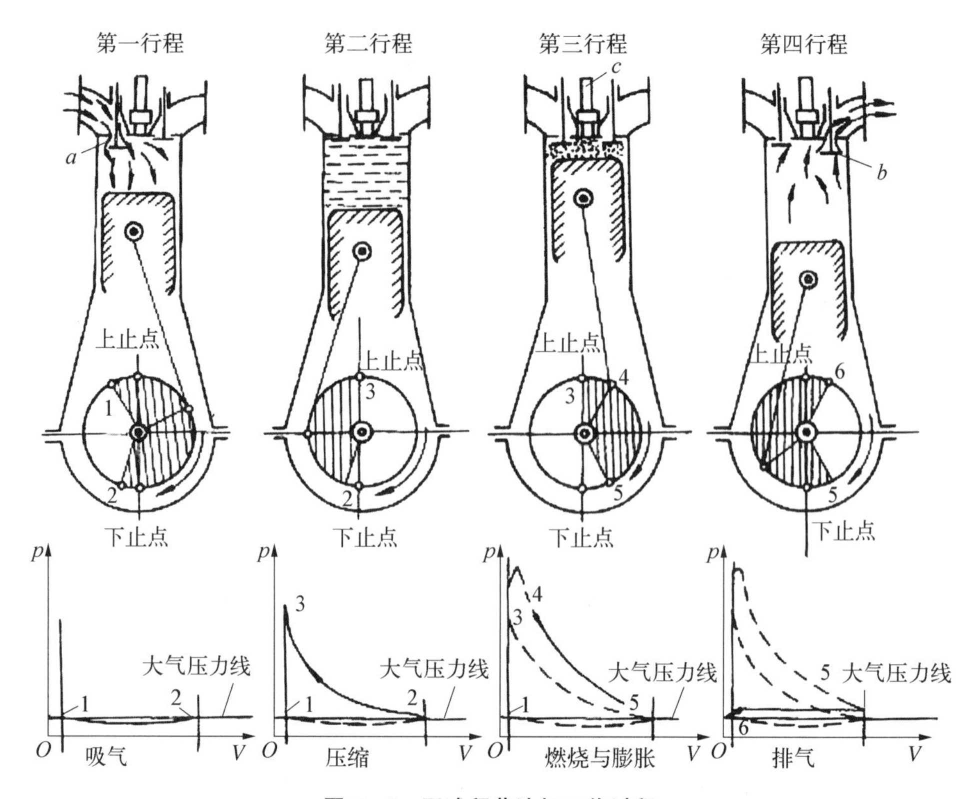

图 5-3　四冲程柴油机工作过程

柴油机的排气行程与汽油机的相同，废气同样经排气管排入大气中，排气终了时，汽缸内气体压力为 0.105～0.125 MPa，温度为 800～1 000℃。其工作原理如图 5-3 所示排气部分。

与汽油机相比，柴油机的压缩比和热效率高，燃油消耗率低，同时柴油价格较低。因此，柴油机的燃料经济性能好，而且柴油机的排气污染少，排放性能较好。但它的主要缺点是转速低、质量大、噪声大、振动大、制造和维修费用高。在其发展过程中，柴油机不断发扬优点、克服缺点、提高速度，有望得到更广泛的应用。

二、二冲程内燃机

(一) 二冲程汽油机的工作原理

二冲程汽油机的工作循环也是由进气、压缩、做功、排气行程组成，但它是在曲轴旋转一圈(360°)，活塞上下往复运动的两个行程内完成的。因此，二冲程发动机与四冲程发动机工作原理不同，结构也不一样，如图 5-4 所示。

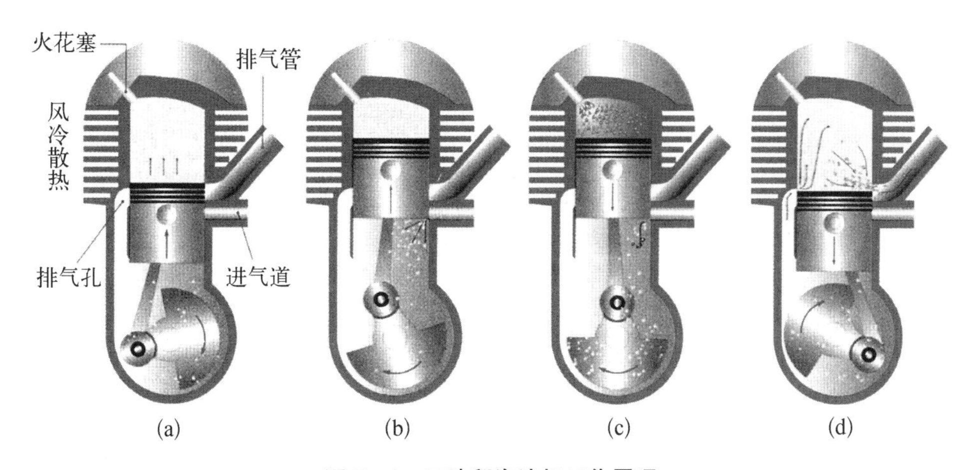

图 5－4　二冲程汽油机工作原理

(a) 压缩行程；(b) 进气行程；(c) 做功行程；(d) 排气行程

四冲程内燃机常把排气行程和进气行程合称为换气行程，而二冲程内燃机的换气行程是指废气从汽缸内被新气扫除并取代排气和进气行程。这两种内燃机工作循环的不同之处主要在于换气行程。

例如，曲轴箱换气式二冲程汽油机的汽缸上有三排孔，该汽油机就是利用这三排孔分别在一定时刻被活塞打开或关闭进行进气、换气和排气的。其工作原理如图 5－4 所示，其中图 5－4(a)表示活塞向上运动，将三排孔都关闭，活塞上部开始压缩；当活塞继续上行时，活塞下方打开进气孔，可燃混合气进入曲轴箱，如图 5－4(b)所示；活塞接近上止点时如图 5－4(c)所示，火花塞点燃混合气，气体燃烧膨胀，推动活塞向下运动；进气孔关闭，曲轴箱内的混合气受到压缩，当活塞接近下止点时，排气孔打开，排出废气，活塞再向下运动，扫气孔打开，受到压缩的混合气便从曲轴箱经扫气孔流入汽缸内，并扫除废气，如图 5－4(d)所示。

1. 第一行程

当活塞还处于下止点时，进气孔被活塞关闭，排气孔和扫气孔开启。这时，曲轴箱内的可燃混合气经扫气孔进入汽缸，扫除其中的废气。随着活塞向上止点运动，活塞头部首先将扫气孔关闭，扫气终止。但此时排气孔尚未关闭，仍有部分废气和可燃混合气经排气孔继续排出，称其为额外排气。当活塞将排气孔也关闭之后，汽缸内的可燃混合气开始被压缩。直至活塞到达上止点，压缩过程结束。

2. 第二行程

在压缩行程终了时，火花塞产生电火花将汽缸内的可燃混合气点燃，燃烧气体膨胀做功。此时，排气孔和扫气孔均被活塞关闭，唯有进气孔仍然开启。空气和汽油经进气孔继续流入曲轴箱，直至活塞裙部将进气孔关闭。随着活塞继续向下止点运动，曲轴箱容积不断缩小，其中的可燃混合气被预压缩。此后，活塞头部先将排气孔开启，膨胀后的燃烧气体已成废气，从排气孔排出。至此，做功行程结束，开始先期排气。随后，活塞又将排气孔开启，经过预压缩的可燃混合气从曲轴箱经排气孔进入汽缸，排除其中的废气，开始排气过程，这一过程将持续到下一个活塞行程中排气孔被关闭时为止。

(二) 二冲程柴油机的工作原理

二冲程柴油机和二冲程汽油机工作类似。以带有排气泵的二冲程柴油机为例，其工作过程如图 5-5 所示。

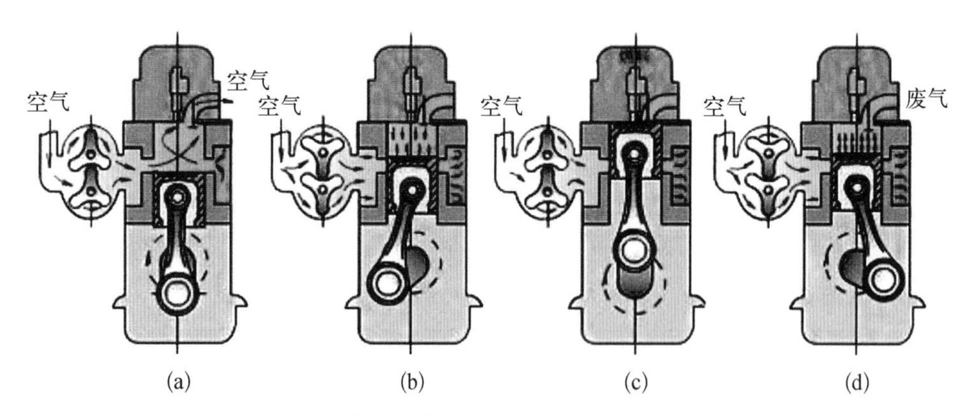

图 5-5 带有热气泵的二冲程柴油机工作过程

(a) 进气行程；(b) 压缩行程；(c) 做功行程；(d) 排气行程

1. 第一行程

行程开始前不久，进气孔和排气门均已开启，利用从扫气泵流出的空气使汽缸换气。当活塞继续向上运动，进气孔和排气门关闭，空气被压缩。当活塞接近上止点时，喷油器将高压柴油以雾状喷入燃烧室，燃油和空气混合后燃烧，使汽缸内压力增大。

2. 第二行程

该行程开始时，气体膨胀，推动活塞向下运动，对外做功。当活塞下行到大约$\frac{2}{3}$行程时，排气门开启，排出废气，汽缸内压力降低，进气孔开启，进行换气。

换气一直延续到活塞向上运动$\frac{1}{3}$行程至进气孔关闭结束。

(三) 四冲程汽油机与柴油机、四冲程与二冲程内燃机的比较

上文叙述了各类往复活塞式内燃机的简单工作原理,从中可以看出汽油机与柴油机、四冲程与二冲程内燃机的若干异同之处。

1. 四冲程汽油机与四冲程柴油机的共同点

(1) 每个工作循环都包含进气、压缩、做功和排气四个活塞行程,每个行程各占180°曲轴转角,即曲轴每旋转两周完成一个工作循环。

(2) 四个活塞行程中,只有一个做功行程,其余三个是耗功行程。显然,在做功行程中,曲轴旋转的角速度要比其他三个行程时大得多,即在一个工作循环内,曲轴的角速度是不均匀的。为了改善曲轴旋转的不均匀性,可在曲轴上安装转动惯量较大的飞轮或采用多缸内燃机并使其按一定的工作顺序依次进行工作。

2. 汽油机与柴油机的不同点

(1) 汽油机的可燃混合气在汽缸外部开始形成并延续到进气和压缩行程终了,时间较长。柴油机的可燃混合气在汽缸内部形成,从压缩行程接近终了时开始,并占小部分做功行程,时间很短。

(2) 汽油机的可燃混合气用电火花点燃,柴油机的则是自燃。所以又称汽油机为点燃式内燃机,称柴油机为压燃式内燃机。

3. 二冲程内燃机与四冲程内燃机的比较

(1) 曲轴每转一周完成一个工作循环,做功一次。当曲轴转速相同时,二冲程内燃机单位时间的做功次数是四冲程内燃机的2倍。由于曲轴每转一周做功一次,因此曲轴旋转的角速度比较均匀。

(2) 二冲程内燃机的换气过程时间短,仅为四冲程内燃机的$\frac{1}{3}$左右。另外,进、排气过程几乎同时进行,利用新气扫除废气,新气可能流失,废气也不易清除干净。因此,二冲程内燃机的换气质量较差。

(3) 曲轴箱换气式二冲程内燃机因为没有进、排气门,从而使结构大为简化。

三、内燃机的基本结构、术语及类型

(一) 内燃机基本结构

内燃机是一种由许多机构和系统组成的复杂机器,其结构如图5-6所示。

无论是汽油机还是柴油机，无论是四冲程发动机还是二冲程发动机，要完成能量转换，实现工作循环，保证长时间连续正常工作，都必须具备一些机构和系统。

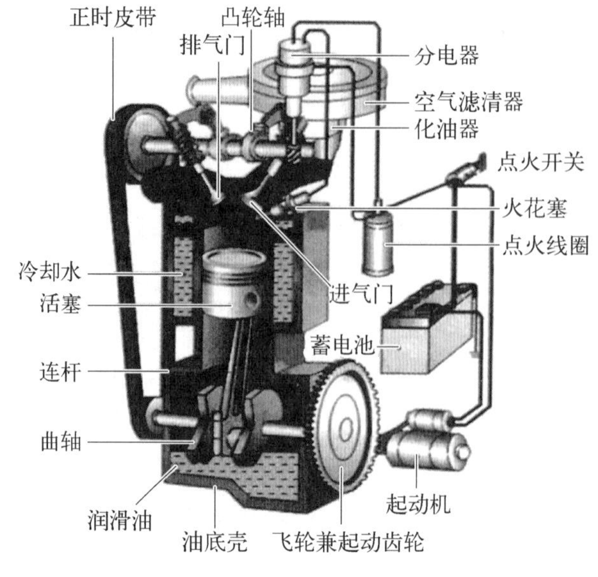

图 5-6　内燃机的结构

汽油机由两大机构和五大系统组成，即曲柄连杆机构、配气机构、燃料供给系、润滑系、冷却系、点火系和起动系。柴油机由两大机构和四大系统组成，即曲柄连杆机构、配气机构、燃料供给系、润滑系、冷却系和起动系。柴油机是压燃的，不需要点火系。

1. 曲柄连杆机构

曲柄连杆机构如图 5-7 所示，它是发动机实现工作循环、完成能量转换的主要运动零件。它由机体组、活塞连杆组和曲轴飞轮组等组成。在做功行程中，活塞承受燃气压力在汽缸内做直线运动，通过连杆转换成曲轴的旋转运动，从曲轴对外输出动力。而在进气、压缩和排气行程中，飞轮释放能量，又把曲轴的旋转运动转化成活塞的直线运动。

2. 配气机构

配气机构的功用是根据发动机的工作顺序和工作过程，定时开启和关闭进气门和排气门，使可燃混合气或空气进入汽缸，并使废气从汽缸内排出，实现换气过程。配气机构大多采用顶置气门式配气机构，一般由气门组、气门传动组和气门驱动组成，如图 5-8 所示。

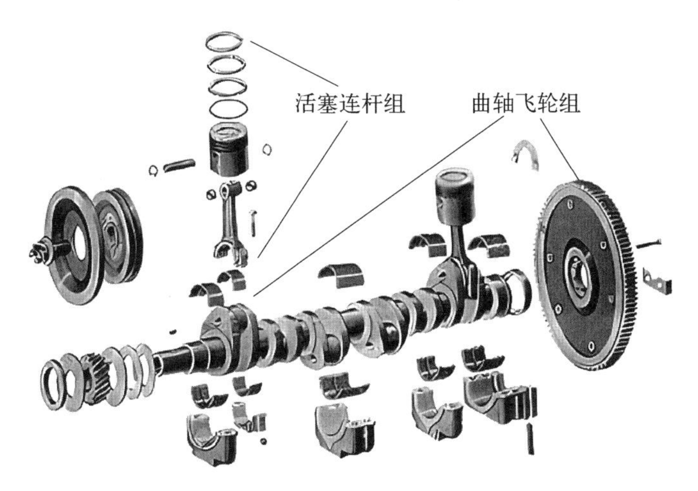

图 5-7 曲柄连杆机构

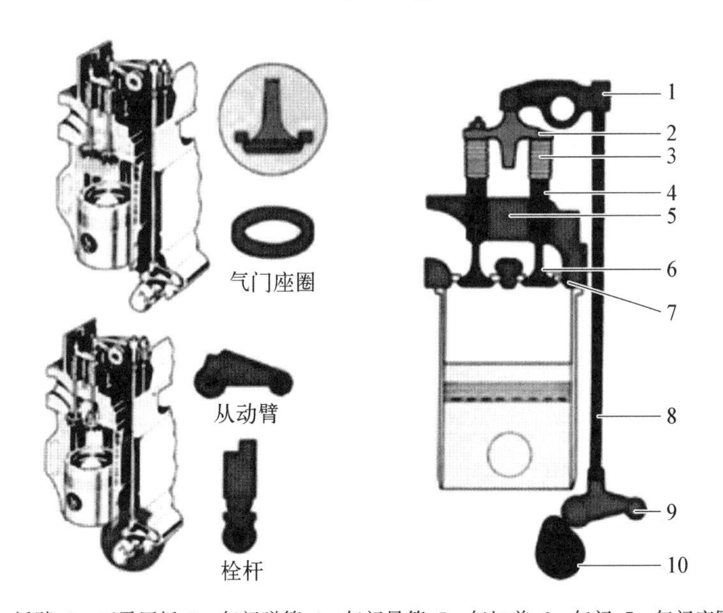

1—摇臂;2—丁零压板;3—气门弹簧;4—气门导管;5—气缸盖;6—气门;7—气门座圈;
8—推杆;9—凸轮从动件;10—凸轮轴。

图 5-8 配气机构

3. 燃料供给系统

汽油机燃油供给系统如图 5-9 所示,它的功能是根据发动机的要求,配制出一定数量和浓度的混合气,供入汽缸,并将燃烧后的废气从汽缸内排出到大气中去。柴油机燃油供给系统如图 5-10 所示,它的功能是把柴油和空气分别供入汽缸,在燃烧室内形成混合气并燃烧,最后将燃烧后的废气排出。

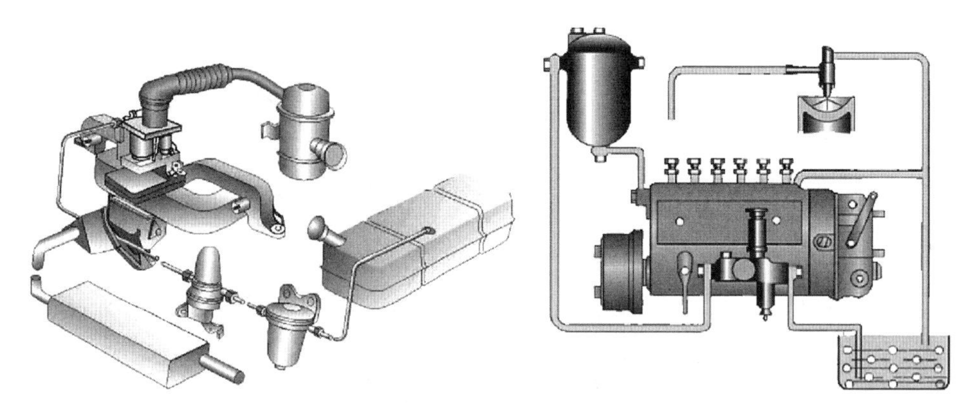

图 5-9 汽油机燃油供给系统　　图 5-10 柴油机燃油供给系统

4. 润滑系统

润滑系的功能是向做相对运动的零件表面输送定量的清洁润滑油，以实现液体摩擦，从而减小摩擦阻力，减轻机件的磨损，并对零件表面进行清洗和冷却。润滑系通常由润滑油道、机油泵、机油滤清器和阀门等组成，如图 5-11 所示。

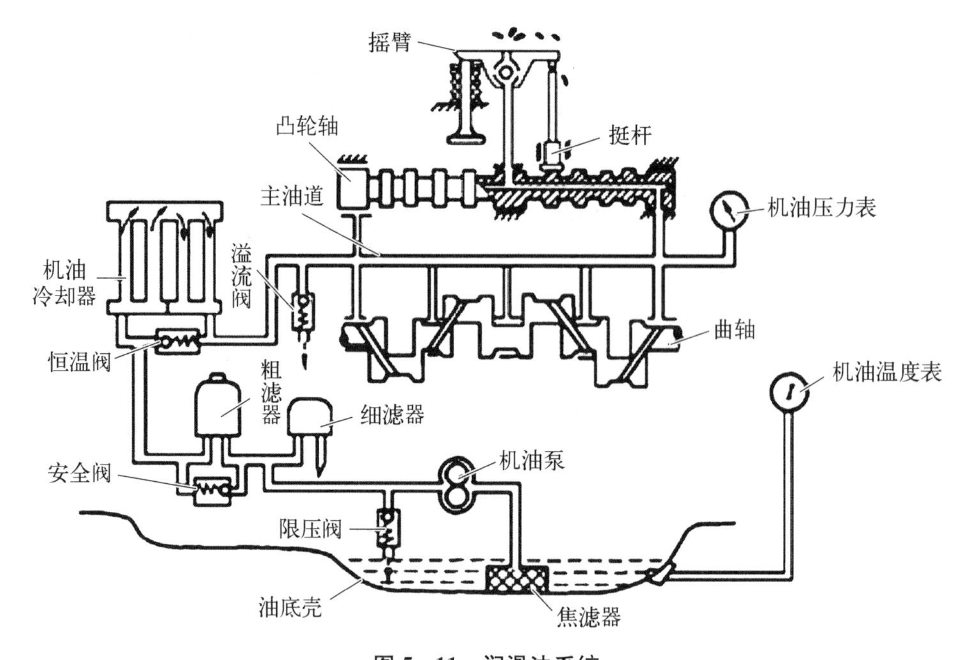

图 5-11 润滑油系统

5. 冷却系统

冷却系的功能是将受热零件吸收的部分热量及时散发出去，保证发动机在最适宜的温度状态下工作。游艇水冷发动机的冷却系通常由冷却水套、海水泵、水箱、热交换器、空气中冷器、润滑油冷却器、膨胀水箱、恒温器等组成，通常采用海水系统冷却淡水系统，淡水系统冷却相关发动机部件，如图 5-12 所示。

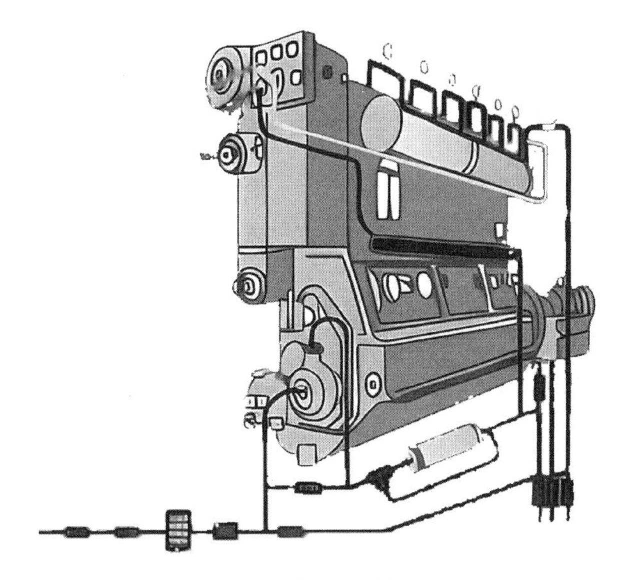

图 5-12 柴油机冷却系统

6. 点火系统

在汽油机中，汽缸内的可燃混合气是靠电火花点燃的，为此在汽油机的汽缸盖上装有火花塞，火花塞头部伸入燃烧室内。能够按时在火花塞电极间产生电火花的设备组称为点火系，点火系通常由蓄电池、发电机、分电器、点火线圈和火花塞等组成，如图 5-13 所示。

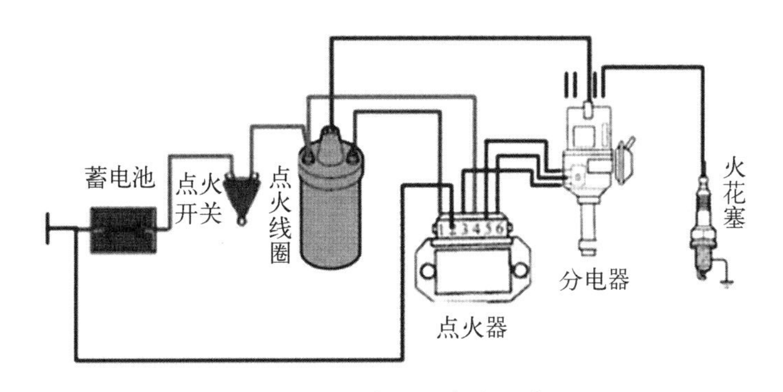

图 5-13 汽油机点火系统

7. 起动系统

要使发动机由静止状态过渡到工作状态，必须先用外力转动发动机的曲轴，使活塞做往复运动，汽缸内的可燃混合气燃烧膨胀做功，推动活塞向下运动使曲轴旋转，发动机才能自行运转，工作循环才能自动进行。因此，曲轴在外力作用下开始转动到发动机开始自动地怠速运转的全过程，称为发动机的起动。完成起动过程所需的装置，称为发动机的起动系统，如图 5－14 所示。

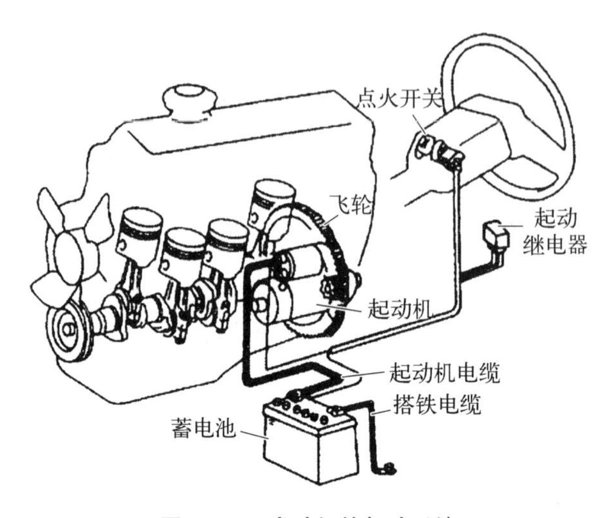

图 5－14　发动机的起动系统

(二) 内燃机术语

1. 工作循环

活塞式内燃机的工作循环是由进气、压缩、做功和排气四个工作过程组成(也有说由五个过程组成，即进气、压缩、燃烧、膨胀、排气，但都在两个或四个冲程完成)的封闭过程。周而复始地进行这些过程，内燃机才能持续地做功。

2. 上、下止点

活塞在汽缸里做往复直线运动时，活塞向上运动到的最高位置，即活塞顶部距离曲轴旋转中心最远的极限位置，称为上止点；活塞在汽缸里做往复直线运动时，当活塞向下运动到最低位置，即活塞顶部距离曲轴旋转中心最近的极限位置，称为下止点。在上、下止点处，活塞的运动速度为零，具体术语如图 5－15 所示。

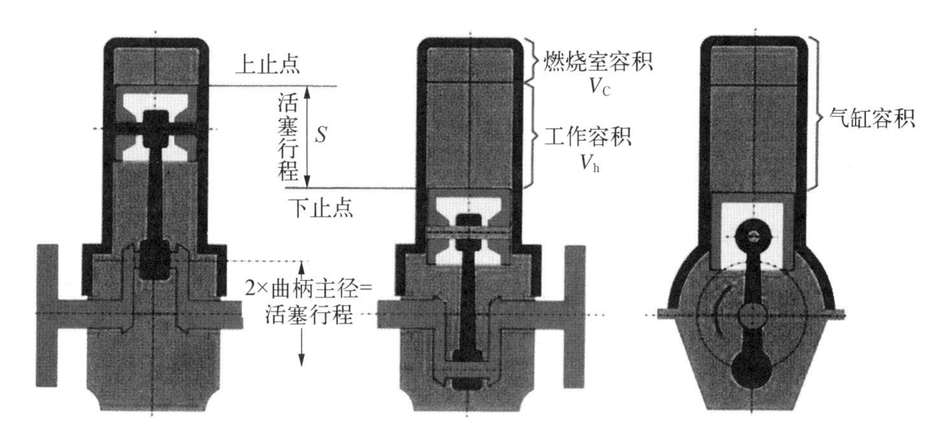

图 5-15 内燃机基本术语

3. 活塞行程

上、下止点间的距离 S 称为活塞行程，曲轴的回转半径 R 称为曲柄半径。显然，曲轴每回转一周，活塞移动两个活塞行程。对于汽缸中心线通过曲轴回转中心的内燃机，$S=2R$，如图 5-16 所示。

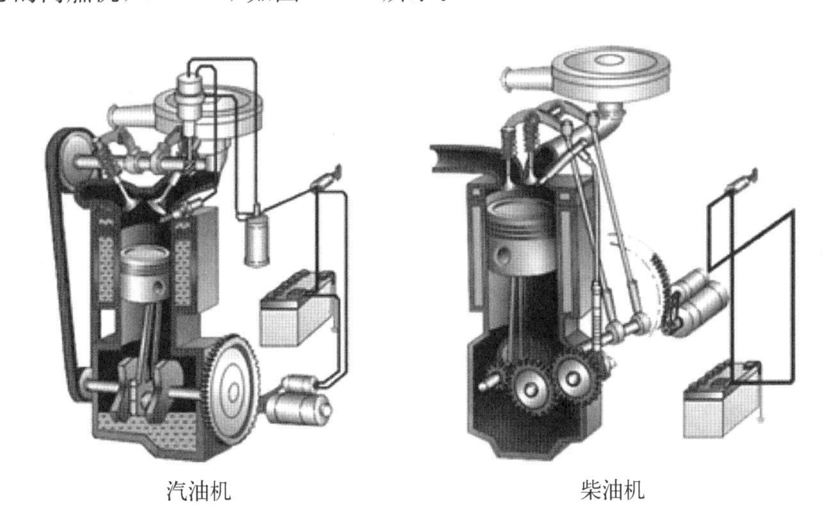

图 5-16 按燃料分类的内燃机

4. 汽缸工作容积

活塞从一个止点运动到另一个止点所扫过的容积称为汽缸的工作容积，一般用 V_h(单位为 L)表示。

$$V_h=-\frac{1}{4}\pi D^2 S\times 10^{-6}$$

式中，汽缸直径 D 的单位为 mm；S 的单位为 mm。

5. 燃烧室容积

活塞位于上止点时，活塞顶面以上汽缸盖底面以下所形成的空间称为燃烧室，其容积称为燃烧室容积，也称压缩容积，一般用 V_c 表示。

6. 汽缸的总容积

活塞位于下止点时，其顶部与汽缸盖之间的容积称为汽缸总容积，一般用 V_a 表示，可见，汽缸总容积就是汽缸工作容积和燃烧室容积之和，即 $V_a=V_c+V_h$。

7. 内燃机排量

多缸发动机各汽缸工作容积的总和称为发动机排量。一般用 V_L 表示。

$$V_L=iV_h$$

式中，汽缸工作容积 V_h 的单位为 L；i 为汽缸数目。

8. 压缩比

压缩比是发动机中一个非常重要的概念，它表示气体的压缩程度，是气体压缩前的容积与气体压缩后的容积之比值，即汽缸总容积与燃烧室容积之比，一般用 ε 表示。

$$\varepsilon=\frac{V_a}{V_c}=\frac{V_c+V_h}{V_c}=1+\frac{V_h}{V_c}$$

式中，V_a、V_c、V_h 的单位为 L。

通常汽油机的压缩比为 6～10；柴油机的压缩比较高，一般为 10～22。压缩比对发动机工作的影响如下。

(1) 压缩比增加则可燃混合气温度增加，压力随之增加，燃烧速度快，使得发动机功率增加，经济性更好。

(2) 压缩比如果过大，反而会出现爆燃和表面点火等不正常燃烧现象。

爆燃指气体压力和温度过高，在燃烧室内离点燃中心较远处的末端可燃混合气自燃而造成的一种不正常燃烧。爆燃的现象为尖锐的敲缸声、因燃烧速度过快形成压力波、压力波撞击燃烧室。爆燃会导致发动机过热、功率下降、经济性下降，严重时甚至出现气门烧毁、轴瓦破裂、火花塞绝缘体被击穿等不良后果。

表面点火指由于燃烧室内炽热表面(如排气阀头、火花塞电极、积炭)点燃混合气产生的一种不正常燃烧现象。表面点火的现象为沉闷的敲缸声。表面点火会导致发动机零部件负荷增加，寿命下降。

9. 工况

内燃机在某一时刻的运行状况简称工况，以该时刻内燃机输出的有效功率或转矩及其相应的曲轴转速表示。

(三) 内燃机类型

根据将热能转变为机械能的主要构件的形式，可将内燃机分为活塞式内燃机和燃气轮机两大类。前者又可按活塞运动方式分为往复活塞式内燃机和旋转活塞式内燃机两种。往复活塞式内燃机在游艇上应用得最为广泛。

艇用内燃机(主要指艇用往复活塞式内燃机)的分类方法很多，按照不同的分类方法可以把内燃机分成不同的类型。

1. 按照所用燃料分类

内燃机按其所使用燃料的不同可以分为汽油机和柴油机。使用汽油为燃料的内燃机称为汽油机，使用柴油为燃料的内燃机称为柴油机，如图 5-16 所示。

汽油机与柴油机各有其优点：汽油机转速高、质量小、噪声小、起动易、制造成本低；柴油机压缩比大、热效率高、经济性能和排放性能都比汽油机的好。

2. 按照行程分类

内燃机按其完成一个工作循环所需的行程数可分为四冲程内燃机和二冲程内燃机。把曲轴转两圈(720°)，活塞在汽缸内上下往复运动四个行程而完成一个工作循环的内燃机称为四冲程内燃机；把曲轴转一圈(360°)，活塞在汽缸内上下往复运动两个行程而完成一个工作循环的内燃机称为二冲程内燃机。如图 5-17 所示。目前，游艇发动机广泛使用四冲程内燃机。

3. 按照冷却方式分类

内燃机按其冷却方式不同可以分为水冷发动机和风冷发动机。水冷发动机是利用在汽缸体和汽缸盖冷却水套中进行循环的冷却液作为冷却介质进行冷却的，而风冷发动机是利用流动于汽缸体与汽缸盖外表面散热片之间的空气作为冷却介质进行冷却的。水冷发动机冷却均匀、工作可靠、冷却效果好，广泛应用于游艇发动机。

4. 按照汽缸数目分类

内燃机按其汽缸数目可以分为单缸内燃机和多缸内燃机。仅有一个汽缸的内燃机称为单缸内燃机，有两个及以上汽缸的内燃机称为多缸内燃机。如双缸、三缸、四缸、五缸、六缸、八缸、十二缸等都是多缸内燃机，现代艇用内燃机多采用四缸、六缸、八缸内燃机。

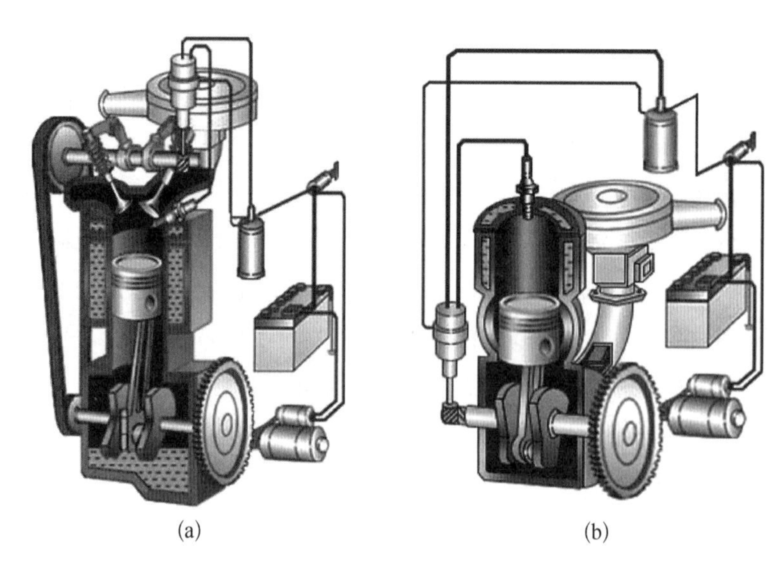

(a) (b)

图 5-17　按行程分类的内燃机

(a) 四冲程内燃机;(b) 二冲程内燃机

5. 按照汽缸排列方式分类

内燃机按其汽缸排列方式不同可以分为单列式内燃机和双列式内燃机。单列式内燃机的各个汽缸排成一列,一般是垂直布置的,但为了降低高度,有时也把汽缸布置成倾斜的,甚至水平的;双列式内燃机把汽缸排成两列,两列之间的夹角小于 180°(一般为 90°)称为 V 形发动机,若两列之间的夹角恰好为 180°,则称为对置式发动机。

6. 按照进气系统是否采用增压方式分类

内燃机按其进气系统是否采用增压方式可以分为自然吸气(非增压)式内燃机和强制进气(增压)式内燃机。汽油机一般采用自然吸气式内燃机。

四、游艇发动机推进基本概念

(一) 艇内机

艇内机的推进型式一般称为轴系推进,大型游艇几乎全部采用此种推进型式。艇内机如图 5-18 所示,主要品牌有 VOLVO、MTU、卡特、康明斯等。

大型游艇的发动机布置在艇内,通过传动系统(轴系)把艇机发出的动力传递给螺旋桨。这种发动机并没有转向功能,只负责提供动力。这种情况下,游艇转向主要靠舵系,以螺旋桨推动水流经过舵,在舵的两面产生压力差使游艇转

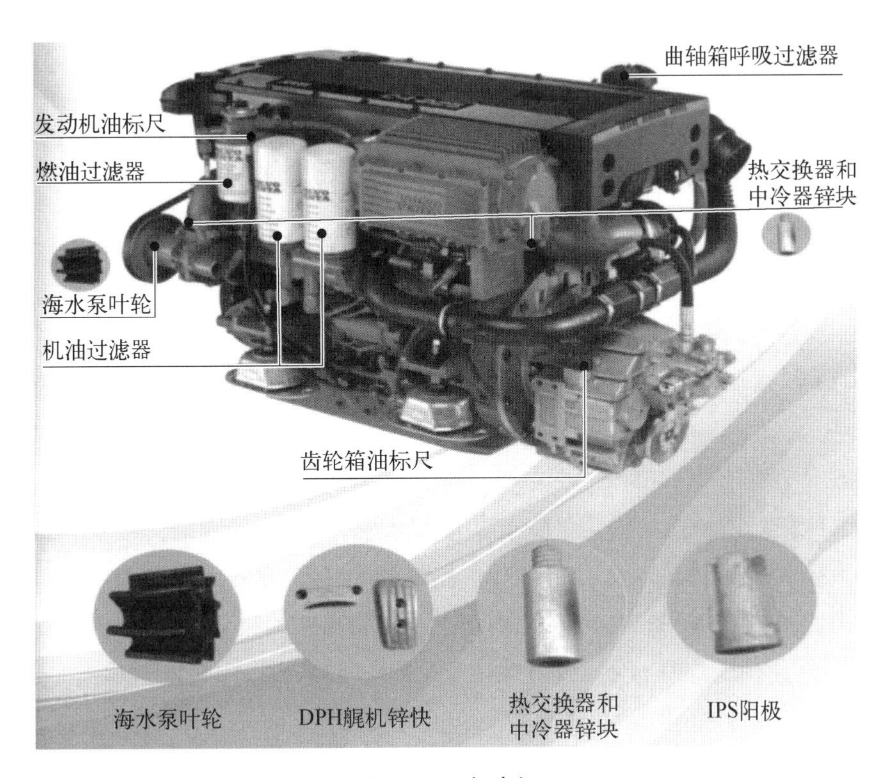

图 5-18　艇内机

向。下面将简要介绍轴系推进系统的相关内容。

1. 传动系统

传动系统由多个部分组成，包括变速箱、推力转承、尾轴、尾轴筒轴承及螺旋桨，如图 5-19 所示。

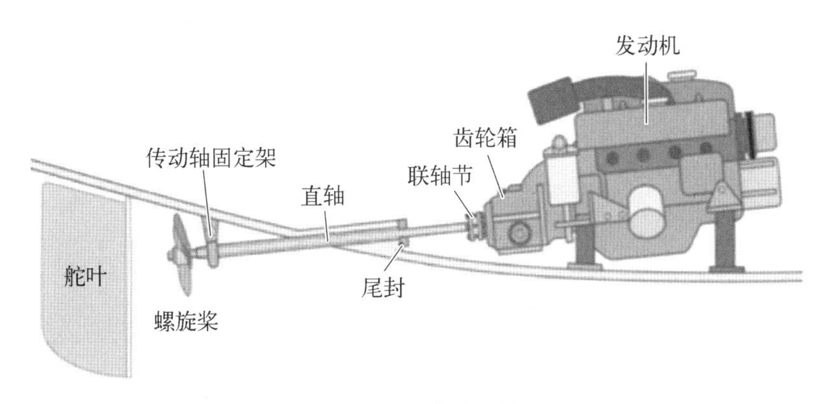

图 5-19　传动系统

2. 螺旋桨

图 5 - 20 螺旋桨

选择适合的螺旋桨时，必须同时考虑机器及船型，选择适当的螺距与直径。螺旋桨结构如图 5 - 20 所示。螺距是螺旋桨转动一周时桨叶上任何一点向前移动的距离，螺旋桨的外直径是螺旋桨转动时画出的圆圈直径。通常游艇在生产时由设计部门进行螺旋桨设计与选配。

螺旋桨应保持无贝壳附着，否则会使螺旋桨负荷过重，严重削减动力。

3. 推力轴承

为使机器所产生的推力经螺旋桨传到水中，船机须装有推力轴承，机器产生扭力令螺旋桨转动，然后往后排出，制造推力。推力最后被推力座吸收，由于推力座被推动，船只有效地向前行驶。如果船上的机器没有安装推力座，推力便会直接施加在机器上，因此，机器很快便会损坏。推力轴承面是一个垂直面，推力施加在轴承的轴环上。短轴机器的推力轴承装设于机器轴承内。

4. 尾轴管轴承

尾轴管轴承能将机器的转动传导至艇外，同时防止海水内浸。因此，尾轴管轴承有两个作用;第一，支持尾轴让其自由转动;第二，作为防止海水经尾轴进入船舱的密封装置。某些尾轴管里满载油脂，使用时需偶尔添油;还有一些尾轴管使用海水润滑物质，并装设内液封装置，使用这种尾轴管时须让少量海水渗漏(起冷却作用)，并将液封装置解松。

5. 机器的摆放位置

操作船尾机时，螺旋桨必须与水面成 90°角。这种摆放位置能令海水正确地流过螺旋桨，并产生最大的推力。船只载重量不同时，会令机器的位置有所改变，故应经常留意。载重分配不当亦会有类似的问题，如出现这种问题，便需重新分配船上载重位置，以校正机器的入水角度，所有船尾机在船尾板支架上都有改变机器摆放角度和位置的设备。

6. 变速箱

变速箱的作用是将机器的速度减至适合螺旋桨的速度，它亦可使螺旋桨向前或向后转动。若机器有减速的需要，便要在曲轴上装设一个小齿轮，这个小齿轮与螺旋桨轴的大齿轮互相契合，机器动力经由输入齿轮与输出齿轮的目数比决定了变速箱的减速比率。高速机器的运转速度高，所以会产生较大的马力，但螺旋桨低速运转时会较为顺畅。

7. 离合器

离合器使机器能与车碟轴分离，因此，机器在船舶静止不动时仍可运转。离合片由金属制成，离合片的两面都涂上粗糙摩擦物料，使离合片像砂纸一样具有较强的摩擦力。小型船内机通常采用单片式离合器，在“离”的位置时，压力片会与离合器分离，令机器失去驱动力；在“合”的位置时，两块压力片会紧压在一起，传达驱动力。

多片式离合器有一块以上的离合片及压力片，因此可以传递更多的动力。离合器需要偶尔的调校，否则在“离”位时分开距离不足，便会出现拖动现象，如变速杆偏离中央。

(二) 艇外机

艇外机常见于小型艇，如图 5－21 所示，在国内非常普遍，主要品牌有雅马哈(YAMAHA)、水星(Mercury)、本田(HONDA)，一般以汽油为燃料。艇外机悬挂在船舷外的尾板上，最顶部为发动机，发动机曲轴连接立轴，然后由横轴将动力输出给螺旋桨。在驾驶室操纵机器转速或改变方向时，通过柔性连接助力传动或电气控制改变机器油量以改变速度，使整个发动机通过左右转动来改变游艇的航行方向。

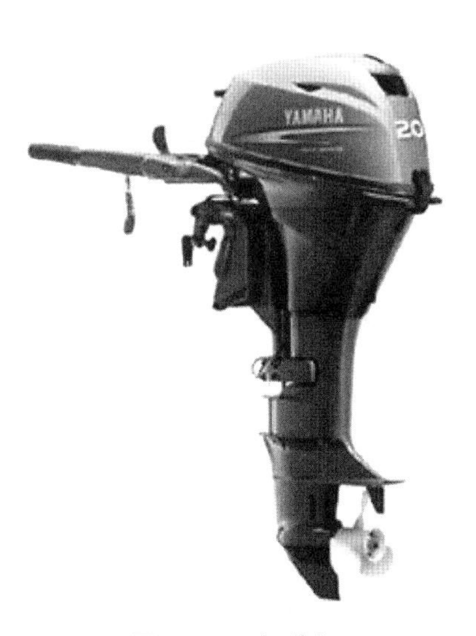

图 5－21　艇外机

艇外机的特点如下：舵、桨合一的船底尾部无舵、螺旋桨及其相应结构(如舵柱、轴系、尾轴管、正倒车换向机构)，既简化了船尾部船体结构，又改善了船尾流体流场，提高了推进效率及操纵能；艇外机可以大角度转动(有的甚至可以旋转 360°)，向各个方向输出推力，为船舶提供了更快、更安全的机动性能；发动机不在艇内，无推进轴系、舵机等，增加了舱容，提高了游艇的舒适度和经济性。

欧美普遍采用汽油类艇外机，但考虑到安全性，安装该类艇外机的船舶船检要求更严格。

(三) 艇内外机

艇内外机是一种介于艇外机与艇内机的机型，如图 5－22 所示，其利用外部驱动机构驱动，动力部分在艇内，而驱动在艇外，故又称为 I/O(inboard/outboard)驱动(发动机在船内，传动及驱动装置在船外，两者靠万向节连接，传动及驱动装置在船外摆动来控制转向)。常见的品牌有 Mercury 和 VOLVO。

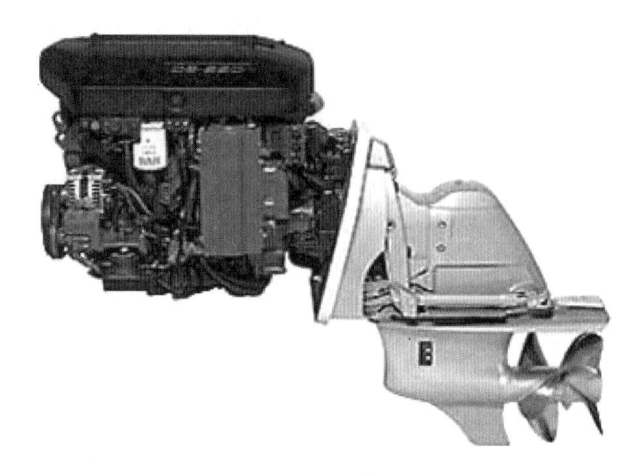

图 5－22　艇内外机

艇内外机的主要优点是能适应小河道行驶，遇浅滩、鱼箔、海草、礁石时能随时上翘；能解决船舱渗水问题。

五、喷射式推进器原理及特点

喷射式推进器是指推进机构的喷射部分浸在水中，利用喷射水流产生的反作用力驱动船舶前进的一种推进器。它由水泵、管道、吸口和喷口等组成，并能通过喷口改变水流的喷射方向，以实现船舶的操纵。

喷射式推进器的特点是采用揉动式旋转压水结构形成液压喷射动力的推进器替代螺旋桨式推进器，其由水泵、管道、吸口和喷口等组成，在推动船舶前进的工作过程中，壳体膛内表面与叶轮的外表面相切所形成的相对转动摩擦力很低，使其具有转速低、无噪声、无泄漏、流量大、喷射压力大、稳定性极高、不会产生气泡和浪花等诸多性能优势。喷射式推进器的效率比螺旋桨的低，但操纵性能好，特别在泥沙底的浅水航道中，其具有良好的适应性。

喷射式推进器目前多已替代传统的螺旋桨推进器。这种推进器并不将功率强大的柴油机与螺旋桨相连，而是与抽吸海水的水泵相连，并且用涡轮机控制它,借助向后喷出的水流推动船只前进,如图 5-23。小型船舶采用喷射式推进器可以大大提高航速,而且其机动性要比螺旋桨推进器好得多。目前,喷射式推进器在摩托艇使用较多,游艇和高速船上也有应用。

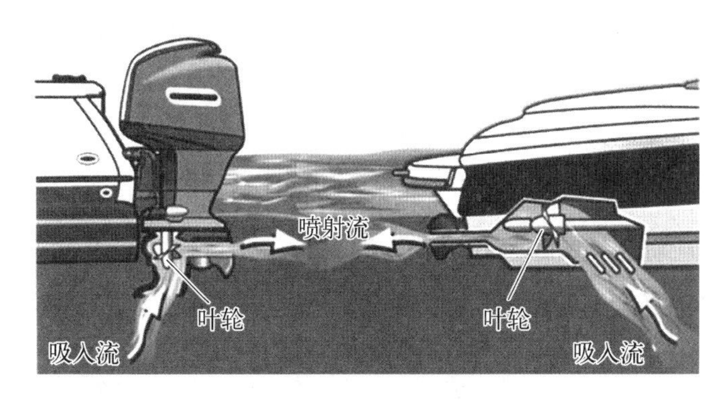

图 5-23　喷射式推进器

第二节　游艇动力装置的运行管理

一、开航前的准备工作及注意事项

(一) 发动机启动前准备

发动机启动前应做如下准备工作。

(1) 检查燃油量。

(2) 检查发动机机油油位。

(3) 检查冷却水箱水位。

(4) 检查变速箱油位。

(5) 检查电池及打开电池总闸。

(6) 检查皮带的松紧。

(7) 确认所需阀(海底阀、燃油阀等)在正常位置。

(8) 检查船尾轴管(头形水封)的漏水精度。

(9) 开启机房的通风设备。

(10) 确认操纵杆在正确设置(空挡位置)。

(11) 启动引擎。

(二) 发动机启动后注意事项

发动机启动后应注意如下事项。

(1) 检查冷却水的运行(是否有水从船旁的出口流出)。

(2) 检查冷却水压力温度,一般进、出口温差控制在12℃左右。

(3) 检查润滑油压力、温度。

(4) 检查充电系统。

(5) 检查各运动部件的运转情况,是否有异常声响及异常气味。

(6) 检查各供油、供水系统有否泄漏。

二、航行中的工作要点及注意事项

(1) 开航后先慢速,直到到达正常工作温度,然后才可以慢慢加速,以延长机器及自动调温装置的使用寿命。

(2) 化油器式供给系在各工况对混合气的要求如下。

a. 启动。启动时,运转速度低,燃料的雾化程度差,特别是在低温启动时,汽油不易蒸发,当可燃混合气的浓度降至着火下限时,便不能着火做功,因此要求化油器供给极浓的混合气,以保证顺利启动。

b. 怠速。在冷机时同样存在雾化、蒸发差的问题,如供给的可燃混合气不具备足够的浓度时,将导致缺火而使怠速转速不稳,甚至熄火,该情况同样要求提供较浓的可燃混合气。

c. 小负荷运行。同启动、怠速。

d. 大负荷运行。在不考虑经济性的情况下,为发动机提供最大功率所需的混合气应满足提高动力性的要求。

e. 加速。应额外增加供油量,以满足加速需要。

(3) 尽量避免加速超过极速的80%。

(4) 在加速过程中,防止机器超热负荷和机械负荷。

(5) 不可突然减速,以免海水进入排气系统。

(6) 避免过长时间的怠速,否则会由于雾化、燃烧不完全而造成积碳,另易造成发动机过热。

(7) 即将到达目的地时,尽量减慢车速,令引擎组件有足够的冷却。

(8) 确保油、水的温度和压力在正常的范围内。

(9) 注意运行中的异常声响和气味。

三、到港后的工作要点及注意事项

游艇抵达码头应停稳系牢、放好靠垫，并做到如下几点。

(1) 怠速数分钟后停机。

(2) 关闭油箱阀门。

(3) 关闭海底阀阀门(长期停泊时尤为重要)。

(4) 关闭各航行仪器及电源总开关。

(5) 冬天要放尽发动机内存水。

(6) 关闭门窗。

四、游艇动力装置的安全操作及航行中的应急处置

(一) 主机启动或航行中突然停止

(1) 检查电池。

(2) 检查是否由于压力、温度保护装置误动作造成，并及时修复。

(3) 可能是由于进、排气口脏堵、积碳所致的，应清除该脏堵或积碳。

(4) 检查燃油系统是否缺油，是否有水或空气进入系统中，查明原因后及时修复。

(5) 螺旋桨是否绕入绳子或渔网，造成机器超重负荷，导致失速振荡而停止，应入水检查并清理。

(6) 检查机器正时是否错乱，及时调整，必要时进厂修理。

(7) 如为柴油机，可能由于起动空气压力不足，起动空气管脏污，主起动阀卡死，起动控制阀芯咬死，气缸起动(阀)严重漏气而导致突然停止。解决办法如下：起动空气压力低，应予补充；若起动操纵过快，应重新启动；若阀芯咬死，漏气严重，应拆检清洗或换新。

(二) 机器过热的原因和处理

1. 水温过高

水温过高的原因如下：总体水温都高可能是因为机器超负荷工作、冷却水压力低水量不足、冷却循环系统的入水口堵塞或冷却水阀自控失灵；个别缸水温高可能是因为单缸超负荷或燃烧不良、活塞润滑不良干摩擦或操作失误。

处理方法如下。

(1) 冷却循环系统的入水口堵塞的，应清除入水口杂物。

(2) 冷却系积垢过多导致冷却效果下降的,应清洗。

(3) 冷却水量不足、水泵皮带断裂、水泵损坏、调温装置失灵的,应补液、更换皮带、修理损坏件。

(4) 冷却水无压力但水泵运转正常、水泵叶轮与水泵轴滑转可能是因为键销断裂,应更换断裂件。

(5) 启动后加速过快造成热负荷上升过快的,应适当减速。

(6) 燃烧积碳严重导致冷却效果不良的,应清除积碳。

(7) 当发现冷却水压力波动而调节失效时,通常是由于系统中有气体存在造成的,应尽快查明原因并消除。

(8) 当机动操纵时,应避免冷却水温产生过大的波动。

(9) 停车后,应让冷却水继续在系统内循环 15~20 min,使气缸温度逐渐下降,可防止缸壁表面的油膜蒸发或结炭,也可减少热应力。

(10) 降低转速,特别是在大风大浪、顶流中航行时。

2. 润滑油温度过高

润滑油温度过高的原因如下:润滑油供油量不足或中断;机件配合间隙太小,润滑油本身冷却效果不佳或油温调节阀失灵;柴油机长时间超负荷工作;活塞环漏气,燃气下窜等。

处理方法如下。

(1) 在润滑油系统中加入足量的滑油,调整油温调节阀。

(2) 检查吊缸,更换活塞环。

(3) 降低转速,避免超负荷工作。

3. 排气温度过高

排气温度过高的原因如下:喷油定时过晚,后燃严重;燃油雾化质量差;排气阀开得过早或漏气;排气压力低;供油量太多;柴油机超负荷;柴油机在大负荷低转速下运行。

处理方法如下。

(1) 降低负荷,避免超负荷工作。

(2) 检查喷油器雾化、高压泵泄漏情况,必要时换新。

(3) 检查喷油定时与喷油量,并及时调整。

(4) 检查进、排气阀间隙并调整,检查吊缸进、排气阀密封性,必要时进行打磨。

4. 排气管冒白烟

排气管冒白烟的原因如下：燃油系统中有水、气缸套或气缸盖有裂缝、冷却水密封圈损坏、空气湿度太高、气温太低、发动机太冷。

处理方法如下。

(1) 检查燃油系统及日用油柜，若发现有水，应更换油柜。

(2) 停车吊缸，检查缸盖、缸套，若发现裂缝，应换新。

(3) 检查冷却水密封圈，若有损坏或老化，应换新。

(4) 关闭发动舱窗，风机改为内循环，防止湿空气进入。

(5) 低速运行一段时间，待机器温度上升观察白烟是否消失。

5. 烟囱冒火星

烟囱冒火星的原因如下：通常是由于未烧尽的燃油或含油积存物随高温燃气带出烟囱遇空气再燃烧所产生的。

处理方法如下。

(1) 提高燃油雾化质量，清除进、排气管积炭，保持气道畅通。

(2) 检查进、排气阀密封性，必要时进行打磨或换新。

(三) 尾气异常

1. 黑烟

机器在超负荷或变工况运行时，会因燃烧室中出现高温缺氧区域而冒黑烟。另外，当燃油雾化不良时，较粗大的油粒外围受热气化而燃烧，未能气化的油核则被火焰包围而发生热分解，形成碳粒。机器在起动、低速、低负荷运转时常出现这种情况。处理方法如下：机器启动前应进行充分的预热，保持进、排气道畅通，提高燃油雾化质量(在燃油中掺水是一种特殊方法)。

2. 蓝烟

由于气缸的活塞环磨损，使润滑油漏入燃烧室易造成蓝烟。该情况大多在柴油机尚未完全预热或低负荷运转、燃烧室温度较低、燃烧条件恶劣时产生。处理方法如下：检查活塞环是否装反，更换活塞环。

3. 白烟

排出白烟分两种情况：① 白烟易散发，说明有水漏入气缸，应检查冷却水箱水位，组成燃烧室部件是否有裂纹、密封圈是否完好；② 白烟不易散发，则是由于机器在冷起动时发火不良引起燃油残存或因缸套过度磨损造成润滑油上窜导致的。

4. 烟囱冒火星

该情况通常是由于未烧尽的燃油或含油积存物随高温燃气带出烟囱遇空气再燃烧。处理方法如下：提高燃油雾化质量，清除进、排管积炭，保持气道畅通。

(四) 其他故障

(1) 冷却水内有油污。缸盖的垫圈已失去支撑作用，必须更换。收紧气缸盖螺栓时，应使用扭力扳手，上紧至规定值，对角上紧。

(2) 拉缸。必须迅速慢车，然后停车，加强活塞冷却时进行盘车。不能盘车时，可向气缸内注入煤油，再慢慢盘车。

(3) 敲缸。检查喷油器、喷油泵、调整喷油量和定时，检查各运动部件，必要时更换。

(4) 机器温度不正常。检查恒温器是否正常，可将恒温器拆下放于热水中，恒温器阀门应于预定的温度打开。

五、游艇动力装置的日常检查与保养

(一) 电池

(1) 每 10～15 天检查一次电压、电解液高度与密度，如低于规定值应及时补充蒸馏水，进行充电，然后清洗表面。

(2) 电池应安装稳固，尽量接近引擎，应用短而粗的电线连接。

(3) 应装上电池开关，以防止意外放电。

(4) 每 3 个月对酸性电池表面进行一次彻底清洁，清洁时先用干净布擦除接头处的氧化物，然后再涂上牛油或凡士林，防止氧化。

(5) 每 2 个月检查一次碱性电池螺丝塞和透气橡皮套管，如弹性失效应换新；每 6 个月彻底清洁一次蓄电池外表面，如有锈蚀，应用煤油擦光，再涂上一层无酸凡士林。

(6) 电池附近严禁烟火，保证有足够的通风设备。

(7) 注意保持电池表面清洁，不可存在油渍污垢，决不允许在上面放置金属工具、物品，以防短路。

(8) 保持极柱、夹头和铁质提手等处的清洁，如出现电腐蚀或氧化物等应及时擦拭干净，以保证导电的可靠性。

(9) 平时注意盖好注液孔的上盖，以防船舶航行时电解液溢出或海水进入电池。必须保持通气孔畅通。电解液应覆盖于电池片上 10～15 mm。

(10) 电池放电终了后,应及时按要求进行充电。

(11) 碱性电池充电时,不要取下气塞,以防氧气进入电池,而使电解液失效。一般应每年更换一次电解液,要注意保持排气胶管畅通,定期打开气塞排气,防止气体聚集太多而造成电池膨胀。

(12) 充放电电流过大,长期过放电、过充电,充电温度太高,电解液不纯等原因,会造成电池极板弯曲,应更换电解液,在极板间插入木板校正,无法校正时,应更换极板。

(13) 大修机器前,应首先将电池线断开,以防止机器意外转动。

(二) 一般机器各系统的保养

(1) 保持机器清洁,经常用清洁剂和干净抹布擦去机器上的油污。

(2) 检查燃油系统及各接头处的漏油的情况。

(3) 定期化验,更换润滑油。

(4) 油箱应定期清洗。若油中含有沉淀物,或加油时进入了杂质,或因各种原因导致油箱中积水,应将油污、沉积物、水清除掉,用清水或蒸气洗涤,并用压缩空气吹干。

(5) 定期清洗或更换燃油、滤清器,以去除燃油中的水分和杂质,防止油路阻塞,并减轻气缸磨损。若为不可拆式的油箱,应更换纸质滤芯;若为可拆式油箱,清洁时,要仔细检查密封衬垫是否老化、变形或损坏,及时更换衬垫。安装时,要确保密封衬垫的密封可靠,并要注意安装方向,确保油流向正确。一般滤清器上标有箭头,箭头所指方向即为油流向。

(6) 定期清洁或更换滑油滤清器。方法要点同(5)。

(7) 定期更换空气滤清器。外壳要经常清洗,保持干净。滤芯应避免与油类和水等接触,清洁时,先轻拍滤芯,然后用压缩空气从滤芯内部向外吹净脏污。

(8) 经常检查入水口的滤器。

(9) 经常检查冷却水系统。水泵出口压力应调整在正常工作范围。若出口温度过低,会使气缸壁的热应力增大;若出口温度过高,则易使缸壁内表面的滑油膜迅速蒸发、缸壁磨损加剧、冷却水汽化以及缸套外表面的阻水橡皮圈迅速老化漏水。同时应检查各水泵运转、密封情况。

(10) 经常检查水箱中的水位变化。若水位降低,应及时补水;若水位降低过快,应在补水前查明原因。

(11) 在寒冷地区(或冬季)航行时应注意冷却水系统的管理。

(12) 定期更换冷却水系统中的锌块及疏通冷却器。

(13) 经常调校三角皮带松紧。

(14) 定期检查进排气系统。在使用中,由于运转情况经常变化和对气阀机构维修保养和使用管理不当,常常会出现各种故障,如阀面和阀座烧损、气阀和阀座腐蚀、气阀阀盘和阀杆断裂、气阀弹簧断裂、阀壳产生裂纹等。

在摇臂端和气阀阀杆之间应留有一定的间隙,以便机器运转时,气阀机构受热后有膨胀余地。若间隙过小,会导致关闭不严;若间隙过大,影响气阀开、关正时,使撞击严重,造成大的噪声和磨损。在测量时,机器应处于冷态,顶头的滚轮一定要落在凸轮的基圆上。

(15) 发动机的日常管理

应对柴油机的日常运行进行管理,其目的在于控制柴油机的热负荷和机械负荷都在规定的范围内,使柴油机发挥最大效能。该管理主要有两个方面:① 热力检查。机器的热负荷主要体现在冷却水温度、滑油温度和排气温度上,应通过直观的手段,由排温表、排气烟色等情况了解喷油设备的状态,将各缸排温相差控制在±5%。② 机械检查。应通过听、看、摸等最直接、简便的方法,来确保柴油机各运动部件及系统始终处于正常的技术状态。

(16) 定期检查发电机和充电系统。

(17) 定期测试水温及油压警报器是否正常报警、高温失压停车装置是否正常运作。

(18) 定期检查机器避震器有否损坏或变形。

(19) 分电器内保持干燥,以防止短路。

(20) 定期调整断电器的间隙及保持清洁。

(21) 定期调整火花塞的间隙及保持清洁。

(22) 定期清洗化油器中的积垢。

(三) 船外机的保养

(1) 注意二冲程舷外机专用滑油与燃料油的混合比例(根据说明书要求混合)。

(2) 回航后应将舷外机用淡水清洗外部及内部,以免海水腐蚀。将舷外机放入淡水中继续运转,直到机内所有冷却水通道被冲洗干净为止。

(3) 停机前,先将燃油供应关闭,直到舷外机将剩余的燃油烧尽,舷外机会自动停止运转,以策安全。

(4) 检查螺旋桨的切力销。

(5) 检查冷却水通道。

(6) 应预备一整套火花塞,以供发生故障时更换之用。

(四) 机房的保养

(1) 保持机房的清洁,检查通风设备是否正常,各类告示牌是否挂好,操作规程是否符合要求。

(2) 机房内禁止吸烟及明火作业(特殊情况除外)。

(3) 应有足够的照明,检查应急照明系统是否能正常工作。

(4) 走道应通畅,物品应分类存放,工具应放回原位,垃圾桶应分类存放,并加盖。

(5) 定期检查灭火器具,并置于适当的位置。

(6) 定期检查电动及手动的救火泵。

(7) 定期检查是否备妥规定的救生器具。

(8) 设置设备运行情况记录本,维修记录应完整。

(9) 应经常泵出舱底水,如发现舱底水有油浮面,查明原因并用干布抹干,然后放在一密封箱内,抵岸统一处理,做好防污染工作。

(10) 检查并调整尾轴管的漏水情况(调节至约 20 滴/min)。

(11) 检修推进装置时,必须在机器操纵处置挂“禁止动车”的警告牌,并应可靠固定,以防流水带动推进器。

(12) 检修较为隐蔽或不易接近的部位时,作业人员衣袋中不得携带任何杂物,以免落入机内造成事故。

(13) 检修管路及阀门时应事先按需要将有关阀门置于正确位置,防止窜气、窜水。

(14) 拆装带热部件时,要穿长袖工作衣裤并佩戴帽子及手套。

(15) 定期检查便携式电动工具的绝缘、接电情况。

(16) 一切电气设备,除有关人员外,任何人不得自行拆修。

(17) 禁止使用超过额定电流的熔断器。

(18) 一切警告牌均应由检修负责人挂卸,其他任何人不得乱动。

(19) 因检修移走栏杆及盖板后,应用绳子拦住其周围,以防人员不慎掉落。

(20) 手动工具应妥善保养、定期检查,损坏的应及时报废。有手柄的工具,手柄必须装置牢固。

(21) 使用手拉葫芦前应仔细检查吊钩、链条、钢丝绳及轮轴是否完好,传动、制动部分是否灵活、可靠；手拉葫芦的支承固定点必须有足够的强度，水平或倾斜使用时，更要吊挂妥当；使用时先缓慢收紧，受力后检查正常才可继续工作；定期拆卸、检查、清洗、润滑。确保使用的工具与进行的工作相匹配，防止工具打滑伤人或损伤工件。

(五) 柴油机燃料供给装置主要部件的维修

1. 喷油器的维修

喷油器在工作过程中经常出现的损伤有针阀偶件磨损、针阀卡死、喷油孔堵塞、调压弹簧失效等，从而造成喷油器喷油压力、喷油量的变化，雾化质量变差，导致柴油机工作性能降低。为保证柴油机的正常工作，必须对喷油器进行及时检修。

清洗从发动机上拆下的喷油器总成外部后，应逐一在喷油器试验器上进行喷油压力、喷雾质量和密封性试验。如质量良好，不必解体，否则应进行分解检修。

1) 喷油器的分解

喷油器的分解如图 5－24 所示，其分解顺序如下。

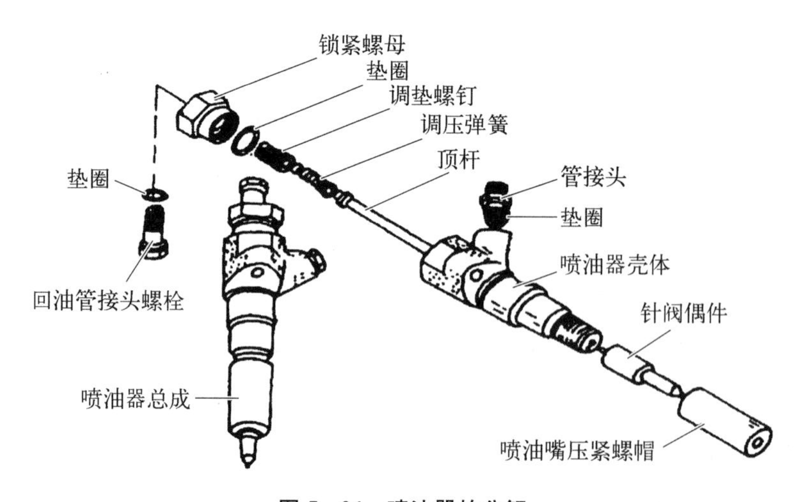

图 5－24 喷油器的分解

(1) 先分解喷油器上部，旋松调压螺母紧固螺帽，拧出调垫螺钉，取出调压弹簧及顶杆。

(2) 将喷油器倒夹在台虎钳上，拧下喷油嘴压紧螺帽，取下针阀偶件。

(3) 将针阀从针阀偶件中抽出，注意不要碰伤针阀表面，相互之间不能更换。

(4) 将零件浸泡在干净的煤油或柴油里，然后进行清洗、检查和修理。

2) 喷油器的清洗

(1) 用铜丝刷清洗零件表面的积炭和脏污。

(2) 喷油器和针阀偶件的油道可用专用通针或直径合适的钻头疏通。

(3) 堵塞的喷孔用直径小于喷孔的通针清理，清理时避免损伤喷孔。

(4) 若针阀被咬住，可用鲤鱼钳垫上软布夹住针阀尾端，稍加转动，再用力拉出。

(5) 零件清洗后，选用压缩空气吹走油道中的杂质，再清理干净，吹干后进行检查。

3) 喷油器零件的检查

(1) 检查针阀偶件表面有无损伤、锈蚀，锥形密封带有无麻点、刻痕。

(2) 检查顶杆和针阀的接触部位是否磨损过量、弯曲变形。

(3) 检查调压弹簧是否产生裂纹、锈蚀和歪斜。

4) 喷油器的修理

(1) 针阀偶件有卡滞现象或密封锥面密封不良的，可进行配对研磨修复。

(2) 针阀偶件磨损过大，使偶件密封性明显下降或阀体上出现裂纹的，应换用新件。

(3) 喷油器壳体破裂，调压弹簧弹力明显下降、变形或折断，顶杆发生弯曲变形等，均应换用新件。

5) 喷油器的调整和试验

把喷油器装到喷油器试验器上，如图 5-25 所示，进行喷油器的调整和试验。

(1) 密封性试验。

a. 拧动调整螺钉，使调压弹簧的压力略高于喷油器的喷油压力。

b. 压动试验器油泵手柄，使油压升到 20 MPa，然后测量油压从 20 MPa 下降到 18 MPa 所用的时间，应不少于 9～12 s，否则表明针阀密封性变差。

c. 察看喷孔周围有无渗漏或滴油现象。

(2) 喷油压力的检验。

a. 用手压泵泵油检查喷油器喷

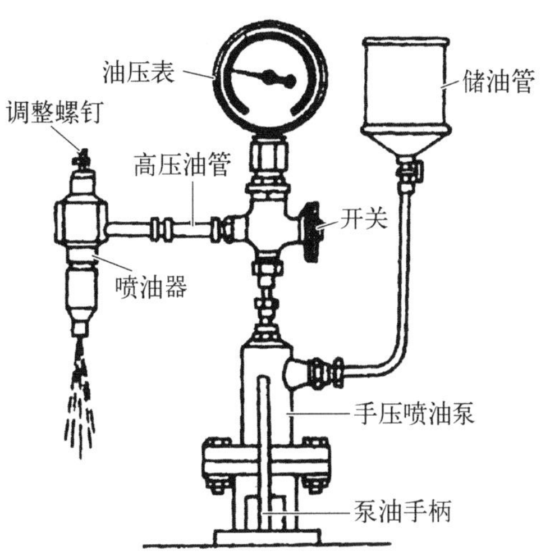

图 5-25　喷油器试验器

油压力，压力应与原厂规定值相符。

b. 若压力很高，则旋出调整螺钉，调好后锁紧螺母。

c. 若压力过低，则旋进调整螺钉，调好后锁紧螺母。

(3) 喷雾质量的检验。

将喷油器调至标准喷油压力，压动试验器手柄，使喷油器以 60～70 次/min 的速度进行喷油，结果应符合下列要求。

a. 喷出的燃油呈雾状，细微均匀，不应有肉眼可见的油滴飞溅。

b. 断油迅速干脆，并有清脆的响声。

c. 喷孔口不允许有滴油现象，但允许湿润。

在喷油器下方 100～200 mm 处放一张白纸，根据白纸上的油迹检验喷雾质量，雾锥形状及角度应符合要求。

2. 喷油泵的维修

喷油泵在使用过程中，柱塞偶件、出油阀偶件以及喷油泵操纵机构等零件均可能有不同程度的磨损，从而导致各缸的供油量、供油时间发生变化，造成发动机发出敲击声或发生振动、排气管冒黑烟。因此，必须对喷油泵进行定期的检修。

1) 柱塞偶件的检验

柱塞偶件常用的检验方法有外观检查、滑动性及密封性检验等。

(1) 外观检查

用直观法检查柱塞偶件有下列条件之一者应报废：① 柱塞及柱塞套表面有严重磨损；② 柱塞有弯曲或头部变形，柱塞套内孔表面有锈蚀或裂纹等；③ 柱塞端面、直槽、斜槽等位置有剥落或锈蚀现象。

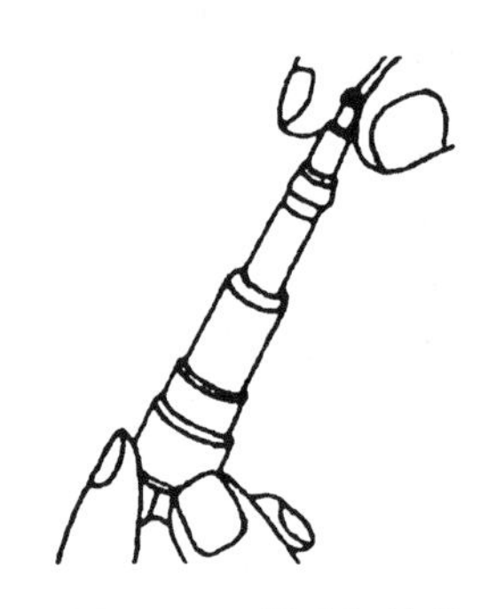

图 5-26 柱塞偶件的滑动试验

(2) 滑动性检验。

用清洁的柴油浸泡、清洗柱塞偶件后，将柱塞插入柱塞套，使柱塞倒置并与水平呈 60°角，如图 5-26 所示。轻轻抽出约 $\frac{1}{3}$ 柱塞，然后松手，柱塞应在自重的作用下缓慢下滑到底。再将柱塞抽出，转动到任何角度，其结果应相同。若柱塞下滑速度过快，说明偶件间配合间隙过大；若有卡滞现象，则表明柱塞与柱塞套有变形等损伤。

(3) 密封性检验。

密封性检验可在喷油器试验器上进行。检验时,将喷油泵的出油阀取出,保留阀座,然后拧紧出油阀压紧螺帽,放尽空气,将高压管与喷油器试验器连接好。移动喷油泵供油齿杆,使柱塞处于最大供油位置,转动凸轮轴,使被试柱塞上升到供油行程中间位置。手动泵油,测量压力表油压上升到 20 MPa 所需时间,不少于 10 s 为合格,同一喷油泵各柱塞偶件的密封性相差应不大于 5%。

无试验器时,可采用简易方法试验,如图 5-27 所示。将柱塞偶件倒置,用手指分别将柱塞套顶及侧面的进、回油孔堵严,然后用另一只手将柱塞抽出$\frac{1}{3}$,松手后,柱塞应被上方的真空吸力吸回原来位置,否则说明柱塞偶件密封性不符合要求。

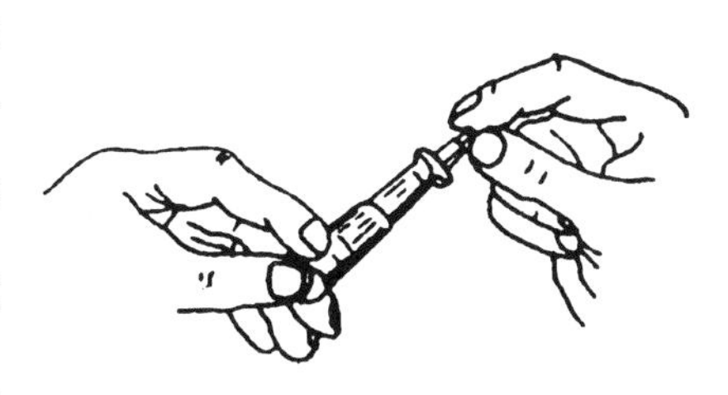

图 5-27　柱塞偶件的密封性试验

2) 出油阀偶件的检验

出油阀偶件的检验方法与柱塞偶件相似,一般也要进行外观检查、滑动性及密封性检验。

(1) 外观检查。

出油阀偶件有下列现象之一者,均应报废:① 出油阀减压环带有严重的磨损痕迹;② 出油阀密封锥面磨损过大,有剥落或划痕;③ 出油阀与阀座有裂纹、压痕或明显磨损。

(2) 滑动性检验。

把用柴油清洗并浸润的出油阀偶件垂直放置,将出油阀体从阀座中抽出$\frac{1}{3}$,放手后,出油阀应在自重作用下缓缓落下。再将阀体抽出,转到任何角度,其试验结果应相同。

(3) 密封性试验。

出油阀密封性试验应在专用工具上进行,如图 5-28(a)所示,包括锥形密封面和圆形减压环带两部分。

检验时,将出油阀偶件装入专用工具中,上方与喷油器试验器油管相连,旋松底部顶杆螺钉,使出油阀落到阀座上。压动喷油器试验器泵油手柄,使油压上升到 25 MPa,油压从 25 MPa 下降到 10 MPa 的时间应不少于 60 s。然后拧紧顶

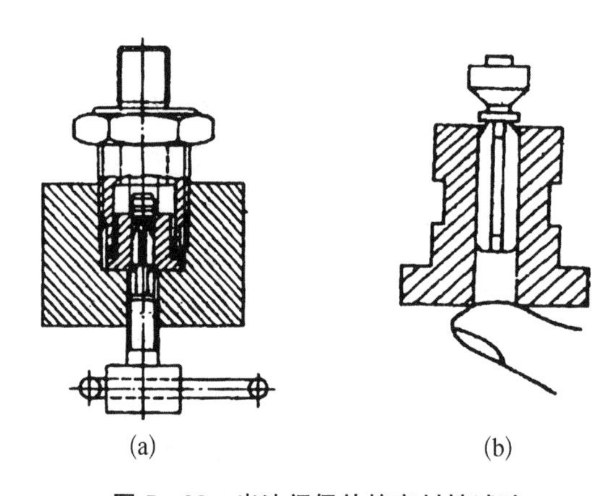

图 5－28 出油阀偶件的密封性试验

(a) 专用工具检验；(b) 简易方法检验

杆螺钉，顶起出油阀 0.3～0.5 mm，用同样的方法测试减压环带的密封柱，油压从 25 MPa 下降到 10 MPa 的时间应不少于 20 s。

无专用工具时，也可用简易方法进行检验，如图 5－28(b)所示。用手指堵住阀座下端油孔，将出油阀轻轻放入阀座中，当减压环带刚进入阀座内孔时，出油阀应自行停止下落。用手指将其压到底后立即松开，出油阀应能迅速弹回，否则说明其密封性不符合要求。

3）喷油泵偶件的修理

柱塞偶件和出油阀偶件性能不符合要求时，可采用选配法或镀复法修复。选配法是将磨损的柱塞和柱塞套研磨加工，消除表面刻痕，然后根据修理后的尺寸重新选配组合，进行研磨，以组成符合配合精度要求的新柱塞偶件。镀复法则是对柱塞表面进行镀铬和化学镀镍，然后精加工至所需尺寸，使之与柱塞套的配合符合要求。

3. 柴油滤清器的检修

1）柴油精滤器的检修

维修时拧下沉淀杯固定环，取下沉淀杯，倒出杯中杂质和积水，并用柴油或煤油清洗干净。若沉淀杯破裂或密封圈损坏，均应更换。滤芯较脏时，可浸泡在柴油或煤油中，用软毛刷轻轻刷洗或用压缩空气自内向外吹洗。若有严重脏污无法洗净，更换滤芯。

2）柴油细滤器的检修

拧下拉杆螺母即可使细滤器解体，用干净的柴油或煤油清洗各零件，然后进行检验。若滤清器壳体凹陷、密封圈及油封损坏、弹簧严重锈蚀、折断或弹力明显减弱等，均应更换新件。另外，滤芯不允许清洗，应按说明书要求定期更换。

六、发动机常见故障的检修方法

（一）曲柄连杆机构和配气机构常见故障的检修方法

曲柄连杆机构与配气机构的故障比较复杂，而且不易判断和排除，常见的故障有气缸压力低和异响等。

1. 气缸压力低

1）故障现象及原因

气缸压力低的故障现象及原因如表 5-1 所示。

表 5-1　气缸压力低的故障现象及造成原因

故障现象	故障原因
(1) 发动机起动困难 (2) 发动机功率下降，加速困难，耗油量增加，空转不稳 (3) 发动机有“突突”异响 (4) 有时漏水、漏气，进气管回火，排气管放炮	(1) 气缸盖螺栓未按规定顺序拧紧 (2) 气缸垫损坏 (3) 活塞、活塞环、气缸磨损 (4) 气门不密封

2）检查方法

用气缸压力表测量每一只气缸的气缸压力，如压力低于规定值，即表明气缸压力低。

3）检修流程

气缸压力低的检修流程如图 5-29 所示。

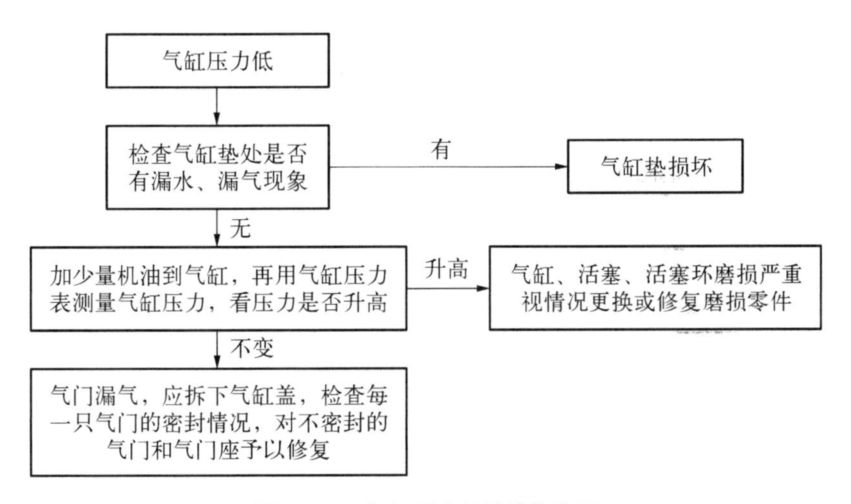

图 5-29　气缸压力低的检修流程

2. 发动机异响

如表 5-2 所示为发动机异响的故障现象、造成原因及处理方法。

表 5-2　发动机异响的故障现象、造成原因及处理方法

故障现象	故 障 原 因	处 理 方 法
连杆轴承响	连杆轴颈与轴承间隙过大	测量轴承间隙,必要时修理轴承
	边杆轴颈失圆	磨削轴颈或更换曲轴
	连杆弯曲	校正或更换
	连杆轴承盖螺栓松动	按规定力矩拧紧
	连杆轴承润滑不良	检修润滑系
曲轴轴承响	曲轴轴承与轴颈间隙过大	测量轴承间隙,必要时修理轴承
	曲轴轴向间隙过大	检查调整
	曲轴轴承盖螺栓松动	按规定力矩拧紧
	曲轴轴颈失圆	磨削轴颈或更换曲轴
	曲轴轴承润滑不良	检修润滑系
活塞销响	活塞销与连杆衬套间隙过大	检修
	活塞光彩与活塞销座孔间隙过大	检修
	润滑不良	检修润滑系
气阀敲击声	气门间隙过大	调整气门间隙
	气门间隙调整螺钉松动	调整间隙后予以紧固
	凸轮磨损严重	更换
	润滑不良	检修润滑系

(二) 汽油机燃料供给系常见故障的检修方法

汽油机燃料供给系故障的主要现象可分为堵、漏、坏三种,大多表现为功率下降、油耗增多、起动困难、容易熄火、工作异常等现象。燃料系故障与电路故障有明显的区别,电路故障表现为立即出现不正常现象,而油路故障的显著特征是有一个故障出现的过程。

油路常见的故障有不来油或来油不畅、加速不良和怠速不良等。在诊断油路故障时,先假设电路都正常,一般采用先外后内、由简到繁的诊断方法,便可准

确地判断出故障部位。

1. 不来油或来油不畅

1）故障现象及原因

不来油或来油不畅的故障现象及原因如表5-3所示。

表5-3　不来油或来油不畅的故障现象及原因

故障现象	故障原因
（1）发动机不能起动 （2）拉动阻风门或多次踏加速踏板，发动机虽能起动，但很快又熄火 （3）加速不良，化油器回火	（1）油箱无油 （2）油箱开关未打开或失灵 （3）油路堵塞、漏油、积水、积冰或气阻 （4）汽油输送泵工作不良或失效 （5）化油器进油针阀卡死，浮子室油平面高度失调或主油孔堵塞

2）检修流程

不来油或来油不畅的检修流程如图5-30所示。

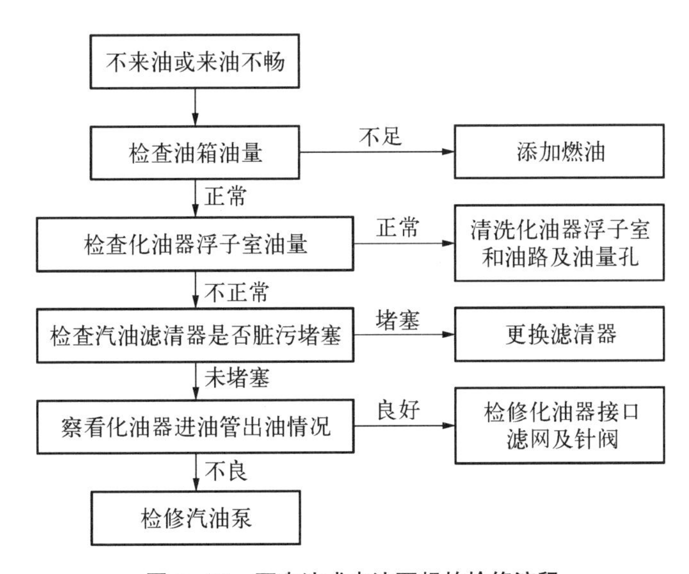

图5-30　不来油或来油不畅的检修流程

2. 加速不良

1）故障现象及原因

加速不良的故障现象及原因如表5-4所示。

表 5-4 加速不良的故障现象及造成原因

故障现象	造成原因
加速时，转速不良立即升高，排气管有“突突”声，化油器有回火现象，其他工况正常	(1) 加速泵联动机构脱开连接 (2) 加速喷管或油道堵塞 (3) 加速调整不当 (4) 加速泵弹簧弹力不足 (5) 加速泵活塞磨损严重，进油阀、止回阀密封不良

2) 检修流程

加速不良的检修流程如图 5-31 所示。

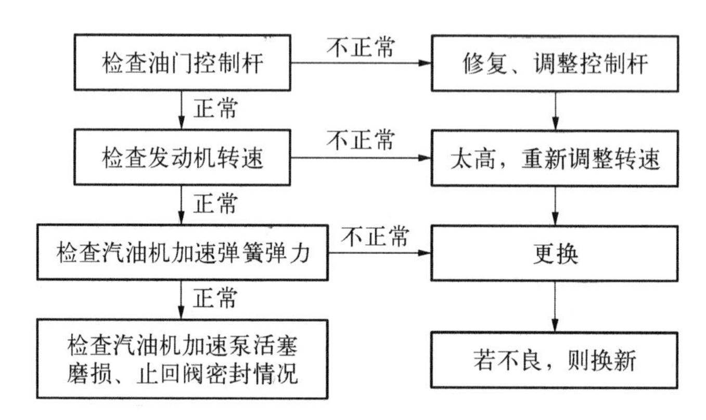

图 5-31 加速不良的检修流程

3. 怠速不良

1) 故障现象及原因

怠速不良的故障现象及造成的原因如表 5-5 所示。

表 5-5 怠速不良的故障现象及原因

故障现象	造成原因
(1) 怠速不稳，起动后很快熄火 (2) 怠速不均匀；怠速过高，调低则熄火	(1) 浮子室油平面过高或过低 (2) 怠速调整不当 (3) 怠速量孔、怠速空气量孔、怠速油道堵塞或量孔松动 (4) 节气门关不严、开闭不灵或弹簧拉力不足 (5) 化油器至气缸盖某处漏气 (6) 压力调节阀关闭不严

2）检修流程

怠速不良的检修流程如图 5－32 所示。

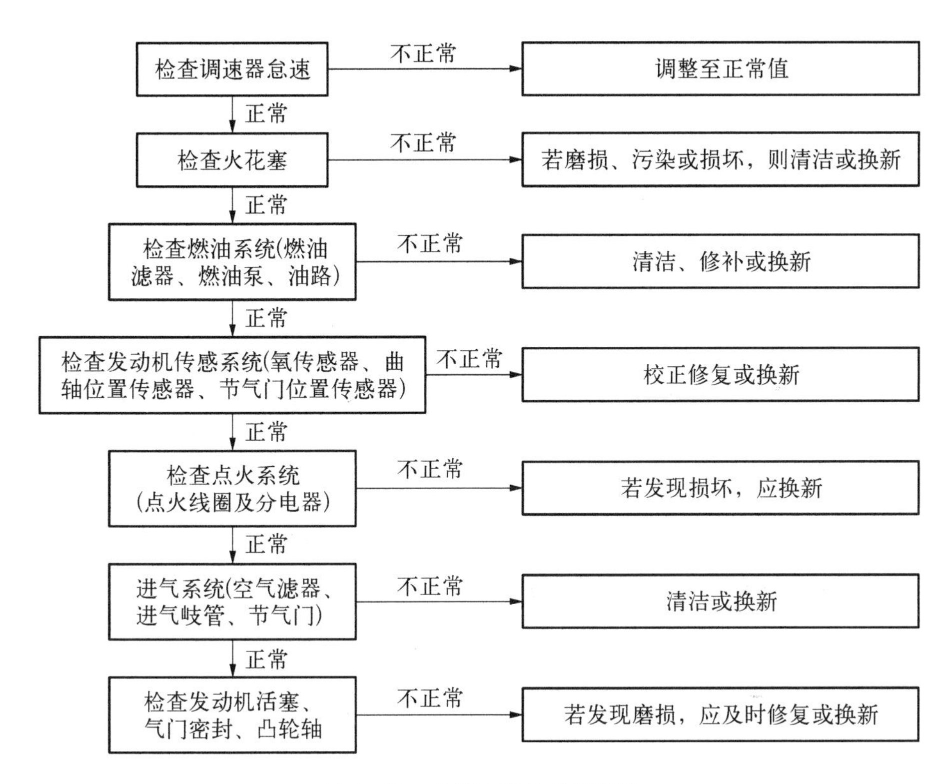

图 5－32 怠速不良的检修流程

(三）燃料供给系常见故障的检修方法

如表 5－6 所示为柴油机燃料供给系常见的故障现象、造成原因及处理方法。

表 5－6 柴油机燃料供给系常见的故障现象、造成原因及处理方法

故障现象	故障原因	处理方法
柴油机不能起动	油箱无油	加油
	油路中有空气	放气
	柴油滤清器堵塞或漏油	维修
	输油泵性能不良	维修或更换

（续表）

故障现象	故 障 原 因	处 理 方 法
柴油机不能起动	油管堵塞、破漏	清理或更换
	喷油泵性能不良	维修
	喷油器性能不良	维修或更换
柴油机工作粗暴	所用柴油十六烷值过低	更换柴油
	喷油时间过早	调整
	喷油压力过高	调整
	喷油器喷孔堵塞	更换喷油器
柴油机冒黑烟并伴有工作粗暴	喷油时间过迟	调整
	喷油压力过低	调整
	喷油器部分喷孔堵塞	更换
	喷油器调压弹簧折断	更换
	喷油器轴针卡住	更换
柴油机飞车	调整器弹簧弹力过强	调整
	供油拉杆卡住	清理并修复

第三节 游艇的存放与保养

一、游艇的存放

存放游艇时应注意如下规定。

(1) 船舶所有人必须在游艇的机舱、起居间内备有灭火器，灭火器须装在易取用的地方。灭火器的种类为手提便携式、泡沫或干粉化学试剂式，船舶所有人须每月检查灭火器一次，确保灭火器处于正常使用状态。

(2) 停泊在码头区的游艇上禁止存放易燃、易爆物品；游艇所有人（或委托具有专业技能的人员)应定期检查所属游艇装配的灭火器、救生设备、油电气管线、电气设备的状态及有效期,及时排除安全、故障隐患。

(3) 不准使用含磷或有毒有害的化学溶剂清洁艇身,以防污水污染海水,如确需使用清洁剂对游艇进行清洗的,须采用环保、清洁、对海水无污染的方式进行。

(4) 各游艇所有人必须在所属的游艇上设置有盖不渗漏的垃圾回收容器,艇上产生的固体残余物、废弃物不可排入海域,必须回收处理。

(5) 游艇生活垃圾(如浴室、卫生间、厨房产生的污水、食物残渣)禁止在近岸直径 5 n mile 范围内倾倒、投弃。确需要倾倒、投弃的,须在禁止倾倒、投弃的范围外以在航(航速不低于 10 n mile/h)形式进行。

(6) 游艇所有人所属游艇机舱内有污水含油量大于 10 mg/L 的积水,禁止向海域倾倒,须进行专门回收清理。

(7) 游艇机械、艇身外表(含船身水线以下部分)进行保养、维修时,游艇所有人应有足够的防污染器材、设备和措施方可进行,防止油类、油性混合物、有毒害物质和其他废弃物污染海域。

二、船体维护保养

维护保养船体时应遵守如下注意点。

(1) 避免接触尖锐、坚硬物体。玻璃钢船体与岸边石块、混凝土构筑物、金属构件摩擦碰撞时会产生擦痕等损伤,应采取防护措施,如在经常受摩擦的船首、靠码头部位及舷边等处设置防撞耐磨的金属及橡胶护舷材料,在甲板上铺设耐磨的橡胶、塑料软材等。

若发现损坏,应及时修补。应经常检查船体,如发现树脂剥落、划痕较深、露出纤维时,必须及时修补,否则由于水的渗入,会加速损坏。

(2) 不使用游艇时,特别在寒冬季节,要上岸放置。由于玻璃钢有一定吸水性,水能沿玻璃纤维与树脂界面的微小通道逐渐渗入内部而使玻璃钢强度逐渐下降,特别在冬季,渗入的水遇冷结冰,会使渗水通道扩展,危害更大,因此,游艇不使用时,应离水上岸搁置,使渗入的水挥发出来,可逐渐恢复玻璃钢的强度。游艇上岸后应先清洗,在衬垫上搁好摆正。最好放于室内,如放于室外,应用篷布遮盖,并经常通风,防止潮湿。

(3) 避免长期在烈日下暴晒。在船艇停泊处应设置凉棚,长期暴晒对玻璃钢不利,胶衣层色泽也会受到影响。

第六章　游艇基本安全知识和水上生存技能

第一节　游艇安全设备的种类和正确使用方法

一、遇险报警设备的正确使用

VHF 通信是水上移动无线电通信中的一个重要系统，用于近距离通信。其工作频率是 156～174 MHz，属于 VHF 频率。VHF 电台是全球海上遇险与安全系统(global maritime distress and safety system，GMDSS)中 A1 航区的主要通信设备，是完成现场通信的主要平台。现有 VHF 机共有 57 个频道，其中频道 16 专用于无线电话遇险安全通信与呼叫，频道 70 专用于 DSC 进行遇险安全呼叫并禁止话音通话。在中国沿海水域受中国移动或电信信号覆盖时，也可用手机拨打电话“12395”向中国海事求救。

VHF 电台使用方法如下：遇险者按下发射键，先呼叫。呼叫完毕应立即松开发射键，等待对方回答。一旦对方回答，呼叫方要耐心收听，不要随意打断对方讲话，造成听不清对方语意。回答对方询问时，要简明扼要，表达准确。

二、遇险报警的程序与方法

当游艇在海上航行遇险时，除了自救，很多时候也需要外力支援，此时及时发出正确的遇险信号就非常重要。

(一) 使用 VHF 电台或手机报警

使用 VHF 或手机报警时应注意以下几点。

(1) 请求救助者说话要镇静，话语要清晰，表达要完整，内容要准确，以免对方误解。

(2) 遇险求救要尽可能说清地点、方位或附近明显的标志物，以便救助者及时、准确赶赴遇险地，提高搜救效率和救助成功率。

(3) 遇险者要明确所遇的险情、受损情况、危险程度、人员伤亡情况，受伤的要说明伤势。

(二) 使用烟火信号报警

使用烟火信号报警时应注意以下几点。

(1) 严格按烟火信号操作说明书要求进行施放。

(2) 橙色烟雾信号适合白天施放，手持火光信号和拉环式降落伞火箭信号适合夜间施放。常用救生信号如图 6-1 所示。前往救助的船如收到遇险船的通知或其他已达遇险处的其他船(救助船)的通知，认为不再需要救助时，就可解除救助的义务。

(a)　(b)　(c)

图 6-1　常用救生信号

(a) 橙色烟雾信号；(b) 拉环式降落伞火箭信号；(c) 手持火光信号

三、救生设备的正确使用

(一) 救生衣

救生衣是游艇上最轻便的必备救生设备，可随身穿着，不影响救生行动。在弃船过程及在艇筏中穿着救生衣，可防止万一落水时被溺，也可保暖，防止身体热量散失。

救生衣的型式很多，有卡扣式、背带式和背心式等，如图 6-2 所示。常用救生衣以闭孔泡沫塑料为浮力材料，薄帆布为外包的衣料，制作简单，穿着方便，经久耐用，是最常用的救生衣。穿着时把救生衣套在脖子上，绑紧腰带，收紧领口带即可。游艇上常配备背心式救生衣，方便游艇操作人员操作、海钓作业等相关水上活动。

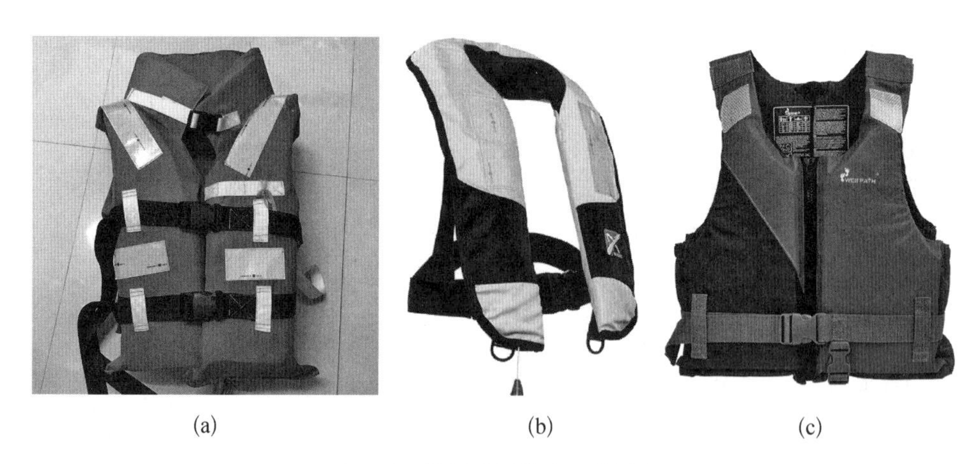

(a) (b) (c)

图 6－2 游艇常用救生衣的型式

(a) 卡扣救生衣；(b) 背带救生衣；(c) 背心救生衣

当救生衣以气胀式充气提供浮力时，采用双层橡胶布做气室夹层，整个救生衣有两个独立气室，即使有一个气室失去作用也能满足浮力的要求。气室内装有气胎，胸前两边有充气管，可用嘴吹气，有的也可用机械吹气。气胀式救生衣体积小，穿着后便于从事各种作业。

1. 穿着

救生衣可以两面穿着使用，穿着救生衣的人可转动身体至安全漂浮姿势，使身体后倾漂浮，脸露出水面，嘴高出水面至少 12 cm。游艇进行水上活动时，艇上所有人员都必须正确穿着救生衣，以确保安全。

救生衣具体穿法如下：穿着普通救生衣前，应先检查浮力袋、领门带、腰带等，不能有损坏。把救生衣从头套下穿在身上，浮力袋大的一面置于身体前面，把腰带分别从左右两头绕到身后，再绕到前面一周，在胸前用力收紧，打一缩帆结系牢。卡扣式救生衣调整好松紧后直接卡扣(目前船舶上普遍使用此类救生衣)。

2. 属具

(1) 哨笛。每件救生衣均应有一哨笛，并用细索系牢。

(2) 救生衣灯。救生衣上有救生衣灯，能发光 8 h。如系闪光灯，还配有手动型开关。

(3) 标志。救生衣为橙黄色，衣上有制造厂及主管机关检验合格标志、船名、船籍港并加汉语拼音。专用救生衣应有“儿童”“船员专用”等标志。

3. 保管

(1) 救生衣应存放在通风处，并经常晾晒(不可暴晒)。不能存放在潮湿、高温、有油垢等处。

(2) 救生衣不能任意取用或移作他用；不能当作枕头、坐垫；不能重压或捆扎过紧，这会引起变形而影响浮力。

(3) 浸过海水后，要用淡水洗净晾干。如帆布破损应立即修补。气胀式救生衣用后放光空气，用淡水洗净、晾干，抹上滑石粉。

(4) 救生衣应存放在容易到达的地方。

(二) 救生圈

救生圈是供抛投入水让落水人员攀扶的个人救生设备。

1) 结构

救生圈的结构如图 6－3 所示，其由闭孔泡沫塑料制成环状浮体，并缝包上帆布，涂上油漆，附有直径 10 mm 的把手索，方便落水者抓住。救生圈的外径不大于 800 mm，内径不小于 400 mm，质量不小于 2.5 kg。被火完全包围 2 s 后，不会燃烧和熔化。

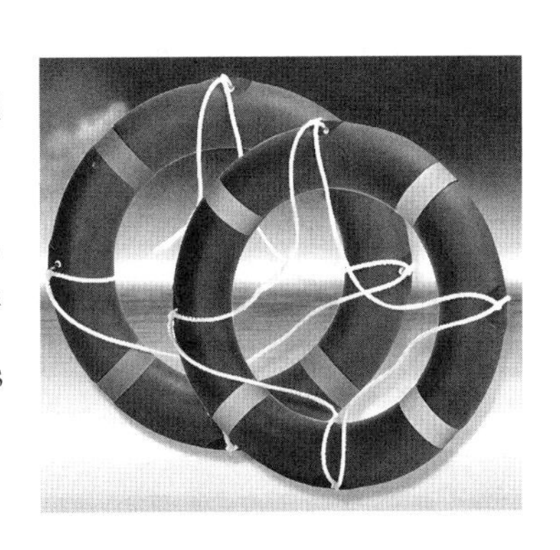

图 6－3　救生圈的结构

2) 浮力

救生圈能在淡水中支持不少于 14.5 kg 的铁块达 24 h 之久。

3) 强度

救生圈能从 30 m 高度投落下水而不致损坏。

4) 属具

救生圈配有自亮灯、自发烟雾信号和可浮救生索。其中，可浮救生索长 30 m以上，也不少于从存放处到最轻载航海水线以上高度，直径不小于 8 mm，一端系于甲板栏杆上，一端系于救生圈上。

5) 标志

救生圈上写有船名和船籍港。国际航行船舶还应加注汉语拼音。

6) 存放

(1) 救生圈应分放在船舶两舷容易拿到处，船尾至少应有一个。

(2) 救生圈应能迅速取下，不得永久性地绑牢。

7) 使用方法

使用救生圈时，不要对着落水者抛投，应稍向其上风或下流处抛下，落水者先抓住把手索，然后双手伸入圈内，压圈上翘，再将头伸进圈内，随即两臂搁在圈上。若就在船边，应尽可能使用带可浮救生索的救生圈。落水者抓住救生圈后，可以将其拉到登乘梯旁。

8) 保管

因为救生圈是露天存放，容易损坏，保管时应注意如下事项。

(1) 经常注意外表是否龟裂、把手索是否磨损或霉烂、浮力材料是否老化。

(2) 油漆脱落要重涂，标志不清要重描。

(3) 圈架要除锈、油漆，若有损坏，要及时修理。

(4) 经常检查自亮灯电池，若发现失效，要及时换断。筒身如有腐蚀、破裂、损坏，应换新。

四、游艇的防火与灭火

(一) 游艇消防基础知识

1. 燃烧的实质

燃烧是可燃物质与氧化剂作用发生的放热反应，通常伴有火焰发光和/或发烟的现象。人们通常所说的“起火”“着火”，就是燃烧的习惯叫法。

2. 可燃物质

凡能与氧化剂反应，同时发光、发热的物质都称为可燃物质。可燃物质有固体燃料、液体燃料和气体燃料三种。

1) 固体燃料

最常见的固体燃料是木头、纸和布。船上的此类固体燃料有索具、垫舱板、家具、胶合板、抹布和床垫等。

2) 液体燃料

船上最常见的液体燃料是燃油、润滑油、柴油、煤油、油漆及其他溶剂等。货物中也有易燃的液体。

液体燃料的燃烧特性如下。

(1) 挥发。易燃液体的成分在还没有达到沸点的情况下成为气体逸出液面，这个过程就是液体燃料的挥发。

(2) 燃烧。相同质量的液体燃料与固体相比，液体燃料产生的热量大约是固体燃料的 2.5 倍。

(3) 闪点。液体燃料的闪点是指可以让液体燃料释放出足够的蒸气，从而在它的表面形成一层可燃的混合气体的温度。该混合气体是空气与蒸气的混合气体，这种混合气体能够被点燃，但是不能够保持持续的燃烧。比闪点高的温度才能够保持持续的燃烧，这个温度称为液体的燃点。

3) 气体燃料

船上常见的易燃气体有乙烷、丙烷和丁烷等。气体燃料的燃烧特性如下。

(1) 燃烧。气体燃料已处于可燃的蒸气状态时，仅需与氧气适当混合，并有足够的热量，便可以燃烧。与易燃液体一样，气体通常产生看得见的火焰，而没有闷火。气体蒸发不需要辐射回输，但是为了使气体不断地被点燃，在燃烧的过程中仍然需要辐射与回输。

(2) 爆炸极限。易燃气体必须与空气以恰当的比例混合，才能形成可燃的混合气体。混合气体中的易燃气体能发生爆炸的含量的最低百分比称为爆炸下限，如果混合气体中的易燃气体少于此限则不能爆炸。混合气体中的易燃气体能发生爆炸的含量的最大百分比称为爆炸上限。

4) 助燃物质

与可燃物质相互结合能导致燃烧的物质称为助燃物质，如氧气、氯气等。一般来说，空气中的含氧量至少达 16%时才能够维持燃烧。但是，闷燃只需要 3%的氧气，所以如棉花等物质的燃烧仅需要很少的氧气就可闷燃，而且一旦获得氧气的补充容易复燃。

5) 着火源

在火灾发生初期提供燃烧赖以维持的热能源称为着火源。如明火、电气火花、摩擦撞击产生的火花、静电火花、雷击、辐射热、化学反应热等。在火灾发展过程中，可燃物质本身燃烧所释放出的热量也可以维持本身的火势，并促使火势继续向四周发展蔓延。

3. 燃烧三要素

燃烧必须具备三个条件(三要素)才能发生，这三个要素是指可燃物质、助燃物质和着火源。如果这三个要素不同时具备和相互作用时，燃烧就不会发生。因此结合船舶火灾的特点，对燃烧的三个条件进行深刻的认识和理解是非常重要的，是船舶防火的基础。

4. 燃烧的类型

物质的燃烧可分为闪燃、着火、自燃和爆炸四类。

1) 闪燃

闪燃是由于固态或液态物质因蒸发、升华或分解产生的可燃气体或蒸气与空气混合后，借助火焰时发生的瞬间燃烧过程。在闪点下，由于燃烧液体蒸发很慢，生成的蒸气量仅够维持一刹那的燃烧，来不及供应新的蒸气以维持稳定燃烧。闪燃往往是火警的先兆。闪点是衡量可燃物质火灾危险性的指标，可燃液体的闪点有如下特点。

(1) 两种可燃液体混合物的闪点不具有加和性，高闪点与低闪点的混合液，其闪点低于这两种液体的平均值。例如，把闪点为 40℃的煤油和闪点为－38℃的车用汽油 1∶1 混合，其闪点低于 1℃。

(2) 易燃、可燃液体的水溶液，其闪点会随含水比例的增大而升高。

2) 着火(点燃)

可燃物在空气中受着火源的作用而发生持续燃烧的现象称为着火。在规定的条件下，可燃物质开始持续燃烧所需的最低温度称为着火点(燃点)。燃点越低，越容易着火。灭火时，当使燃烧中的物质的温度降低到燃点以下时，火就能熄灭。石油产品的燃点比闪点高 1～3℃。

3) 自燃

可燃物受热升温，在没有明火作用的条件下，能自行着火的现象，称为自燃。

4) 爆炸

爆炸是指物质氧化还原反应的速度急剧增加，并在极短的时间内放出大量能量的一种破坏力很大的现象。

(二) 火的分类与灭火方法

1. 火的分类

要掌握不同物质燃烧的特征，比较有效的方法是对其进行分类，火灾的分类有许多不同的方法，现在国际海事组织采用欧洲共同体的火灾分类方法，将火灾分为 4 种。

(1) A 类火。常见的固体物质着火称为 A 类火。A 类火可用水和水溶液扑灭，其中最好的灭火剂是水，但要注意的是，用水灭火可能使货物产生损失和引起船舶稳性不足。

(2) B 类火。易燃的或可燃的液体、可溶的固体、润滑质和类似的物品着火称为B类火。这类火只限于表面燃烧,但有爆炸的危险。扑灭B类火首先应切断可燃物质的来源,再采用泡沫施救最为有效。

(3) C类火。可燃气体着火称为C类火,如液化石油气、天然气及各种可燃气体所引起的火灾。扑灭C类火宜采用的灭火剂是卤代烃和干粉。

(4) D类火。可燃金属引起的火灾称为D类火,如轻金属钠、铝、镁、钛及钾引起的火灾。要扑灭D类火,可以通过使用吸热的灭火剂,如金属干粉7150(一种特殊干粉)或砂土。

2. 灭火的基本方法

由于任何火灾都必须具备物质燃烧的三个条件,缺一不可,因此游艇的一切防火、灭火措施都是围绕破坏物质燃烧的三个条件进行的。根据这一原理,游艇灭火的基本方法如下。

1) 隔离法

针对可燃物,将在火场周围的可燃物与燃烧物分离开,控制火势的蔓延,并使燃烧因缺乏可燃物而停止。如将可燃物迅速转移到安全地点或投入海中,移走火源附近的可燃物、易燃、易爆物品,关闭使可燃气体或液体进入燃烧地点的开关等。

2) 窒息法

窒息法指用一种不燃的物质覆盖于燃烧物表面,使之与空气隔绝,或释放某种不燃气体冲淡空气中的含氧量,或关闭火场的通风筒、门窗,停止或减少氧气的供给,使燃烧因得不够的助燃物而熄灭。常用的覆盖物有石棉毯、黄沙、泡沫等。用于冲淡火场空气中含氧量的不燃气体有二氧化碳气体、卤代烃、水蒸气和氮气等。

3) 冷却法

冷却法指将灭火剂喷洒到燃烧物上,迅速降低其温度,当燃烧的温度降低到燃点以下时,火就会熄灭。通常用水洒在火场附近的建筑物或燃烧物上,使之降温,可以阻止火势的蔓延。

4) 抑制法(中断法)

抑制法指使用灭火剂渗入燃烧反应当中去,使助燃的游离基消失,或产生稳定的或活动性很低的游离基,使燃烧反应中止。

(三) 常用灭火器材

灭火剂最重要的特性是它的不燃性,它的功能是有效地将燃烧三要素的一个要素和其他两个要素分离。

1. 水

由于水蒸发时能从烟中移去热量，因而是一种良好的灭火剂。水的汽化热很高，故用水来灭火十分有效。当热量由高温物质转移给冷水时，物质的温度下降，从而使火熄灭。但水不是一种万能的灭火剂，有时因为用水而造成的破坏常常超过火灾造成的直接破坏。

扑灭火灾时应注意如下事项。

(1) 水不能用于扑救液体(油类)，水雾可以扑救液体类火灾。

(2) 水不能用于扑救电器类，特别是带电的电器火灾，可能造成操作水龙带的人触电死亡。

(3) 对于扑救游艇类火灾，要注意游艇的稳性，防止倾覆和沉浸。

2. 二氧化碳

二氧化碳(CO_2)是一种稳定的化合物，是本身不燃、不助燃、无色无臭的惰性气体。其以液态储存在高压的钢瓶中，如图6-4所示。其灭火机理为窒息和冷却。

图6-4 手提式二氧化碳灭火器

二氧化碳灭火器的适用对象为可燃气体、带电设备、贵重资料的初起火灾和封闭舱室类火灾。

二氧化碳灭火器的使用方法：使用时应首先将灭火器提到起火地点，放下灭火器，拉出保险销，一只手握住喇叭筒根部绝缘的手柄，另一只手紧握启闭阀的压把。对没有喷射软管的二氧化碳灭火器，应把喇叭筒往上扳70°～90°，使用时不能直接用手抓住喇叭筒外壁或金属连接管，以防冻伤手，如图6-5所示。

使用二氧化碳灭火器扑灭火灾的注意事项如下。

(1) 使用二氧化碳灭火器前告知所有人员撤离，关闭通风与门窗。

(2) 对可燃气体的火灾，灭火效果较差。

(3) 不能扑救金属火灾。

(4) 由于二氧化碳施放时易出现低温(可低至－78.5℃)，故应防止手眼冻伤。

(5) 防止复燃，最好扑救后再用水灭火。

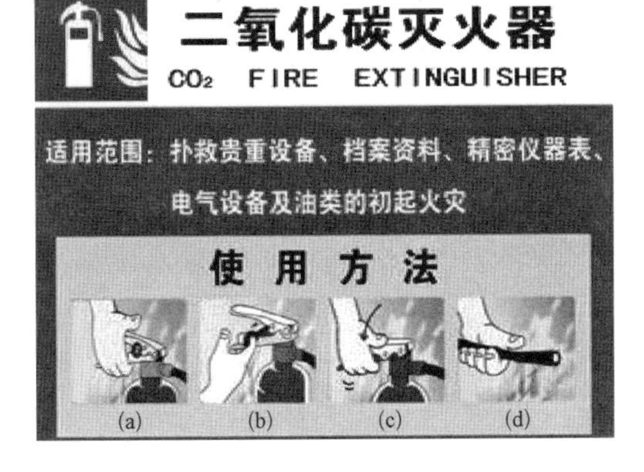

图 6-5 手提式二氧化碳灭火器使用方法

(a) 提起灭火器；(b) 拔下保险销；(c) 用力压下手柄；(d) 对准火源根部扫射

(6) 室外使用效果不好，使用时要选择上风向喷射。

3. 泡沫

灭火用泡沫是将泡沫液与水混合，通过化学反应或机械方法产生泡沫的。泡沫能在燃烧物表面形成覆盖层，使之与空气隔绝，起到窒息和防止辐射热的作用。手提式泡沫灭火器外形如图 6-6 所示。泡沫灭火器的适用对象为各类可燃液体(特别是油类)，木材、纤维、橡胶等固体可燃火灾。

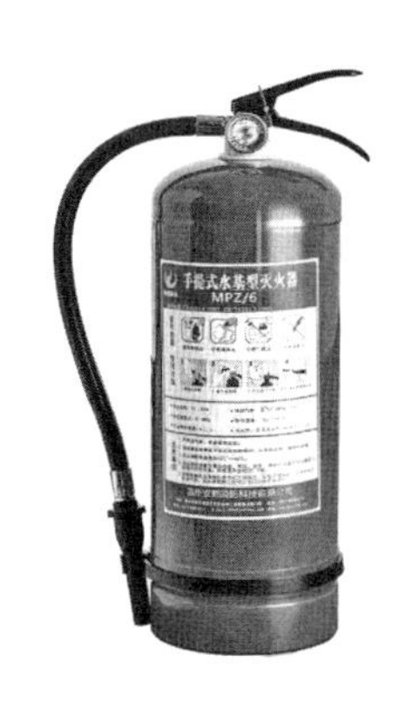

图 6-6 手提式泡沫灭火器

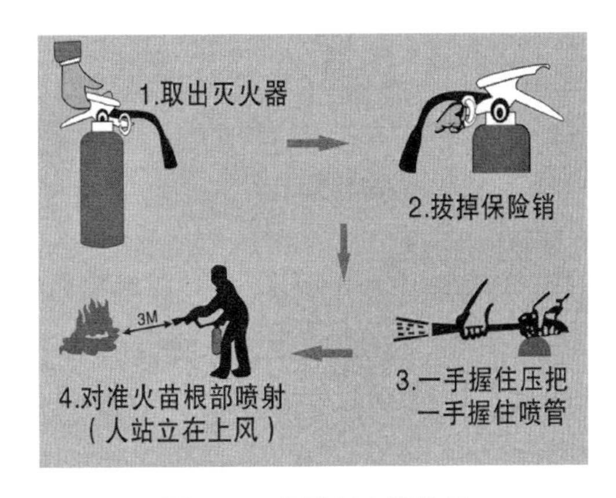

图 6-7 泡沫灭火器使用

泡沫灭火器的使用方法：将灭火器提到距火源适当的距离后，先上下颠倒几次，使筒内的泡沫充分混合，拔去保险销，然后将喷嘴对准燃烧的舱壁处，压下压把，喷出灭火剂，喷射时一次性释放完，如图 6-7 所示。

使用泡沫灭火器扑灭火灾的注意事项如下。

(1) 用手握住喷射软管,防止泡沫乱射。

(2) 不要与水同时喷射,以免影响灭火效果。

(3) 扑灭电器类火时必须切断电源。

(4) 灭火时,人员要站在上风。

4. 干粉

干粉火灭火剂是一种固体粉末,装在机筒内,使用时用压缩的二氧化碳或氮气这类不燃气体推动喷射,对燃烧起抑制作用,如图 6-8 所示。

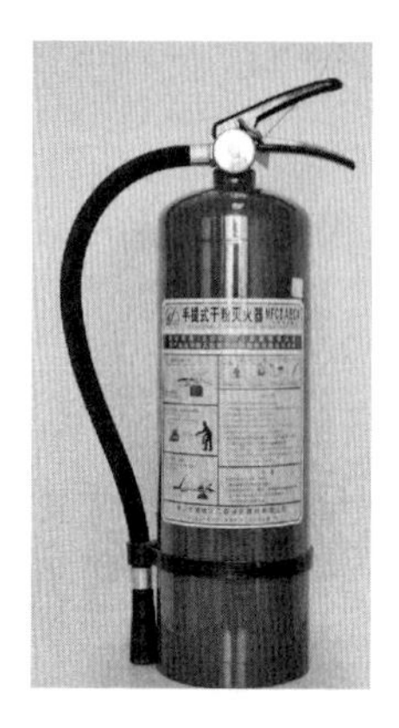

图 6-8 手提式干粉灭火器

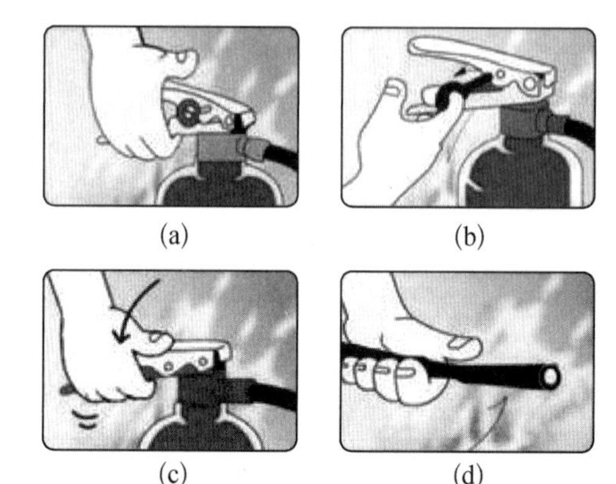

图 6-9 手提式干粉灭火器使用方法

(a) 提起灭火器;(b) 拔下保险销;(c) 用力压下手柄;(d) 对准火源根部扫射

干粉灭火器的适用对象为各类可燃液体(特别是油类)、可燃气体以及电器设备类火灾。

干粉灭火器的使用方法:将灭火器提到距火源适当的距离后,先上下颠倒几次,使筒内的干粉松动,拔去保险销,然后将喷嘴对准燃烧最猛烈处,压下压把,喷出灭火剂,喷射时根据情况进行点射或摆动推进扫射,直至火被扑灭,如图 6-9 所示。

使用干粉灭火器扑灭火灾的注意事项如下。

(1) 用手握住喷射软管,防止干粉乱射。

(2) 不要与水同时喷射,以免影响灭火效果。

(3) 灭火时,人员要站在上风。

第二节　人员急救常识

一、水上人员急救常识

(一) 急救步骤

急救的原则是及时、准确、有效。一般的急救步骤有以下四点。

1. 首先除去或避开危害生命的因素

如为电击伤者，应立即切断电源；发生火灾时应迅速脱离火灾现场；发现溺水时应立即将溺水者从水中救起。

2. 就地进行心肺复苏

伤病人员如呼吸心跳停止，应迅速进行心肺复苏，即进行人工呼吸或胸外心脏按压。在不间断救治的同时，可向医护人员呼救。呼吸心跳复苏后，方可搬动或转送医院。

3. 根据实际情况进行适当处理

如有出血者，可采用止血法止血。对受伤部位进行简单的处理，需要进行固定的，可就地取材进行固定或包扎。对伤情较重或神志不清的患者，要注意保持呼吸道畅通，如解开衣扣，检查口腔有无异物、舌头有无后坠、呼吸道有无畅通等。另外还要注意对伤员的身体进行保暖。

4. 医院治疗

在进行上述处理后，如条件允许，应及时联系医疗单位前来接应，或在严密监视下转送有关医疗单位继续救治，并要详细交代病情和处理经过。

(二) 现场急救处理

游艇在水上活动或登岛礁时，人员不慎失足落水、碰撞、跌落等身体伤害事故常有发生。为了迅速、有效地挽救人员生命，减少伤者痛苦，作为游艇操作人员，应熟练掌握急救知识和技能。

急救现场处理的主要任务是抢救生命、减少伤员痛苦、减少和预防加重伤情和并发症，正确而迅速地把伤病员转送到医院。

1. 镇定有序的指挥

一旦发生人员伤害情况，不要惊慌失措，如现场人员较多，要一面马上分派人员迅速呼叫医护人员，一面对伤病员进行必要的处理。

2. 迅速排除致命和致伤因素

如搬开压在身上的重物，撤离中毒现场；如果是触电伤害，应立即切断电源；清除伤病员口鼻内泥沙、呕吐物、血块或其他异物，保持呼吸道畅通等。

3. 检查伤病员生命特征

检查伤病员呼吸、心跳、脉搏情况，如呼吸心跳停止，应就地立即进行心脏按压和人工呼吸。

4. 止血

有创伤出血者，应迅速包扎止血，就地取材，可用加压包、上止血带或指压止血等，同时尽快送医院。

5. 脏器受伤

如有腹腔脏器脱出或颅脑组织膨出，可用干净毛巾、软布料等加以保护。

6. 骨折

有骨折伤员时，应用木板等临时固定。

7. 神志昏迷者

在明确病因前，注意心跳、呼吸、两侧瞳孔大小。有舌头后坠者，应将舌头拉出，防止窒息。

8. 迅速而正确的转运

按不同的伤情(轻重缓急)选择适当工具进行转运，运送途中随时注意伤病员变化。

(三) 生命征象

1. 神志

伤病员若对问话、拍打、推动等外界刺激无反应，表示伤病员已意识不清或丧失，病情危重。

2. 呼吸

正常人每分钟呼吸 16～18 次，垂危时，呼吸加快、变浅、不规则；临死时，呼吸变慢、不规则，甚至停止。

3. 血液循环

男性正常每分钟心跳 60～80 次，女性 70～90 次，若受严重创伤(如大出血)，心跳快而弱，脉搏细而迅速，死亡则心跳停止。

4. 瞳孔

正常人两眼瞳孔等大等圆，遇光则迅速缩小。危重病员两眼瞳孔不等大等圆，或缩小或扩大或偏斜，对光刺激无反应。呼吸停止、心跳停止、双侧瞳孔固定散大是死亡的三大特征。出现尸斑则为不可逆的死亡。

(四) 常见伤害事故与救助方法

1. 溺水

溺水时，大量的水经口鼻进入呼吸道，造成呼吸道阻塞，或喉头受吸入的液体刺激产生痉挛，导致溺水人员急性缺氧性窒息，最后呼吸心跳停止。整个溺水的进展很快，溺水人员在 4～7 min 后即有可能溺死，所以抢救工作必须及时。溺水急救步骤与方法如下。

1) 判定病情

溺水者被救上岸后，应立即检查。检查方法及顺序按心肺复苏术进行，主要检查以下几方面。

(1) 神志是否清醒。

(2) 有无呼吸。

(3) 有无心搏。

2) 对有神志、呼吸、心搏存在者的处理

(1) 保暖。除了非常炎热的天气以外，为了防止身体散热、体温下降，可用毛毯、被褥包裹身体。即使衣服打湿也不必脱掉。如游艇上无以上保暖物品，可让健康人紧贴溺者，使其得以保暖。

(2) 单膝倒水法：救护者单腿跪地，另一腿自然屈曲，将溺水者横置于救护者的大腿上，以腹部为高点，头胸向下，令助手以每分钟 20 次的节律按压溺水者腰部，压出呼吸道与胃肠道中的水。对于儿童，也可以采用肩部倒水法，将溺水儿童置于救助者肩部，救助者边跑步倒出呼吸道水，边转移到硬平地，为下一步心肺复苏做准备。

(3) 有条件可给予吸氧，把接氧气的胶管插入鼻孔即可。

(4) 鼓励病员做深呼吸动作或咳嗽。

3) 对神志不清、心搏存在、呼吸停止的溺水者的处理

(1) 开放气道立即清除口、鼻腔内的异物，有假牙应取出，按心肺复苏术的方法使头后仰，松开内衣衣扣和腰带。如自主呼吸仍未恢复，速做口对口吹气。

(2) 救助者深吸一口气，张开口贴紧溺水者的口，把其口全部包住。

(3) 首先用力向溺水者口中吹气，直至其胸部上抬。吹气频率为每分钟 16～20 次，并经常观察溺水者是否恢复自主呼吸。

4）对心搏、呼吸均停止的溺水者的处理

(1) 使溺水者仰卧于硬板上或地上。如无硬板，应在背部垫一块合适的木料。

(2) 迅速进行心肺复苏，首先开放气道，连续、快速、用力给溺水者吹气，使其胸部上抬，接着进行胸外心脏按压。

(3) 密切观察病情变化，要注意观察瞳孔、面色、颈动脉有无搏动等变化。如有变化，说明心肺复苏有作用。当心脏恢复自主搏动时，可以停止心肺复苏操作。

(4) 迅速送医院。因溺水者可能还有电解质紊乱肺水肿、脑水肿等情况，须请医师处理。

5）复苏后处理

虽经心肺复苏术处理，心搏、呼吸已经恢复，但若处理不当，仍有死亡的危险，务须注意以下几点。

(1) 继续保暖。

(2) 神志不清者，应多翻身，头偏向一侧。

(3) 须密切观察病情变化。

(4) 神志不清者，禁止给予口服饮料。

(5) 禁用酒精饮料，含酒精药品也不宜服用。

(6) 意识恢复者，宜给温甜的饮料。但须注意，一次进食量不宜太多，否则会引起呕吐。

(7) 尽早送医院进一步治疗。

2. 冻伤与冻僵

人体因寒冷所致局部组织损伤，称为冻伤。体温散失而致过度下降，全身新陈代谢降低，关节肌肉发硬等一系列变化称为冻僵。当遇到寒冷的气温，如防寒保暖工作做得不够，就可能冻伤，尤其在落水后更易发生。

1）症状

刚受冻时，精神兴奋，心跳、呼吸加快，打寒战，血管收缩，血压升高，皮肤苍白、冰冷，外观呈青色，局部坚硬如木，自觉有刺痛。这时身体产热增加，以保持正常体温。当继续受冻，体温降至35℃时，各种生理功能受抑制，心跳呼吸减慢，反射迟钝，关节肌肉发硬，行动困难，嗜睡；体温下降至30℃时，病员逐渐昏迷，中枢缺氧，心跳呼吸停止。

2）治疗

（1）迅速将病员搬运至温暖、避风的环境，如有盖的舱内或布篷内。脱去或剪掉湿冷的衣袜，裹在被褥中保暖。胸部可用湿热毛巾（热度要适当，不可过热）湿敷，一般有可能恢复。

（2）轻度受冻者，一般能自行复温。如肛温在 30℃以下，则已丧失自动复温能力，应考虑做全身性温水浴。可将病员浸于温水中，头部外露，逐渐加热水升温至 38～40℃，并保持此温度 10～20 min。在病员开始打寒战、知觉恢复或肢体温暖后，即移出擦干，裹被子保暖。绝对禁止用火烤复温。如游艇上无上述条件，可用健康者体温给冻僵者复温。

（3）对皮肤冻伤破裂者，用消毒液清洗后，涂上消炎软膏，再以消毒敷料包扎，并给予抗生素，预防感染；对皮肤完好者，涂上冻疮膏，以敷料包扎。

（4）对重症病员，应设法送医院治疗。

3. 中暑

中暑是在高温影响下，体温调节功能紊乱。在游艇、岛礁上，因受长时间烈日暴晒，气温超过 34℃时易于引起人员中暑。一般引起中暑有四个条件：气温在 34℃以上、作业温度 32℃以上、作业环境通风不良、作业环境潮湿。

中暑症状按病情轻重可分为先兆中暑、轻症中暑和重症中暑三种。

（1）先兆中暑。在高温环境下一定时间后，病员感到全身疲乏、四肢无力、头昏、胸闷、心悸、口渴、大汗、体温正常或略高（37.5℃）。如及时转移至风凉、通风处，可很快恢复正常。

（2）轻症中暑。凡有先兆中暑的各项症状，同时体温在 37.5℃以上，伴有面色潮红、皮肤灼热等现象，或有呼吸及循环衰竭的早期症状，如大量出汗、恶心、呕吐、血压下降及脉搏增快。休息 3～4 h 后往往可恢复正常。

（3）重症中暑。除上述表现外，重症中暑还伴有昏厥、昏迷、痉挛或高热。重症中暑可分为四种类型，但通常混合出现：① 中暑衰竭。该类型起病较急，病员先感眩晕，随后头痛，乃至突然昏倒，或伴有脸色苍白，皮肤冷汗，脉弱或血压偏低。② 中暑痉挛。该类型病员多系健康青壮年，多发生在强体力劳动大量出汗后，出现短暂、间歇的四肢骨骼肌的痛性痉挛，并伴有明显失水，体温正常或有低热。症状严重者，躯干肌群也有抽搐现象。这种类型在救生艇、筏上较为常见。③ 日射病。该类型多出现于夏季烈日当头，辐射头部，因脑组织充血引起各种症状。病症呈现剧烈头痛晕、眼花、耳鸣、恶心、呕吐及烦躁不安，严重时可有昏迷及惊厥。体温正常或稍高，但头温可达 39℃左右。④ 中暑高热。该类型常发生在持续几天高温后，多见于老年及患有慢性疾病的病员。先驱症状不多，可表现为全身软弱、头晕、恶心，甚至昏厥。1～2 天后发生中暑高热，表现为高热，颜面灼热潮红，皮肤干燥无汗，呼吸较弱，脉速可达 140 次/分，肛温可超过 41℃。心、肾功能不全者，可能死亡。

二、心肺复苏技术

(一) 人工呼吸

人工呼吸是急救中最常用而简便的急救方法，它是在呼吸停止的情况下利用人工方法使肺脏进行呼吸，让机体能继续得到氧气和呼出二氧化碳，以维持重要器官的机能。呼吸停止后，随时会发生心跳停止，如发生心跳停止，应与人工胸外心脏按压结合施救。

1. 简易人工呼吸操作步骤

1) 开放气道

开放气道是人工吹气前至关重要的一步，其目的是维持呼吸道畅通，保障气体自由出入。

图 6 - 10　仰头举颏法

开放气道的操作步骤如下。

(1) 使伤病员平卧于硬板或平地上，解开伤病员衣领、腰带、内衣等。

(2) 迅速清除伤病员口鼻内的污泥、杂草、土块、痰、鼻涕、呕吐物，使呼吸道畅通。

(3) 用仰头举颏法(适用于颈椎未骨折时)打开气道，成人头部后仰的程度为下颌角与耳垂连线垂直于地面(见图 6 - 10)。

(4) 用一听(侧头用耳听伤病员口鼻的呼吸声)、二看(用眼看胸部或上腹部随呼吸而上下起伏的幅度)、三感觉(用面颊感觉呼吸气流)的方法判断有无呼吸。

如伤病员呼吸停止，即可开始人工呼吸。在操作人工呼吸时，每一次吹气都要使伤病员的肺充分膨胀。

2) 口对口吹气

(1) 保持气道开放，救护人员用放在伤病员前额的拇指和食指捏紧伤病员的鼻翼，以防气体从鼻孔逸出。

(2) 如图 6-11 所示，救护人员吸一口气，用双唇包严伤病员口唇四周，再缓慢持续将气体吹入，吹气时间持续 1 s，同时观察伤病员胸部隆起幅度。

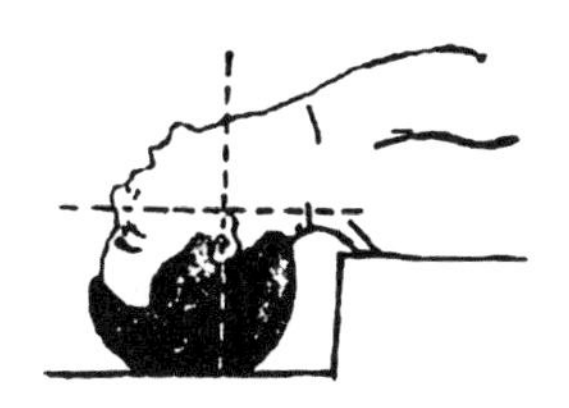
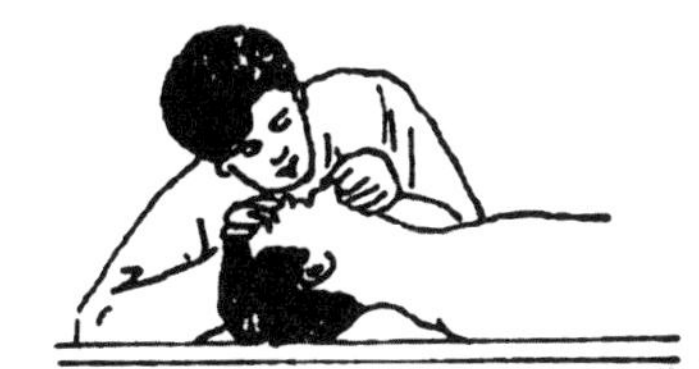

图 6-11 人工呼吸

(3) 吹气完毕，救护员松开捏鼻翼的手，侧头吸入新鲜空气并观察胸部有无下降，听、感觉伤病员呼吸情况，准备进行下次吹气。

(4) 连续进行两次吹气，确认气道畅通，再进行有效的人工呼吸。

(5) 成人每 5～6 s 吹气一次，每分钟 10～12 次(儿童每分钟 12～20 次)，每次吹气均要保证有足够的气体进入伤病员口中，并使伤病员胸部隆起，每次吹气时间 1 s。

2. 注意事项

(1) 人工呼吸一定要在气道开放的情况下进行。

(2) 向伤病员吹气时不能太急太多，仅需胸廓有隆起即可，吹气量不能过大，以免引起胃扩张。

(3) 吹气时间为每次 1 s。

(二) 胸外心脏按压

1. 原理

在对胸部按压时，心脏被挤压，并推动血液向前流动。而当胸部按压解除时，心室恢复舒张状态，产生吸引作用，使血液回流，充盈心脏。

2. 操作

进行胸外心脏按压的前提是伤病没有心跳。判断心跳(脉搏)时，应选择颈动脉测定脉搏有无搏动，在 5～10 s 内判断伤病员有无心跳，如图 6-12 所示，步骤如下：用一手食指和中指置于颈前正中部，手指从颈前正中滑向软骨和胸锁乳突肌之间的凹陷处，稍用力度

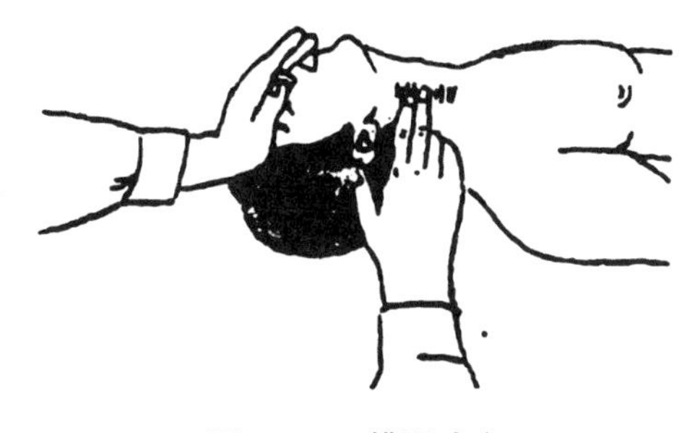

图 6-12 摸颈动脉

摸到颈动脉的搏动。

判断伤病员无意识、无颈动脉搏动时，应立即开始胸外心脏按压，将伤病员置于心肺复苏体位，步骤如下。

(1) 着力点在伤病员两乳连线与胸骨柄交界点$\left(\text{即胸骨中下}\frac{1}{3}\right)$处。

(2) 一手的中指置于伤病员一侧肋弓下缘。

(3) 中指沿肋弓向内上滑行到双侧肋弓的汇合点，中指定位于此处，食指紧贴中指并拢。

(4) 另一只手的掌根部贴于第一只手的食指并平放，使掌根部的横轴与胸骨的长轴重合。

(5) 定位之手放在另一只手的手背上，双手掌根重叠，十指紧扣，掌心翘起，手指离开胸壁。

(6) 救护员的上半身向前倾，腕、肘、肩关节伸直，垂直向下用力，借助上半身的体重和肩臂部肌肉的力量进行按压，如图 6－13 所示。

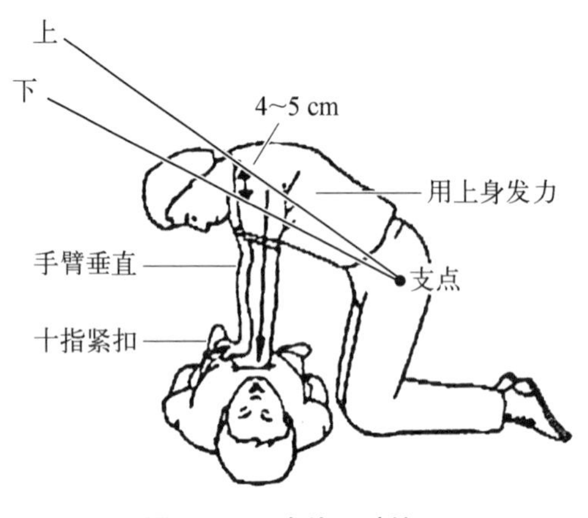

图 6－13 胸外心脏按压

(7) 按压深度为 4～5 cm。放松后，掌根不要离开胸壁。

(8) 按压频率为每分钟 100 次，按压次数与吹气次数之比为 30∶2。

3. 注意事项

(1) 确定伤病员无意识、无咳嗽、无运动、无脉搏，开始胸外心脏按压。

(2) 将伤病员仰卧在硬板上或地上。

(3) 按压用力要均匀，不可过猛，按压和放松所需时间相等。

(4) 每次按压后必须完全解除压力，使胸壁回到正常位置。

(5) 按压要有节奏性，频率不可忽快忽慢，保持准确的按压位置。

(6) 按压时，观察伤病员反应及面色的改变。

胸外心脏按压有单人按压法(见图 6-14)，也有双人按压法(即一人进行人工吹气，另一人进行胸外按压，如图 6-15 所示)。按压频率为 100 次/min，按压次数与吹气次数之比为 30∶2。双人按压时，必须相互协调合作，配合默契，当按压者第 30 次按压抬起时，吹气者吹两口气，如此反复进行，两人也可交替操作，但中断时间不可超过 5 s。两人抢救的效果比一人抢救的好。

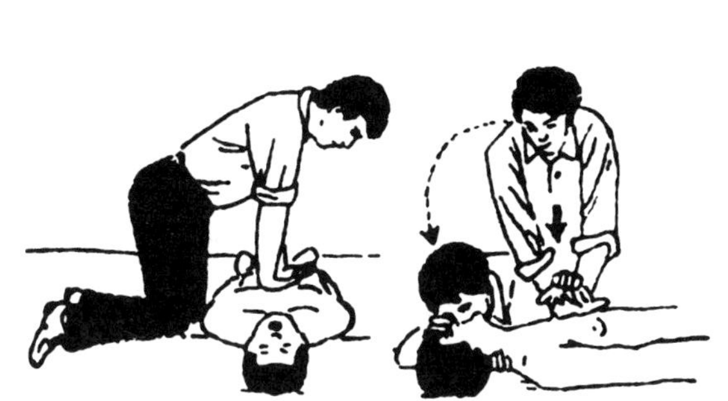

图 6-14　单人按压法

图 6-15　双人按压法

三、水上生存技能

在低温水中，穿救生衣的落水人员，溺水的危险性将大大减小，但因过冷而死的危险性仍很大。在不同水温中，人的生存时间如表 6-1 所示。

表 6-1　人在不同温度的水中生存时间

水温/℃	预计生存时间
≤2	$\leqslant\frac{3}{4}$ h
2～4	≤1 h
4～10	≤3 h
10～15	≤6 h
15～20	≤12 h
＞20	不定(视疲劳程度而定)

图 6-16 HELP 姿势

为了延长生存时间，除多穿衣服外，还应将救生衣扎紧，尽量不游动。可以采取减少热量散失的姿势，称为HELP(heat escape lessening posture)姿势，即两腿弯曲并拢，两肘夹紧身旁，两臂交叉抱在救生衣前面，如图6-16所示，这样可以最大限度地减少身体在冷水中的暴露面积，还可使头部尽量露出水面。

当人员不慎落入水中或未登上救生船舶，又未被发现时，应在水中漂浮待援。

(1) 如未穿救生衣，应尽快捞取沉船中漂起的漂浮物作为救生工具。如无法捞取，也可以向长裤里吹气，置于颈下，作为临时浮具。

(2) 采用仰泳姿势，保持体力。头要顶浪，并用口吸气，以免呛水。在海水中以仰泳姿势往往能坚持好几个小时，因此应该保持信心，尽量坚持，等待救援。

(3) 有过往船舶和艇、筏接近时，应该举手摇摆，以引起注意。大声呼叫只有距离近时才有作用。对于航行中的船舶，由于船内机器噪声干扰，1 km 以外的呼叫声被听见的可能性不大。

第七章　驶帆技术

第一节　帆船基本知识

一、帆船的历史沿革

帆船(sailing)是依靠自然风力作用于帆上而推动帆船前进的。在机器推进动力发明之前，实现水上交通运输的首要工具就是帆船(见图 7-1)。从 15 世纪初期起，我国著名航海家郑和曾先后七次率领庞大的帆船船队出海，足迹遍布亚洲和非洲的三十多个国家。作为娱乐活动的帆船运动则起源于 17 世纪的荷兰。1660 年，荷兰的阿姆斯特丹市市长将一条名为“玛丽”的帆船送给英国国王查理二世，1662 年，查理二世举办了英国与荷兰之间的帆船比赛。1720 年，爱尔兰成立了皇家科克帆船俱乐部。1851 年，英国举行了环怀特岛国际帆船赛。19 世纪，英、美等国纷纷成立帆船俱乐部，并于 1870 年举行横渡大西洋的美洲杯帆船赛。1896 年，帆船比赛首次作为奥运会比赛项目，但因天气原因未举行，从 1900 年第二届奥运会开始帆船比赛被列为正式比赛项目，国际帆船联盟(International Sailing Federation，ISAF)于 1907 年在巴黎成立。

图 7-1　帆　船

随着人类科学技术与工业的发展及社会经济生活的进步，帆船经历了机、帆并用阶段(见图 7-2)，并最终从单纯作为水上交通运输工具的历史舞台退出，完全演变成集航海、运动、娱乐休闲等功能于一体的水上运动重要项目之一。

图 7-2 机、帆并用帆船

从事帆船运动不仅可以在风云变幻、潮水涨落的各种气候条件下，学会并掌握驶帆的多种技术，对增进了解航海知识和提高驶帆技能具有一定的实际意义，同时也可以达到增强体质，培养与风浪搏斗的顽强精神的目的。此外，作为游艇大家族的成员之一，其在满足个人及家庭享受生活需要的同时，也是一种地位、身份的象征，也代表着一个国家或地区的富裕程度。

我国自实施改革开放政策以来，国民经济得到了蓬勃发展，人们的生活水平发生了翻天覆地的变化。在这种大背景下，帆船运动也得到了迅猛发展。

二、帆船种类

帆船的分类方法主要有以下几种。

按结构特征可将其分为三大类。

第一类是龙骨帆艇，这类帆艇的艇长一般为 6.50～22.00 m，为提高帆艇在驶帆时的稳定性能，减少船体的横移，通常在帆船船体的中部设有一突出的铁舵或铅舵，如图 7-3 所示。龙骨帆艇的特点是艇身长、稳定性能好、帆力强，并只能在深水中驶帆。小的龙骨帆艇 2～3 人即可操纵，大的龙骨帆艇需由 15 人甚至更多的人员来操纵。奥运会项目中的暴风雨型、索林型等帆船均属此类。

图 7-3 龙骨帆艇

第二类是稳向板帆艇，即在帆船船体中部设一用以安放稳向板的槽，该稳向板可根据驶帆需要在槽内上下移动，如图 7-4 所示。稳向板帆艇艇长一般为 2～6 m。这类帆艇的特点是船体轻、设备简单、易于制造、操纵比较灵活，并可在浅水中驶帆。稳向板帆艇通常只需 1～2 人就可操纵。奥运会项目中的单人型、荷兰人型、470 型、星型、托纳多型等均属此类，是世界最普及的帆船。

第三类是双体帆艇(见图 7-5)。

图 7－4 稳向板帆艇

图 7－5 双体帆艇

按品质分，有高档豪华型、家庭豪华型、中档普通型及廉价型等几种。

按有无动力分，有无辅助动力帆艇和有辅助动力帆艇两种。

按材质分，有木质帆艇、玻璃钢帆艇、凯芙拉纤维强复合材料帆艇、铝质帆艇及钢质帆艇等。目前，玻璃钢和凯芙拉纤维增强复合材料使用较普遍。

按所具有的桅柱数量分，有单桅帆艇、双桅帆艇、三桅帆艇及四桅帆艇等，其中以单桅与双桅帆艇最为普遍。

尽管帆船可按不同的方法来分类，但对某一具体的帆船来说，它可能同时具备上述分类中的几种特征。

三、驶帆用设备、索具

不同种类的帆船为驶帆所配备的设备和索具虽有所不同，但仍有共性，如图 7－6 所示为帆船常用的驶帆设备、索具。

桅(mast)是驶帆用主要设备之一，用以升降及伸展帆。桅杆大都用金属或硬质圆木制成，单桅帆船的桅杆通常位于艇中偏首位置。较大的帆船一般用双桅，两根桅杆一前一后，其中位于艇中附近且较高的一根桅称为主桅，另一根桅称为前桅或后桅。

桅的各部名称及用途如下。

(1) 桅顶(mast top)：桅顶部呈半圆形的木盖，用以保护和装饰桅的上梢。

(2) 桅根(mast root)：桅下部的方形部分。

(3) 桅基(mast base)：桅根下端的长方形凸出部分，用于插入龙骨上的桅座。

(4) 桅箍(mast hoop)：固定在桅上端的铁箍，上有若干个固定眼环，用来连接桅支索。

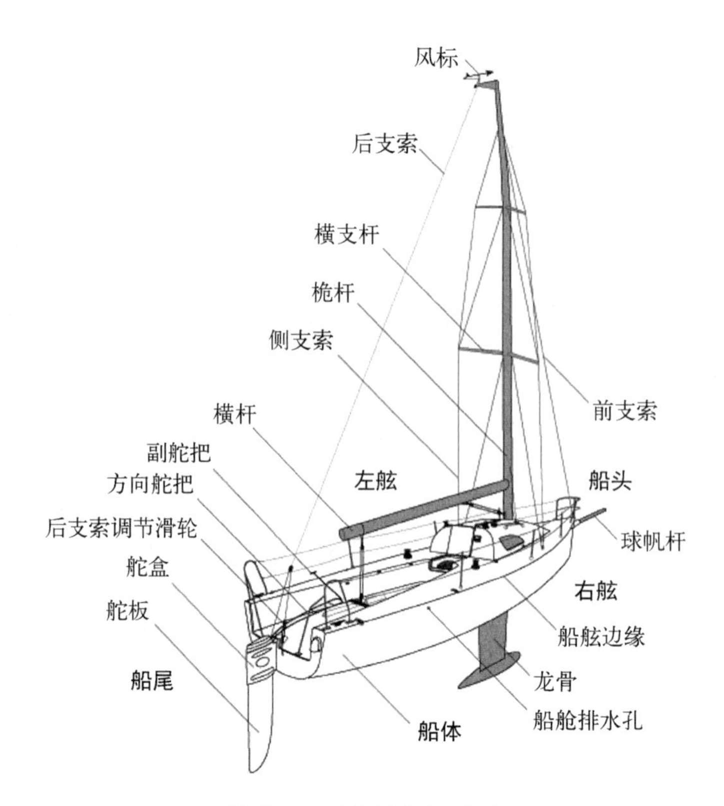

图 7-6 驶帆用设备、索具

帆(sail)用来受风以推艇前进，为帆船的主要装置。现代艇帆基本都由既能保证强度又轻便灵活的尼龙布制成。按其形状的不同，可分为三角帆(软帆)、大三角帆(软帆)及纵形帆(半软帆)等，目前，三角帆(triangular sail)应用最为广泛；按其结构的不同，又可分为软帆、半软帆(仅有上帆杆或下帆杆，或同时具有上、下帆杆)和硬帆(同时具有上、下帆杆和帆肋或仅有下帆杆和帆肋)三种。

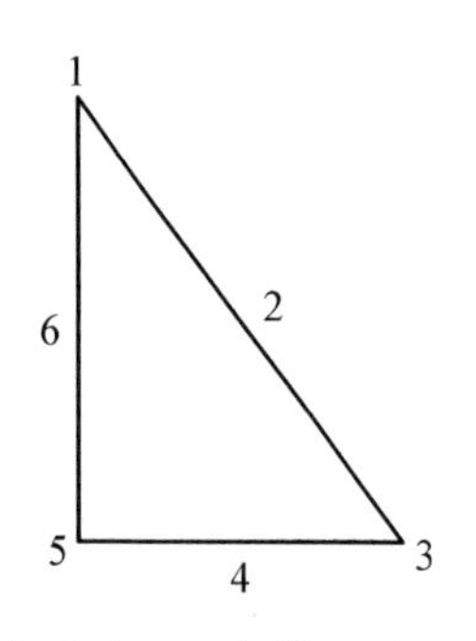

1—帆顶(头)；2—帆梢；3—帆下梢；4—帆脚；5—帆下根；6—帆根。

图 7-7 帆各部位的名称

无论是单桅艇或是双桅艇，皆至少有两张帆。对单桅帆船而言，系在桅杆上的帆即为主帆；而对双桅帆船而言，可以认为帆根(帆前缘)系在主桅上的帆均为主帆，其余的为前帆或后帆。帆的各部位名称及用途如图 7-7 所示(以三角帆为例)。

(1) 帆根：帆的前缘。

(2) 帆梢：帆的后缘。

(3) 帆顶：三角帆的顶端。

(4) 帆脚：帆的下边缘。

(5) 帆下根：帆根和帆脚所成的一角。

(6) 帆下梢：帆梢和帆脚所成的一角。

(7) 帆肋：帆面上的横向撑材，用以增强帆的强度。

(8) 拦帆索：用于驶帆时控制帆的状态。

(9) 帆肋扣板：其作用是在固定帆根的同时扣住帆肋，并能沿桅上专设的滑轨上下滑动，达到增强帆的强度和便于升降帆的目的。

(10) 桅支索：用于增强桅的强度。其中，左右舷支索为静索；尾支索可通过其下端的滑车组调整；首支索根据不同的帆船有不同的情况，有的专作支索用，有的同时又充当首斜桁用于升挂首三角帆，且在其下部安装有卷帆器。

(11) 升帆索：又称扬帆索，是升挂并固定帆的动索，经桅的下部滑轮引至桅内，至桅顶滑轮穿出，与升帆钩相接。

(12) 底根绳：又称前角索，是一根较短的纤维绳，用来固定帆下根，使帆面上下张开。其活端由滑车组引出，这样可达到省力的目的。

(13) 卷帆器：用于收卷升挂在首斜桁上的三角帆。

(14) 桅基、舱顶滑车与绞盘：用于控制升帆索的组合，目的是通过若干滑车将升帆索引至电动绞盘，最终到达便于艇员控制的位置。

(15) 引导滑轨与主绞盘：用于控制升挂在首斜桁上的三角帆（又称斜桁帆）过首帆脚索的组合，目的是通过引导滑轨将三角帆过首帆脚索引至主绞盘，以便艇员控制。绞盘用来固定和盘绕索具；系缆角（含夹绳器、羊角、条形夹绳器）内有齿，用来加强固定索具。脚索组合目的是通过导向滑车将大三角帆过首帆脚索引至次绞盘，以便艇员控制。

(16) 卷帆器导向滑车配套：通过若干导向滑车将卷帆器内用于控制卷帆动作的绳索引出并固定。

(17) 移动式滑环：可在帆船横向布置的滑轨上有控制地左右滑动，以调节主帆帆位。移动式滑环与滑轨如图 7－8 所示。

(18) 主帆帆脚索组合：又称缭绳、帆位索，为一滑车组，作用是控制主帆帆位。

(19) 驶帆索：为一根较短的纤维绳，用来固定帆下梢，使帆面沿帆杆方向张开。

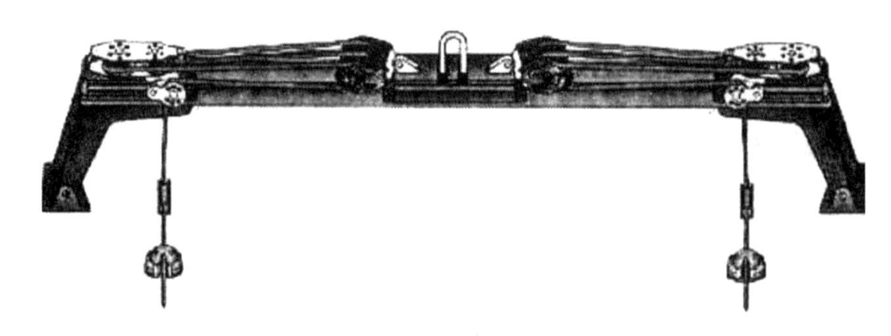

图 7-8　移动式滑环与滑轨

(20) 主帆缩帆索：固定在帆面下部紧靠帆根与帆梢处，并通过安装在帆杆与桅下部的各导向滑车，最终引至便于艇员控制的电动绞盘位置。其作用是在风力过大时缩小帆的受风面积，以保证安全。

(21) 帆杆：用来张开帆面的装置，帆杆大都用硬质圆木或金属制成。

(22) 帆杆稳索：为一滑车组，其活端通过适当方式加以控制。帆杆稳索的作用是在帆船迎风折驶(come about)时控制帆杆的偏转速度，以保证安全。

(23) 首卧杆：是一根用金属或硬质圆木制成的长杆，自艇首向前伸出，根端固定在艇甲板上，用于固定大三角帆或三角帆的帆下根。

四、驶帆技术用语

1. 风向角

风向角(又称风弦角)是指风向同帆船首尾连线的夹角，从艇首向左(或向右)0°～180°。帆船前进速度的快慢除了主要与风力的大小有关外，与风向角也是密切相关的。风向角越是合理，风推帆的作用力就越大，帆船前进速度也就越快。帆船操作人员只有在正确掌握风向角的基础上，才能充分地利用风力来驾驶帆船。各种不同风向角的区分度数如图 7-9 所示。

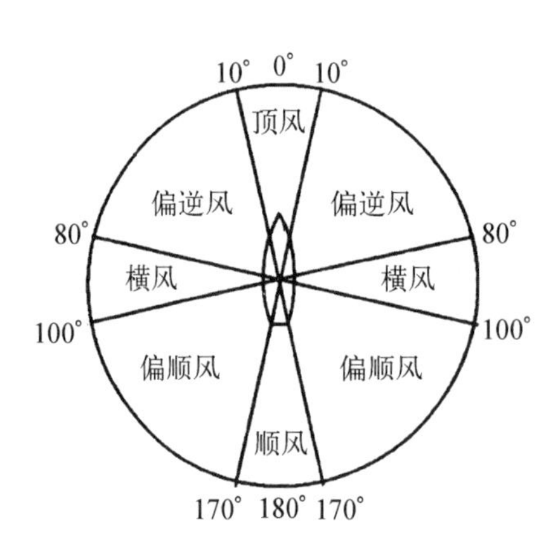

图 7-9　各种不同风向角的区分度数

2. 顶风

指风从艇首左右 0°～10°范围内吹来的风，该风向不能驶帆。

3. 偏顶风

指风从艇首左右 10°～80°范围内吹来的风。其中，艇首 45°范围内难以驶帆；45°～80°范围内可以驶帆，但艇速较慢，艇的横移量较大。

4. 横风

指风从艇首左右 80°～100°范围内吹来的风。

5. 偏顺风

指风从艇首左右 100°～170°范围内吹来的风。

6. 顺风

指风从艇首左右 170°～180°范围内吹来的风。

7. 艇舵

为帆船装置附件，用来控制帆船航行的方向。帆船的舵有两种：一种是具有刚性舵柄或舵轮的固定式舵；另一种是具有分离式舵柄的提升式舵。固定式舵主要用于龙骨帆船，而提升式舵通常用于稳向板艇和平底艇。

8. 左舷右舷

从帆船船尾向船首看，左手边称左舷，右手边称右舷。

9. 真风向

如图 7－10 所示为真风向。帆船静止时所测得的风向，即为实际风向。

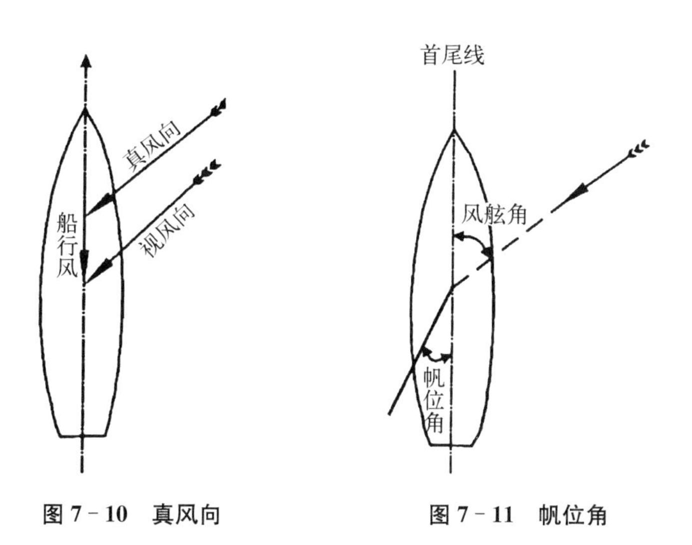

图 7－10 真风向　　图 7－11 帆位角

10. 帆位角

指帆位线与艇首尾线所成的夹角，从艇尾起算向两舷各 0°～90°，如图 7－11

所示。

11. 吃水

指船体在水面以下的深度。由于船体底部沿船长方向不一定平行于水平面，即存在纵倾，一般呈尾倾状态。因此，沿船长方向的各部分吃水也不相同。其中，船首处的吃水称为“首吃水”，船尾处的吃水称为“尾吃水”，船长中点处的吃水称为“船中吃水”。

12. 压舷

驶帆时，为了能充分利用帆面积和风力来得到最大的帆动力，以保证帆船既能按预定的航向行驶，又能最大限度地减小帆船的横倾，达到平稳航行的目的，而把艇员分布到上风舷一侧的做法，称为压舷。有时为了降低帆船重心，进一步增加抗横倾力矩，尽可能使艇员身体探出船外更远的距离，甚至把全部身体悬挂在舷外的方法，称悬挂压舷。悬挂压舷要有专门的器材装备，如吊索、把手、吊索背带、坐垫、挂环、挂钩等，以保证艇员的安全，并使压舷达到令人满意的效果。

13. 迎(逆)风折驶

艇员在驾驶帆船前进过程中，如遇到顶风无法驶帆行进时，而采用曲折迎(逆)风驶帆(在艇首顶风中变更受风舷侧)的航行技术称为迎(逆)风折驶，该方法又称迎(逆)风调樯。

14. 顺风调樯

指在艇首顺风中变更受风舷侧。

15. 顺风行驶

指张帆行驶，风来自正横后方。

16. 帆脚索

收紧或松放帆脚索可使帆位角减小或增大。

第二节　驶帆基本原理

一、帆受风推艇前进的基本原理

当升帆并使帆面与真风向成一夹角(即使风作用在帆面上)时，帆面两侧的空气流动速度将会产生差异，迎风面的空气流速比背风面的流速慢，从而使帆的受(迎)风面压力增加(产生高压)，帆的背风面压力减低(相对地成为低压)，其压力差即为帆所获得的垂直于帆面的压力，以 P 表示。在不考虑空气流经帆面时所产生的摩擦阻力的前提下，可认为压力 P 即为帆所受的推力。现将 P 分解成平行于艇首尾纵中线方向的分力 P_x 和垂直于艇首尾纵中线方向的分力 P_y，如图7－12所示。很显然，分力 P_x 为实际推艇前进的力，P_y 是促使艇向下风横移的分力。

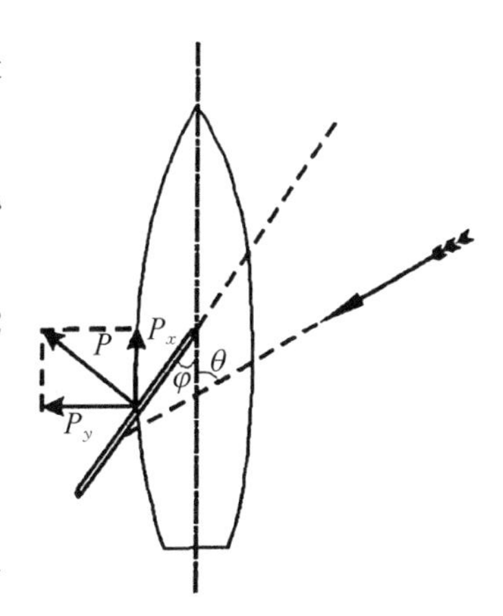

图 7－12　帆受风推艇前进原理

在帆船航向与风力一定时，若是顺风驶帆，因风向与航向基本一致，可使用最大帆位角，从而可使帆获得最大的推艇前进分力，此时艇速最快，且几乎没有横移；若是偏顺风驶帆（风向角处于100°～170°范围内时），在结合使用合理帆位角的前提下，可使帆获得较大的推艇前进分力 P_x，艇速较快，向下风横移量较小；当帆船在横风或偏逆风中驶帆时，若辅之以合理帆位角的使用，尽管推艇前进的分力 P_x 等于或小于促使艇向下风横移的分力 P_y，但因帆船船体不仅设计为流线型，且其水下纵向截面远大于横向截面，故纵向阻力远远小于横向阻力。因此，帆船仍能在向下风横移的同时具有较明显的前进速度。但当风向角很小时，帆船就几乎不能前进了。所以，针对不同类型的帆船，因其船体本身结构、性能和帆设计形状、大小的不同，都有一个偏逆风航行的最小风向角（又称最小逼风角），一般帆船的最小风向角约为45°。

二、最佳帆位角的确定

我们已经知道，在帆船航向确定的前提下驶帆时，帆船前进速度的快慢，除了与风力、风向角的大小有关外，还与帆位角有关。那么驶帆时，帆位角与风向角两者之间究竟保持什么关系，才能产生最大的推动力呢？这也是驶帆的关键问题所在。

依据图7－12，用函数求极值的方法可求得最佳帆位角 φ 约为风舷角 θ 的一半。

由此可知，最佳帆位角是依据风向角来确定的。为此，驶帆时必须首先通过所配备的风向标来确定风向角，以便确定最佳帆位角。理论与实践证明，在帆船航向、风力与风向角一定的情况下驶帆时，如果帆位角不恰当，推力 P 就无法得到很好的利用，更无法获得最大的推艇前进分力 P_x。若帆位角偏大，推力 P 随之减小；反之，则不仅会使艇速减低，也会使艇向下风横移的速度加快。

三、双帆的作用

对具有双帆的帆船来说，双帆不仅是推艇前进的主要设备，也可以利用其协同动作来协助帆船转向。

主帆作用力中心通常在帆船阻力中心的后方，当主帆受风时，会使帆船船首向上风偏转。因此，在需要艇首向上风转向或“调樯”时，应使主帆受力。

前帆受力时会使帆船船首向下风偏转，因此，当需要艇首向上风偏转时，应松前帆；当需要艇首向下风偏转时，应收紧前帆。

综上所述，在驶帆中可利用双帆的一紧一松来达到使帆船船首转向的目的。

同样，当帆船在偏逆风、横风或偏顺风中驶帆时，若使两帆同处最佳帆位，则两帆合力中心的垂直投影便能保持在帆船的水阻力中心后方，因而帆船船首会向上风偏转，且风速越大，偏转越快。因此，必须常操下风舵来保持帆船的航向，这无疑会损失部分航速。为减小用舵引起的阻力，应令部分艇员向帆船船尾方向移动，以使帆船的水阻力中心后移，以减小船首向上风偏转的力矩，但仍需适当压舵方可把定航向。

第三节　帆船驾驶技术

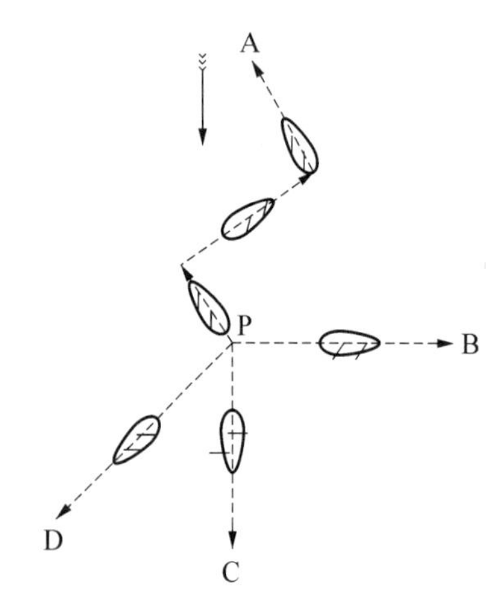

图 7 - 13　驶帆技术

一、各种不同风向的驶帆技术

(一) 逆风驶帆(逆风行驶)

如图 7 - 13 所示，当帆船需从 P 地驶向位于其顶风方向的 A 地时，因不能顶风驶帆，故必须采用偏逆风驶帆的方法(又称曲折航法或 Z 形航法)。该方法是在帆船先选择 50°～60°的左或右风向角航行一段路程后，经过调樯，再改另一舷 50°～60°的风向角行驶。如此若干次调樯后，最终抵达 A 地。

在各种不同风向的驶帆技术中，逆风驶帆

是一种难度较大的航法。为此,操作时必须掌握如下动作要领。

(1) 择有利的风向角。如果风向角过小,虽能缩短航程,但航速很慢,实际效果并不好;反之,如果风向角过大,虽能加快航速,但航程增加,实际效果同样不好。因此,必须根据当时当地的风向、风速、流向、流速以及帆船本身的性能等外在与内在条件,确定一最有利的风向角。

(2) 使用最佳帆位角。如果帆位角偏大(在风向角为定值的情况下),帆就无法得到应有的最佳前进推力;反之,如果帆位角偏小,则会使帆船的横移加剧,前进速度减慢。

(3) 充分利用水流的作用。当有下风舷来流或有与航向同方向的流时,风向角可小些;反之,风向角应大些。逆风逆流是不能驶帆的。

(4) 选择有利的调樯位置和时机。调樯地点的水域应宽敞、无障碍物,调樯前的艇速应足够(尤指逆风调樯时),以尽可能缩短调樯所需时间。此外,调樯次数过多也是不利的。操舵者应精神集中,反应迅速,做到用舵及时,舵角恰当。

(二) 横风驶帆(横风行驶)

当帆船需从 P 地驶向目的地 B 时,即为横风驶帆。横风驶帆时,帆船航向应对着目的地偏上风一点,以克服风压差的影响。如果有流存在,则还应考虑流压的影响,适当调整航向,以确保直达目的地。如遇横风横流,且风向与流向相反时,则应警惕因风、流作用点的不同而形成的垂直力偶的影响,使帆船向下风横倾,轻者船缘进水,重者有可能翻船。因此,必须在及时采取压舷动作的同时调整航向,减小或增大风向角,以避免在横风横流情况下驶帆可能存在的危险。

(三) 偏顺风驶帆(偏顺风行驶)

当帆船需从 P 地驶向目的地 D 时,即为偏顺风驶帆。偏顺风驶帆时的操作方法与横风驶帆相近,唯一不同的是,偏顺风驶帆时的帆船航速较快,向下风横移较少。

(四) 顺风驶帆(顺风行驶)

当帆船需从 P 地驶向目的地 C 时,即为顺风驶帆。顺风驶帆时,双帆应分别置于左右舷,俗称"蝴蝶帆"。其中,主帆帆位角应稍小于 90°,以使风吹过主帆后再吹向前帆。

在顺风驶帆过程中,双帆合力中心偏向主帆一侧,因此会使帆船船首向前帆一舷偏转。为克服由此造成的偏转,应调一部分艇员到船尾,以使帆船阻力中心后移,并应适当压舵以减少帆船的偏转。

值得注意的是，在顺风驶帆过程中，应特别注意风舷角的变化，防止受地形风影响，风向改变使一舷的帆被风压转至另一舷，造成人员碰伤及桅、帆的损坏。

顺风驶帆时，因帆船航向与风向基本一致，所以，不仅会感觉风变小了，同时艇速也最快，且基本无横移。

二、驶帆横走技术

帆船在驶帆过程中，使船暂时停滞或横移而不显著前进或后退运动的技术称为横走。

横走用途较多，如帆艇比赛时，比赛帆艇在起航线内集合，待令出发；驶帆靠舷梯；帆船需要互相靠拢，等待编队等。

横走技术要领如下。

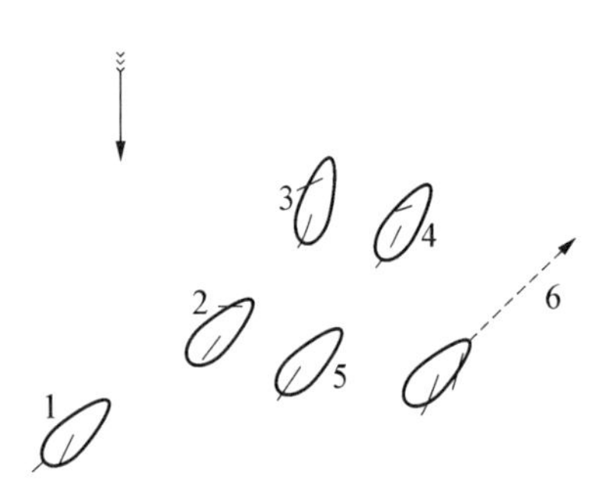

图 7－14 驶帆横走技术

(1) 帆船在偏逆风驶帆过程中，由艇长下令“准备横走”，在艇员准备妥善后，即可下令“上风满舵”“紧主帆”(见图 7－14 位置 1)。

(2) 帆船在主帆和左满舵的双重作用下，将会一边左转，一边冲向上风，待船速减缓后，再下令“向左推前帆”(见图 7－14 位置 2、3)。

(3) 在两帆作用下，帆船不仅会向其下风后方漂移，同时也会因前帆的作用，船首向下风慢慢偏转(见图 7－14 位置 3、4)。

(4) 当帆船因偏转又重新使主帆受力时，将在开始缓慢前进的同时，船首向上风偏转，待驶至如图 7－14 所示位置 5 后再次向下风漂移。

上述技术要领可根据需要反复进行，以达到横走较长的距离或在同一水域停滞较长时间的目的。

三、大风浪中的驶帆技术

在驶帆过程中，如风力逐渐增大，帆船的横倾将会随之增大，此时必须及时压舷。若采取此措施后效果仍不明显，则不可再继续满帆航行，应迅速缩帆，以免造成帆船横倾过甚，使下风舷涌进海水。若缩帆后继续航行仍有危险，则应落帆并抛出海锚，待风浪变小后再继续升帆航行。

所谓缩帆，就是利用缩帆索将帆的下脚缩短一部分，以缩小帆的受风面积，降低帆的风压中心。所缩长度应依当时的风力大小确定。

缩帆前应先操舵使船首顶风，并应尽量避免船首被压向下风，待帆垂下基本不受力时，即可利用升帆索与缩帆索协同动作缩帆（松升帆索紧缩帆索）。如双帆不能同时缩紧，则应先缩主帆，以减少危险。

所谓伸帆，就是利用伸帆索将帆的下脚向上伸长一部分，以增加帆的受力面积，升高帆的风压中心。所伸长度应由当时风力大小确定。

伸帆操作：若风力逐渐减弱，在艇长认为升满帆航行已无危险时，艇长即可下令“伸帆”。其方法是在操舵使船首顶风后，用与缩帆动作的相反动作将帆升起，继续驶帆航行。

四、驶帆靠、离码头技术

对无推进动力的帆船来说，靠、离码头只能在配合使用钩篙、桨的基础上驶帆完成，有一定的难度，尤其是在风浪较大的情况下操纵，一旦处理不当，就会失败甚至发生碰撞。所以，在驶帆靠、离码头前应做好充分准备，注意舵与帆的密切配合，各艇员动作要协调、准确、迅速。

驶帆靠、离码头的技术要领如下。

（1）为便于对帆船进行控制，原则上应顶流靠码头。

（2）在利用帆使船回转时，应充分考虑到帆船可能有的横移情况，以便摆好艇位。

（3）落主帆后的冲程应估计准确，避免仅靠剩余速度驶不到靠泊点。迫不得已时，应使用钩篙、桨配合或重新升帆。

（4）靠、离泊位时，应注意充分利用帆来增加船速和转向，同时还应警惕下风、流的障碍物。

（一）逆风、流靠码头

逆风、流靠码头技术要领如图 7－15 所示。

（1）首先使帆船的航向对准靠泊点稍上方，待到达如图 7－15 所示位置 1 时下令准备落帆。

（2）当帆船由位置 2 驶向位置 3 时，操上风满舵；至位置 3 时，落前帆；至位置 4 时，落主帆。

（3）在帆船由位置 4 至位置 5 靠泊时，如余速过快，则可来回左、右蛇行，配合用钩篙向船

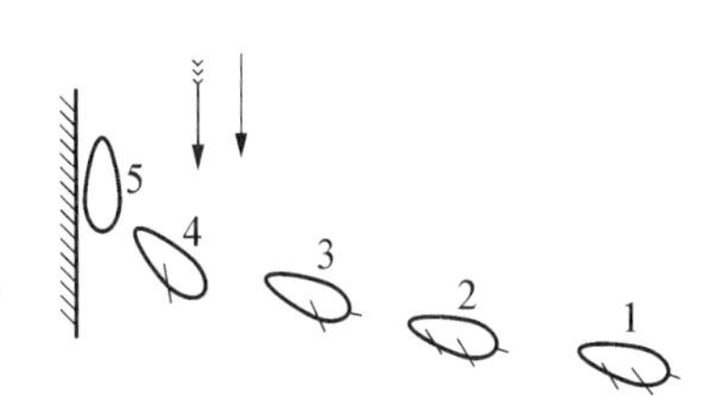

图 7－15 逆风、流驶帆靠码头

首斜前方靠泊舷伸出顶住，迫使帆船在迅速减速的同时靠好泊。若因船速过慢而驶不到位置 5 时，则可在正舵的情况下，用挽篙把船提到位置 5 靠妥。

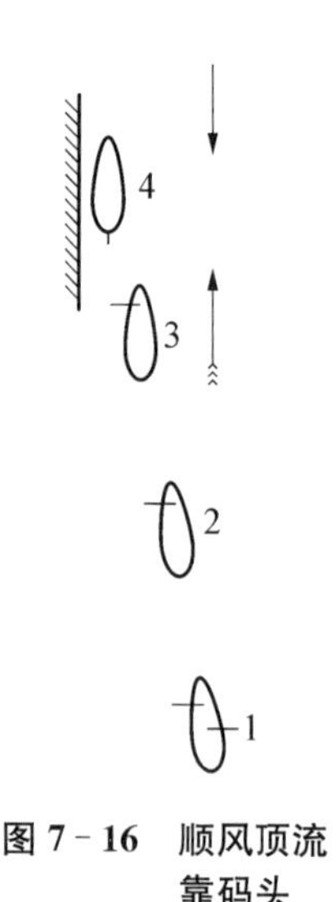

图 7-16　顺风顶流靠码头

(二) 顺风顶流靠码头

顺风顶流靠码头技术要领如图 7-16 所示。

(1) 在帆船从下流方向距靠泊点 3～4 倍船长处接近靠泊点时，应将航向对准靠泊点，并下令落主帆。

(2) 当船到达如图 7-16 所示位置 3 时，可下令落前帆，同时操右舵，使船速减慢，待帆船与靠泊点接近平行时，回到正舵位置。

(3) 当帆船到达位置 4 时，用钩篙协助靠妥。

(三) 顺风、流掉头靠码头

顺风、流掉头靠码头技术要领如下。

(1) 在顺风、流驶帆接近靠泊点前，应首先下令准备过前帆。以便把帆船控制在距靠泊点垂直延长线约 5 倍船长的距离上。

(2) 当船到达约 2 倍船长时下令落前帆，如此时船速较快，则应松开主帆帆脚索，使主帆不吃力。

(3) 当帆船到达码头附近时，将会一边前进，一边向右转，此时应尽快使船与靠泊点平行，并用钩篙协助，以防碰撞。

顺风、流掉头靠码头的关键是控制好帆船船位、选择掉头与落帆时机。

(四) 离码头

离码头技术要领如图 7-17 所示。

(1) 解缆前即应做好驶帆的各项准备工作。一切妥当后，艇长即可下令解缆，并迅速收回盘好。

(2) 艇员在听到撑开命令后，应迅速用钩篙将船撑开。

(3) 当帆船至如图 7-17 所示位置 2 时，下令升前帆，船将会在前帆和流的共同作用下驶向位置 3。

(4) 待帆船至位置 3 时，下令升主帆，主帆升起后即可按要求航向驶帆。

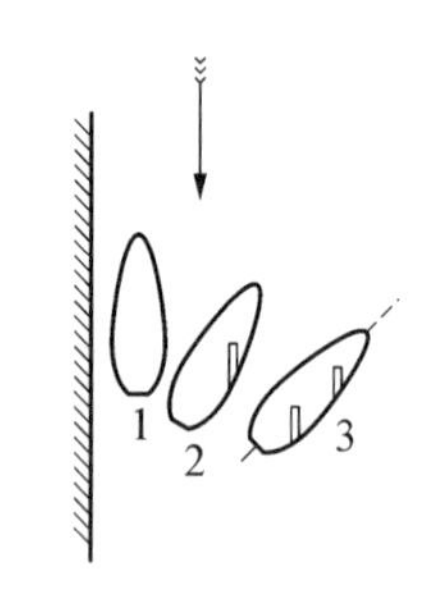

图 7-17　离码头

值得提醒的是，在帆船由位置 1 至位置 2 的过程中，应特别注意船尾方向，必要时可用钩篙撑开，以防碰及船尾及舵。

五、调樯操作技术(以双帆帆船为例)

调樯操作是帆船在顶(逆)风或偏逆风(风向角较小时)驶帆中的关键技术,有迎(逆)风与顺风调樯两种,在具体调樯过程中又有长樯和短樯之分,如图7-18所示。

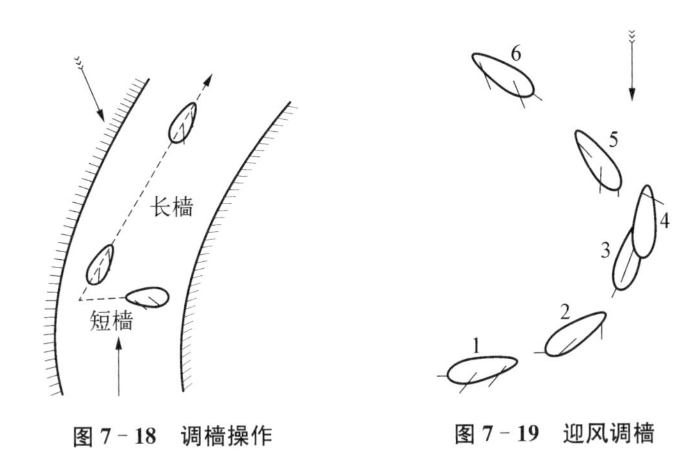

图7-18 调樯操作　　图7-19 迎风调樯

(一) 迎(逆)风调樯

使船首向上风偏转并迎风越过风向线,从而改变受风舷侧的操作技术为迎风调樯。因迎风调樯具有旋回水域小与退距少的特点,故其是在逆风及小风向角的偏逆风驶帆时常用的调樯方法。具体操作步骤如下(见图7-19)。

(1) 做迎风调樯准备。各艇员做好迎风调樯准备,使各帆脚索处于随时可用状态。若船速不够,则可稍操下风舵,以增大风向角,进而加快船速。

(2) 操上风满舵。使船首快速向上风偏转。

(3) 松前帆帆脚索、紧主帆帆脚索(于位置2时)。在松前帆帆脚索的同时逐渐收紧主帆帆脚索,以使前帆不受风,并在整个转向过程中始终保持主帆受风,直至帆船首尾纵中线与风向线平行。

(4) 推前帆(于位置3时)。当帆船的首尾纵中线与风向线接近平行时,由艇员将前帆推向下风舷舷边。待前帆受风后,若船仍有进速,则舵角不变;若无进速,则应正舵;若船已开始后退,则应操反舵。

(5) 松主帆帆脚索。当帆船的首尾纵中线与风向线平行时操作,以免妨碍船首继续向下风偏转。

(6) 过前帆、紧前帆帆脚索(于位置 4 时)。当船首迎风越过风向线并与风向成 20°～30°风向角后,收紧前帆帆脚索使其受风,利用前帆协助帆船继续向下风偏转。

(7) 紧主帆帆脚索、稍松前帆帆脚索,正舵(于位置 5 时)。当帆船转到与风向成 50°～60°风向角时,收紧主帆帆脚索并使其受风,稍松前帆帆脚索,操正舵。然后调整航向与帆位,开始另一舷受风的偏逆风驶帆。如此调樯若干次,最终可抵达位于上风方向的目的地。

在迎风调樯过程中,如指挥、操作不当,或因风、流及其他不利海况等因素影响,将有可能使得调樯操作发生困难,甚至失败。此时应尽快恢复原航向驶帆,待帆船重新获得足够速度后再重新调樯。此外,在调樯过程中,两帆均有不受力而随风偏转的过程,这时应注意利用帆杆稳索对帆的随风摆动进行控制,以免造成危险。

(二) 顺风调樯

船首向下风偏转并最终使船尾顺风越过风向线,从而改变受风舷侧的操作技术为顺风调樯。其优点是操作容易,但旋回水域及退距均较大,且有两次受横风的过程,产生的横倾较大,比较危险。具体操作步骤如下(见图 7-20)。

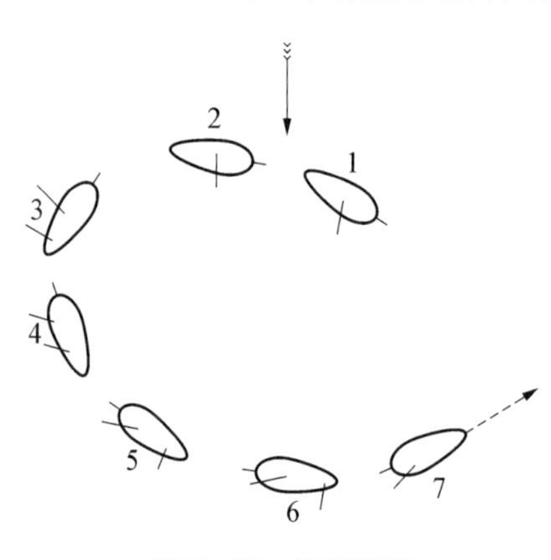

图 7-20 顺风调樯

(1) 做顺风调樯准备。各艇员做好顺风调樯准备,使各帆脚索处于随时可用状态。

(2) 操下风满舵,松主帆帆脚索。在操下风满舵的同时,松开主帆帆脚索,使主帆不受风(若风浪较大,则应将主帆松至稍受风时为止,以防发生危险),以使船首向下风舷侧快速回转(见位置 1)。

(3) 紧前帆帆脚索。稍收紧前帆帆脚索,直至船首顺风越过风向线。之后可根据帆船的偏转速度情况,适时松前帆帆脚索,以保证在整个转向过程中始终使前帆有效受风(见位置 2)。

(4) 过前帆,紧主帆帆脚索并过主帆。当船尾接近风向线时,即可将前帆转至另一舷侧,用前帆帆脚索逐渐松出受力,以利于船的回转。同时,由艇员操纵主帆帆脚索,迅速将主帆收至首尾纵中线附近,再将主帆越过首尾纵中线至另一舷侧逐渐松出(见位置3、4)。过帆时须注意,主帆应在主帆帆脚索及帆杆稳索的共同控制下逐渐松出,切忌松得过快或失去控制,以免损坏帆具或造成人员伤亡事故,严重时甚至会发生翻船事故。

(5) 松掉前帆帆脚索,收紧主帆帆脚索,使船首快速转向上风(见位置5、6)。

(6) 把定航向,紧前帆帆脚索。当帆船转至与风向约成45°风向角时,即可在操舵把定航向的同时收紧前帆帆脚索(见位置7)。然后适当调整航向与帆位,开始另一舷受风的偏逆风驶帆。如此调樯若干次,最终可抵达位于上风方向的目的地。

在风浪较大的情况下不宜顺风调樯,以免发生危险。若必须顺风调樯(如前方有障碍物,无法进行逆风调樯)时,则应先落下主帆,然后再顺风调樯,以保证安全。

第四节 驶帆规则及应急处理

一、驶帆规则

两艘帆船相互驶近致构成碰撞危险时,其中一船应按下列规定给他船让路。

(1) 两船在不同舷受风时,左舷受风的船应给他船让路。

(2) 两船在同舷受风时,上风船应给下风船让路。

(3) 如左舷受风的船看到在上风的船而不能断定其究竟是左舷受风还是右舷受风,则应给该船让路。

二、应急处理

在驶帆过程中,因操作不当或风浪太大等各种环境因素的影响,有可能发生无法预料的事故。这时就要求艇长能沉着冷静,迅速而果断地采取相应的应急措施,每个艇员应保持勇敢,动作迅速、准确,以保证在最短的时间内对各种事故进行有效的处理。

(1) 若桅支索折断,应立即松开帆脚索,并迅速用舵,使船首顶风或调樯使另一舷支索受力,待接好折断的支索后再恢复原航向继续航行。

(2) 若帆脚索或底根索折断,应使船首顶风或落帆,待接好或替换后再升帆继续驶帆。

(3) 若升帆索折断,应迅速将帆收入船内,落下桅杆,待接好升帆索后再立桅升帆。

(4) 若帆杆折断,可把钩篙等物用绳索绑扎在折断处。

(5) 若舵损坏,应立即用调整两帆位置的方法来控制航向,并及时装上舵桨以代替舵的功能。

(6) 在驶帆过程中若帆船突然搁浅,因巨大冲击与惯性力的作用,有导致折桅的可能。因此,在浅水区驶帆时,事先应有所预防。一旦搁浅,全体艇员也不必惊慌,应迅速落帆,并立即检查船底是否破损进水,若发现进水,则应立即堵漏,同时尽快将水排出。此外还应注意探测帆船四周的水深情况,选择在较深水位处用钩篙及桨将帆船撑或划向更深水域使船脱浅,必要时可由艇员下水推船脱浅。

(7) 若船体仅是部分搁浅(如船首或船尾),则可令艇员移向帆船未搁浅的深水方向脱浅。若用此法仍不能脱浅,则应令部分艇员下水,用减少船体质量的办法使船脱浅。

(8) 若帆船船首(或船尾)搁浅较严重,则应先推船尾(或船首)到深水处,再推船首(或船尾)。注意,无论如何不能横推船身。

第五节 驶帆用设备、索具的维护保养与使用注意事项

一、维护保养

(1) 一般应至少半年检查一次桅的各组成部分及桅支索,特别是其锈蚀情况。

(2) 每三个月应检查一次帆及帆的各组成部分,尤其是其老化情况。

(3) 一般每三个月应对所有驶帆用滑车(包括滑环与滑轨)进行一次全面检查、清洁,对需润滑的应加油润滑。

(4) 每个月应检查一次升帆索与帆脚索的老化及磨损情况,对不能保证安全使用的应换新。其他索具的检查时间间隔可适当延长,但要求相同。

(5) 对手动或电动绞盘一般应每三个月进行一次全面检查、清洁,对需润滑的应加油润滑。

二、使用注意事项

（1）每次驶帆前应注意首先整理好各驶帆用设备与索具，以便顺利升帆及驶帆。

（2）因帆与各索具均为化纤质地，故应避免接触酸、碱等化学品，以免老化变质，并应经常用淡水冲洗，但存放时应保持干燥。

（3）每次驶帆完毕后应整理好各帆，并用防护罩罩好。

第六节 常用绳结的打法及使用

一、平结(reef knot)

用途：用于将两根粗细相近的小绳相连接。

特点：牢靠，不易松开。

打法：两手各握一绳绳头，先打好一个半结，将两绳头并拢，再打一半结。但要注意，打好后每根绳的绳头和绳根在同一个方向穿出，如图 7－21 所示。留有活头，便于解开的平结称为缩帆结，如图 7－22 所示。

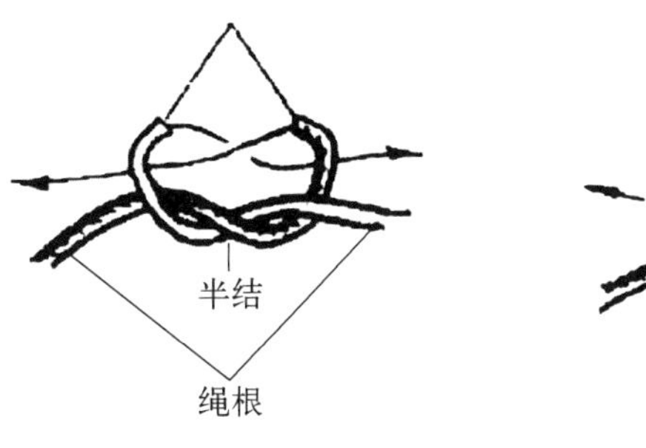

图 7－21 平 结

图 7－22 缩帆结

二、丁香结(clove hitch)

用途：用于将绳子系于圆柱、栏杆、圆环、粗缆。

特点：打法方便，系着牢固，适合系于圆形结构上。在方形结构上则容易散掉。

打法：将绳头在圆柱上绕一圈后压住绳根，再绕一圈，然后从第二个绳圈的绳根下引出，如图 7-23 所示。此结用途广泛，应学会在各种不同情况下用单手横打、竖打，须达到非常熟练的程度。

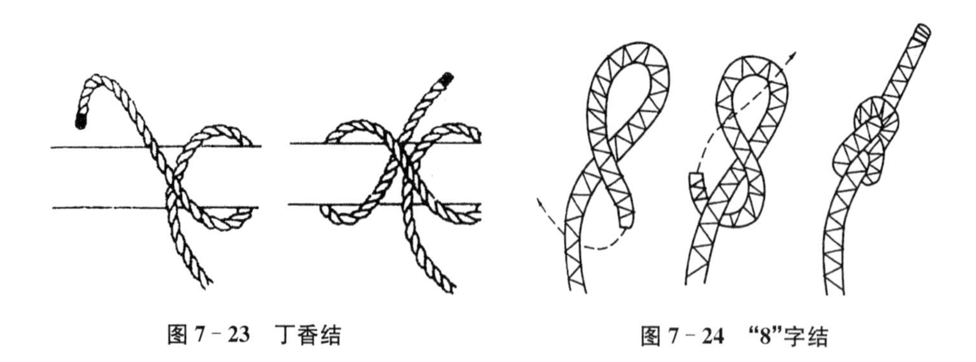

图 7-23　丁香结　　　　图 7-24　"8"字结

三、"8"字结(figure of eight knot)

用途：用于堵住小孔，防止绳头滑出，常用于旗绳和主帆索顶端。

特点：迅速、方便、有效。

打法：将绳头压住绳根，成一绳圈，然后将绳头再反向绕过绳根后穿入绳圈内收，如图 7-24 所示。

四、单套结(bowline)

用途：用作一临时绳圈。高空、舷外作业时，可用保险绳打此结作为系于腰间的安全带用。也可用于绳与绳或绳与环的临时连接。

特点：牢固可靠，受力拉紧以后绳圈大小不变，也易于解开，是船上用处广泛的绳结之一，如图 7-25 所示。

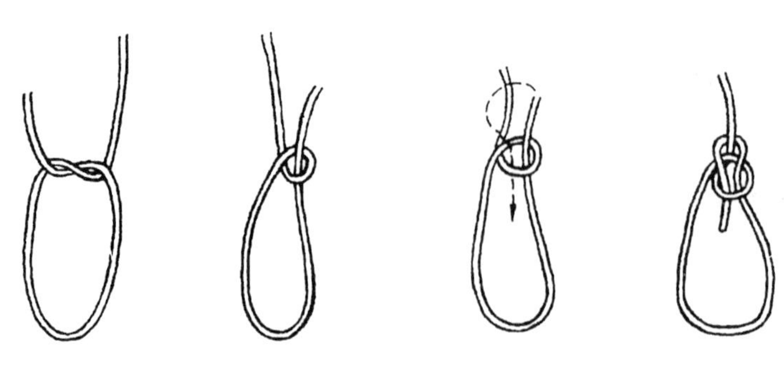

图 7-25　单套结

五、双套结(bowline on the bight)

用途：高空、舷外作业时，可临时代替坐板。

特点：打法迅速、可靠，可套进双腿后乘坐。

打法：将工作绳的一端折成双股，按打单套结打法将双股绳打半结，并在绳根处成一双股小绳码，然后将双股绳头从双股大绳圈下套上来，收紧即成，如图7-26所示。打结时要注意事先应留有足够长度的绳头，双股绳圈分别套进双腿后，可以用绳头绕腰一圈作为腰带绳。

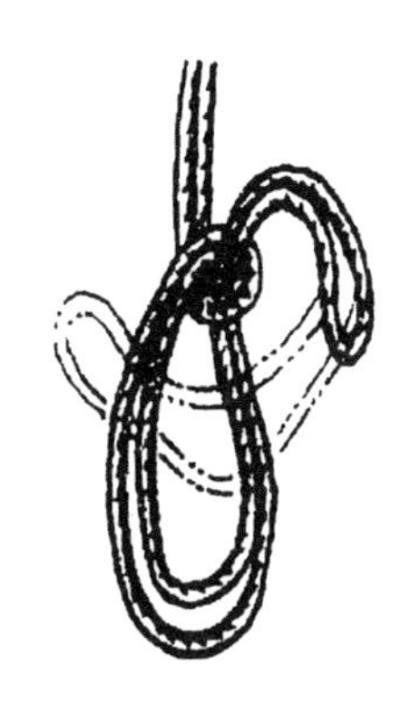

图7-26 双套结

图7-27 索花结

六、单索花结(sheet bend)和双索花结(double sheet bend)

用途：用于将两根较细或粗细不同的绳索相接，也可用于将绳索与绳环相接。

特点：打法简单，易于解开。负重时，单索花易滑出，双索花不易滑出。

打法：将绳头穿过绳环后绕绳环的绳根一周，再从绳根下面穿出，收紧即成单索花，如图7-27所示。在单索花的基础上，将绳头再绕绳环一周，然后从绳根下穿出，即成双索花，如图7-27所示。

七、鲁班结(Luban's hitch)

用途：与丁香结相同。

特点：比丁香结更牢靠。

打法：将绳子在圆柱上绕两圈后，绳头压住两绳圈再绕一圈，然后从最后绳圈的绳根下穿，如图 7－28 所示。

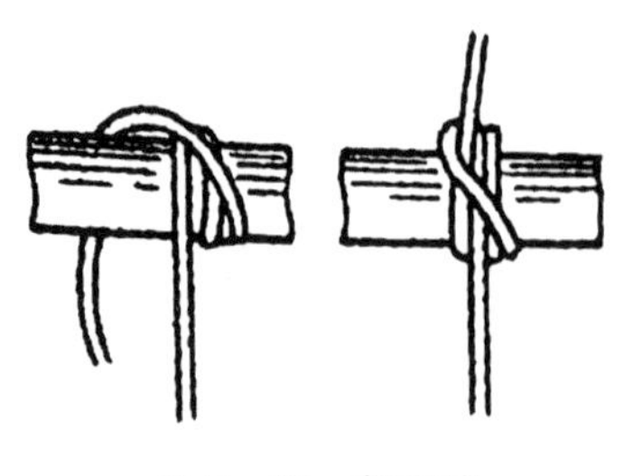

图 7－28　鲁班结

图 7－29　圆材结

八、圆材结(timber hitch)

用途：拖曳、吊起圆柱形物体。

特点：方便，极易解开。

打法：将绳头绕圆柱一周后再绕绳根一周，然后折回，在圆柱的绳圈上面绕 2～3 圈，收紧即可，如图 7－29 所示。

第八章　游艇驾驶员现场操作训练

游艇海上实操项目共有靠码头、离码头、绕竿航行、调头、直线航行(航向稳定航行)、系浮筒、抛锚共七项。每项都需达到及格分，若有一项不及格，则海上实操不及格，需重考。

一、靠离码头

按浙江海事局相关游艇实操的实际情况及要求，靠离码头(见图 8-1)的考试标准如表 8-1 所示。

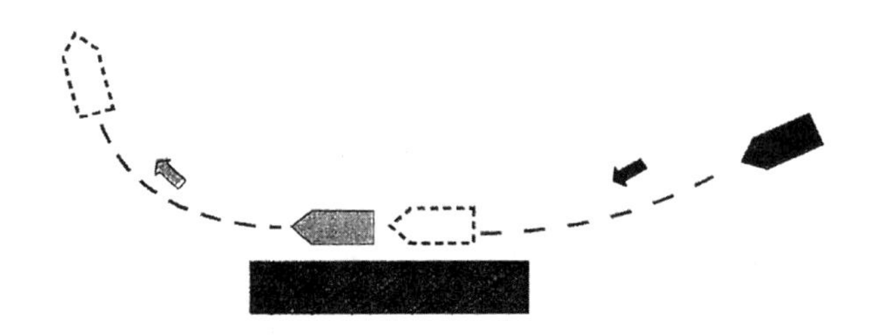

图 8-1　靠离码头

表 8-1　靠离码头考试标准

项目	要　　求	评分标准
靠码头 (15 分)	A. 做好准备工作，声号、信号运用正确。 B. 从发出靠码头声号、信号起，至靠妥码头，倒顺车使用次数不应超过 6 次。 C. 倒车定位后，考试船不能有前进或后退动态，船必须稳定 3 s，距码头前后基本平行，不得超过 1 m。	1. 全部完成操作要求，得分 100%。 2. 基本完成操作要求 A、B、C，纵横差距在$\frac{1}{2}$内，得分 80%。 3. 尚能完成操作要求中的 A、B，但要求 C 中倒车次数多，得分 30%。 4. 撞击码头，纵横泊位误差超过要求距离 50 cm 以上，定位后仍有动态，该项不得分。

（续表）

项目	要　　求	评 分 标 准
离码头（15 分）	A. 做好准备工作，声号、信号运用正确。 B. 车、舵使用符合要求，配合效果良好。 C. 倒顺车不得超过 3 次，驶离码头。 D. 驶离过程中，不碰码头，没有产生紧迫局面。	1. 全部完成操作要求，得分 100%。 2. 基本完成操作要求 B，得分 80%。 3. 在完成操作要求 B、C 过程中，用车次数多一次，只得 30%。 4. 用车次数多，或出现断缆、碰撞等现象，离码头全项不得分。

二、绕竿航行

绕竿航行（见图 8 - 2）在海上考场中设置 5 个定点竿，间隔为 2.5～3 倍考试艇的艇长。详细考试标准如表 8 - 2 所示。

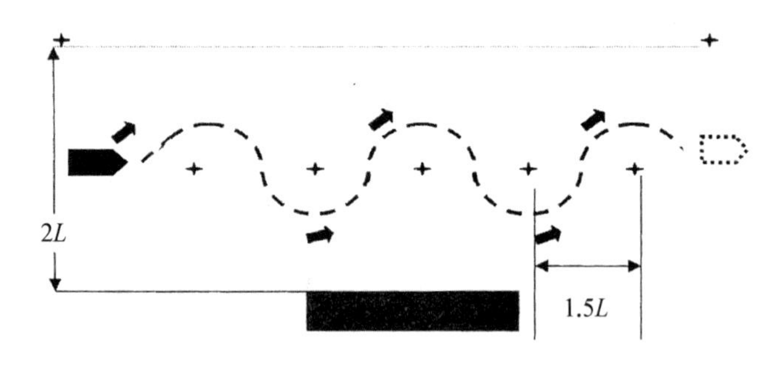

图 8 - 2　绕竿航行

表 8 - 2　绕竿航行考试标准

项目	要　　求	评 分 标 准
绕竿（S 弯）航行（25 分）	A. 考试艇绕 5 根竿做 S 弯航行，两竿之间距离为 2.5～3 倍艇长。 B. 允许变速、脱排，但不能有倒车出现。 C. 绕竿时只能用小 S 弯，而不能用大 S 弯。	1. 全部完成操作要求，得分 100%。 2. 基本完成操作要求 A、B，得分 80%。 3. 在完成操作要求 A 过程中，只能进过第四根竿，得分 40%。 4. 在完成操作要求 C 过程中，用车、航行不符合要求，全项不得分。

三、左右调头

左右调头（见图 8 - 3 和图 8 - 4）考试标准如表 8 - 3 所示。

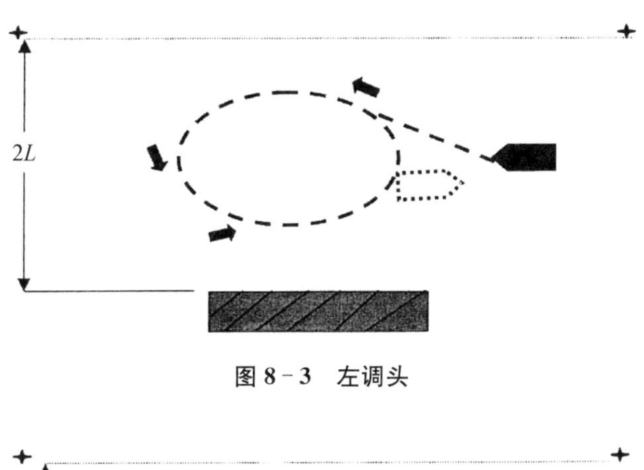

图 8－3　左调头

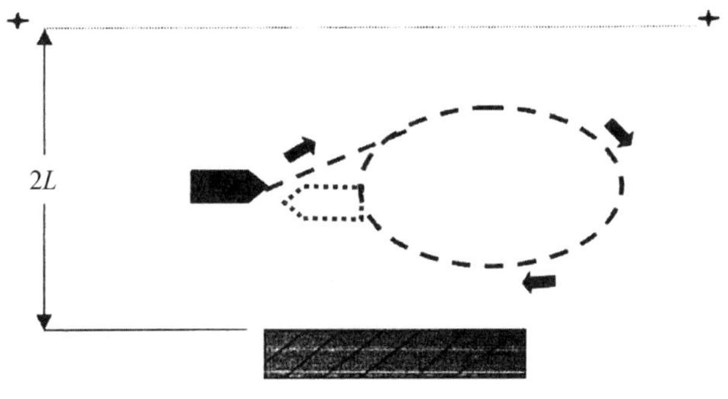

图 8－4　右调头

表 8－3　左右调头考试标准

项　目	要　　求	评 分 标 准
左右调头（各 15 分）	A. 允许调头水域宽度为考试船船长的 2 倍。 B. 调头前做好准备工作，注意声号、信号、正规瞭望。 C. 用倒顺车方法配合操舵在指定的限制宽度水域内调头。 D. 调头过程中最多倒车两次（必须有一次倒车、三次顺车）。	1. 全部完成操作要求，得分 100%。 2. 基本完成要求 B、C，得分 80%。 3. 出现紧迫局面、碰捕、超出调头水域和用车次数，不得分。

四、稳向航行（直线航行）

稳向航行（见图 8－5）考试现场布置为长度为 4.5 倍艇长、宽度为 1.1 倍艇宽的区域。详细考试标准如表 8－4 所示。

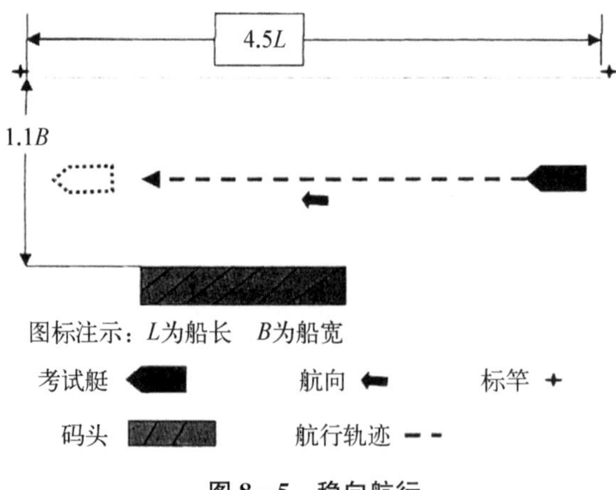

图 8-5　稳向航行

表 8-4　稳向航行考试标准

项目	要　求	评分标准
稳向航行（15 分）	A. 进入狭窄航道前的准备工作，布置、瞭望运用正确。 B. 从考试现场 3 倍考试艇长处起至顺车进入第一根挡竿后，不准变动排挡、油门，直至驶出该区域。 C. 能较好地掌挥狭窄航道航行的注意事项和有关信号。	1. 全部完成操作要求，得分 100%。 2. 基本完成操作要求，得分 80%。 3. 尚能完成操作，得分 60%。 4. 在完成操作要求 B 的过程中，只能进第三根挡竿，得分 40%。 5. 不能完成操作要求 B、C，或不能进入操作要求 B 的第三根挡竿，全项不得分。

五、系浮筒、抛锚

该项考试二选一，计 15 分。详细考试标准如表 8-5 所示。

表 8-5　系浮筒、抛锚考试标准

项目	要　求	评分标准
系浮筒（15 分）	A. 到系浮点时，速度基本为 0。 B. 距离浮筒不超过 1 m。 C. 艇稳住时间 3 s 以上。	1. 撞浮筒，得 0 分。 2. 距离浮筒 1 m 以上，得 0 分。 3. 速度超过 1 kn，得 0 分。
抛锚（15 分）	A. 到锚泊点时，速度不超过 2 kn。 B. 艇首对风，流合力方向角度不超过 15°。 C. 松链一次到位。	1. 到锚泊点时速度超过 2 kn，扣 40%。 2. 艇首对风，流合力方向角度超过 15°，扣 40%。

参考文献

[1] 中华人民共和国交通部.中华人民共和国船舶交通管理系统安全监督管理规则：交通部令[1997]8号[A],1997.

[2] 全国人大常委会办公厅.中华人民共和国海上交通安全法(最新修订本)[M].北京：中国民主法制出版社,2021.

[3] 浙江海事局.浙江海事局游艇安全监督管理实施细则[EB/OL].(2011-04-28)[2023-11-15]. https://www.zj.msa.gov.cn/ZJ/zjmsa/tzgg/202009/t20200902_615137.html.

[4] 中华人民共和国海事局.中华人民共和国游艇操作人员培训、考试和发证办法[EB/OL].(2021-09-03)[2023-11-15]. https://www.msa.gov.cn/page/article.do?articleId=93EB365F-937F-41B0-ABDE-23E7EBB6A048.

[5] 中华人民共和国国务院.中华人民共和国内河交通安全管理条例[EB/OL].(2019-03-02)[2023-11-15]. https://jtt.sc.gov.cn/jtt/c101525/2022/3/30/cc6cb4dc318746b1bf269716067e0bca.shtml.

[6] 中华人民共和国交通运输部.中华人民共和国内河海事行政处罚规定[EB/OL].(2022-09-26)[2023-11-15]. https://www.msa.gov.cn/page/article.do?type=hsfg&articleId=CBDC2FBC6133380CE0533A0820C65487.

[7] 中华人民共和国交通运输部.中华人民共和国海上海事行政处罚规定[EB/OL].(2021-09-01)[2023-11-15]. https://www.gov.cn/zhengce/zhengceku/2021-09/13/content_5637011.htm.

[8] 郭禹,张吉平,戴冉.航海学[M].大连：大连海事大学出版社,2020.

[9] 交通运输部海事局.航海学：气象观测与分析[M].北京：人民交通出版社,2022.

[10] 徐曼平.游艇机电设备[M].北京：人民交通出版社,2013.

[11] 饶滚金,谷春国.游艇操作人员培训教程[M].大连：大连海事大学出版社,2010.

[12] 刘锦程,刘书平.快速救助艇操作与管理[M].大连：大连海事大学出版社,2012.

[13] 陈兵.基本安全：基本急救[M].大连：大连海事大学出版社,2012.

[14] 金奎光,孙健,宋哲.基本安全：个人求生[M].大连：大连海事大学出版社,2020.

[15] 杜林海,戴树龙,邹熙康.基本安全：防火与灭火[M].大连：大连海事大学出版社,2020.

附录一　中华人民共和国海事局有关游艇培训、考试文件

中华人民共和国游艇操作人员培训、考试和发证办法
（海船员〔2021〕163号）

第一条　为规范游艇操作人员的管理，提高游艇操作人员的技术水平，保障水上人命和财产安全，根据《游艇安全管理规定》和《中华人民共和国船员培训管理规则》等有关规定，制定本办法。

第二条　本办法适用于游艇操作人员的培训、考试和发证。

第三条　中华人民共和国海事局是实施本办法的主管机关（以下简称“主管机关”）。

经主管机关授权的各级海事管理机构具体实施游艇操作人员培训、考试和发证的管理工作。

第四条　游艇操作人员在中华人民共和国管辖水域内驾驶游艇，应持有海事管理机构签发的有效《中华人民共和国游艇操作人员适任证书》或等效的电子证件（以下简称《游艇驾驶证》）并接受海事管理机构的监督检查。

第五条　游艇操作人员的类别分为海上游艇操作人员和内河游艇操作人员。

海上游艇操作人员按照游艇的长度分为两个等级，其中一等游艇操作人员可以驾驶所有长度的海上游艇；二等游艇操作人员仅限于驾驶20米及以下长度的海上游艇。

内河游艇操作人员按照是否封闭水域分为两个等级，其中一等游艇操作人员可以驾驶内河任何适航水域的游艇；二等游艇操作人员仅限于驾驶内河封闭水域的游艇。

游艇的推进动力装置类型分为机械推进动力装置、机械和风帆推进混合动

力装置。

第六条　游艇操作人员应在《游艇驾驶证》载明的适用范围内驾驶游艇。

第七条　《游艇驾驶证》包括以下基本内容：

（一）持证人信息：姓名、性别、出生日期、国籍，证书编号、照片。

（二）发证机关签注内容：签发日期、有效期截止日期、适用范围、签发机关及其印章。

《游艇驾驶证》证书样式及制作要求见附件1。

《游艇驾驶证》有效期最长不超过5年。

《游艇驾驶证》由主管机关统一印制。

第八条　申请《游艇驾驶证》应满足以下条件：

（一）身体条件。

1. 两眼矫正视力达到对数视力表4.9及以上；

2. 无色盲、色弱；

3. 不戴任何助听器和无视觉辅助条件下，两耳分别距音叉50厘米能辨别声源方向；

4. 口头表达无障碍；

5. 四肢无运动功能性障碍。

（二）年龄。

初次申请游艇驾驶证人员年龄不小于18周岁，不大于60周岁。65周岁以上持证人，如仍需驾驶游艇，应在《游艇驾驶证》届满前6个月内向有相应管理权限的海事管理机构提交合格的《身体条件证明》，换发有效期为1年的《游艇驾驶证》。

（三）完成规定的培训并通过海事管理机构举行的考试。

第九条　从事游艇操作人员培训的机构应按照《中华人民共和国船员培训管理规则》规定，取得相应的《中华人民共和国船员培训许可证》。

海上游艇操作人员的培训应按《海船船员培训大纲》相应要求进行。

内河游艇操作人员的培训应按《内河船舶船员适任培训和考试大纲》相应要求进行。

第十条　游艇操作人员的考试分理论考试和实际操作评估两部分，理论考试总分为100分，70分及以上为及格，实际操作评估分合格和不合格。

理论考试及格和实际操作评估合格后视为考试合格。理论考试不及格或实际操作评估不合格者，允许其在准考证签发之日起3年内补考5次，仍然不合格者，须重新参加培训和考试。考试成绩有效期为5年，自考试合格之日起算。

海上游艇操作人员的理论考试和实际操作评估应按照《海船船员培训大纲》的要求进行。

内河游艇操作人员的理论考试和实际操作评估应按《内河船舶船员适任培训和考试大纲》的要求进行。

第十一条　申请《游艇驾驶证》者应提交以下材料：

（一）《游艇驾驶证申请表》（见附件2）；

（二）身份证明；

（三）1年内签发的合格身体条件证明（见附件3），或者有效的海船船员或内河船舶船员健康体检证明；

（四）两张近期5厘米白底彩色光面证件照片或电子照片；

（五）培训证明；

（六）有效的海船或内河船舶船长、驾驶员或引航员适任证书（如适用）；

（七）境外海事主管当局或其授权机构颁发的有效《游艇驾驶证》（如适用）；

（八）《游艇驾驶证》（如适用）；

（九）委托办理授权书（如适用）。

船员管理系统中已具有电子信息的，可免于提交相应纸质材料。

第十二条　对符合条件者，海事管理机构签发相应的《游艇驾驶证》。

第十三条　申请变更《游艇驾驶证》适用范围，应完成《海船船员培训大纲》或《内河船舶船员适任培训和考试大纲》对应内容的补差培训并通过相应的考试与评估。

第十四条　持有有效海船或内河船舶船长、驾驶员或引航员适任证书的人员，通过《海船船员培训大纲》或《内河船舶船员适任培训和考试大纲》规定的实际操作评估后，可向有相应管理权限的海事管理机构申请相应适用范围的《游艇驾驶证》。

持有经主管机关认可的境外海事主管当局或其授权机构颁发的游艇驾驶证人员，可向有相应管理权限的海事管理机构提交第十一条（一）至（四）、（七）、（九）项规定的材料申请换发与原适用范围相应的《游艇驾驶证》。

持有其他境外海事主管当局或其授权机构颁发的《游艇驾驶证》的人员，申请换发《游艇驾驶证》，除须提交第十一条（一）至（四）、（七）、（九）项规定的材料外，还应通过《海船船员培训大纲》或《内河船舶船员适任培训和考试大纲》规定的与申请适用范围相应的实际操作培训和评估。

第十五条　《游艇驾驶证》有效期届满前6个月内或届满后12个月内，持证人可向有相应管理权限的海事管理机构申请《游艇驾驶证》再有效，并提交第十一条(一)至(四)、(八)、(九)项规定的材料。

《游艇驾驶证》有效期届满后12个月及以上，需通过《海船船员培训大纲》《内河船舶船员适任培训和考试大纲》规定的实际操作评估后，方可申请《游艇驾驶证》再有效。

第十六条　《游艇驾驶证》如有污损或遗失的，持证人可向有相应管理权限的海事管理机构递交《游艇驾驶证申请表》和身份证明，申请污损或遗失补办。《游艇驾驶证》污损的，应当缴回被损坏的证书原件；《游艇驾驶证》遗失的，应当提交证书遗失说明。

第十七条　《游艇驾驶证》可由本人或委托申请办理。

第十八条　除海事管理机构或承担海事管理职责的机构依法实施外，任何单位和个人不得以任何理由暂扣或吊销《游艇驾驶证》。

第十九条　本办法所指的封闭水域是指封闭的与外界无通航联系的湖泊、水库等。

本办法所指身份证明包括：有效的居民身份证、护照、港澳居民往来内地通行证、台湾同胞往来大陆通行证等。

第二十条　本办法自2022年1月1日起实施。《关于印发〈中华人民共和国游艇操作人员培训、考试和发证办法〉的通知》(海船员〔2011〕247号)同日废止。

“游艇驾驶证”证书编号规则

证书编号的组成为发证机关编码(两位)＋证书适用范围编码(三位)＋发证年份(四位)＋序号(四位)，共13位。

证书适用范围编码共三位，依次为游艇类别、游艇等级、游艇推进动力装置类型。

(1)“游艇驾驶证”适用的类别分为海上“游艇驾驶证”和内河“游艇驾驶证”，分别用A和B表示。

(2)“游艇驾驶证”适用的游艇等级如下。

一等“游艇驾驶证”：海上任何长度游艇或内河任何适航水域游艇。

二等"游艇驾驶证"：20 m 及以下海上游艇或内河封闭水域游艇。

以上游艇等级分别用 1 和 2 表示。

(3) "游艇驾驶证"适用的推进动力装置类型分为机械推进动力装置、机械和风帆推进混合动力装置，分别用 E 和 F 表示。

游艇操作人员理论培训与考试大纲

考试大纲	适用范围					
	类别		等级		推进装置类型	
	海上	内河	一等	二等	混合动力	机械动力
1　航行规则及相关安全管理法规(2 学时)						
1.1　中国沿海、内河水域航行规则概述	√	√				
1.2　船舶交通管理系统有关规定及水上安全管理法规概述	√	√				
1.3　游艇安全管理等相关规定		√				
1.3.1　游艇安全规章制度	√	√				
1.3.2　游艇安全管理	√	√				
1.3.3　游艇操作人员管理	√	√				
1.3.4　游艇检验	√	√				
1.4　中华人民共和国内河交通安全管理条例		√				
1.5　防止船舶污染水域有关规定	√	√				
1.6　中华人民共和国内河海事行政处罚规定		√				
1.7　中华人民共和国海上海事行政处罚规定	√					
2　游艇航行基本知识(6 学时)						
2.1　内河航行基本知识		√				
2.1.1　内河航道尺度和水流条件		√				
2.1.2　内河航道的分类及特点		√				

（续表）

考试大纲	适用范围					
	类别		等级		推进装置类型	
	海上	内河	一等	二等	混合动力	机械动力
2.2 中国沿海海区港口概况及通航安全管理规章	√					
2.3 潮汐基本知识						
2.3.1 潮汐基本成因和潮汐术语	√	√				
2.3.2 我国沿海水域潮汐特点概述	√					
2.3.3 河口潮汐特点与潮汐利用,《潮汐表》		√				
2.4 助航标志						
2.4.1 内河助航标志						
2.4.1.1 内河助航标志概述(包括功能和分类)		√				
2.4.1.2 内河助航标志的外形、颜色和灯质规定		√				
2.4.2 中国海区水上助航标志						
2.4.2.1 海区航道走向及左右侧规定	√					
2.4.2.2 标志类型	√					
2.4.2.3 各种标志特征及相应的航行方法	√					
2.5 航用海图及航行图						
2.5.1 墨卡托海图的基本概念、比例尺与图例识别	√					
2.5.2 高斯内河航行图的基本概念、比例尺与图例识别		√				
2.5.3 航行图的使用、保管和改正及保存,航行通告种类及内容	√	√				
2.6 气象常识						
2.6.1 气象要素						

（续表）

考试大纲	适用范围					
	类别		等级		推进装置类型	
	海上	内河	一等	二等	混合动力	机械动力
2.6.1.1　气温概念及其与天气的关系	√	√				
2.6.1.2　气压概念及其与天气的关系	√	√				
2.6.1.3　湿度概念及其与天气的关系	√	√				
2.6.1.4　能见度概念及等级	√	√				
2.6.1.5　雾的成因、分类，各种雾的概念及特点	√	√				
2.6.2　气团与风的基本概念	√	√				
2.6.3　气旋与反气旋						
2.6.3.1　气旋的概念	√	√				
2.6.3.2　龙卷风概念及特征	√	√				
2.6.3.3　热带气旋的等级和名称	√	√				
2.6.3.4　台风结构及其天气特征，游艇防台措施	√	√				
2.6.4　天气预报内容、灾害性天气预报	√	√				
2.6.5　常见天气谚语	√	√				
2.7　航行基本要领及定位技术						
2.7.1　航线的拟定和选择			√	√		
2.7.2　转向点定义及选用原则、转向时机掌握			√	√		
2.7.3　船位定义及定位方法			√	√		
2.7.4　航向、船位及避让的关系			√	√		
2.7.5　不同类型河段的航行方法		√				
2.7.6　特殊情况下的航行						

（续表）

考试大纲	适用范围					
	类别		等级		推进装置类型	
	海上	内河	一等	二等	混合动力	机械动力
2.7.6.1　雷雨大风天的航行			√	√		
2.7.6.2　夜航特点及注意事项			√	√		
2.7.6.3　雾天航行及注意事项，突遇浓雾时的应急措施			√	√		
2.7.6.4　流冰期和洪水期的航行及注意事项		√				
2.8　游艇助航设备的使用						
2.8.1　游艇罗经的使用及注意事项			√	√		
2.8.2　VHF 设备的使用及注意事项			√	√		
2.8.3　雷达及 GPS 等导航设备的使用及注意事项						
2.8.3.1　雷达图像识别及定位原理			√	√		
2.8.3.2　雷达定位方法、使用及注意事项			√	√		
2.8.3.3　GPS 定位方法、使用及注意事项			√	√		
2.8.3.4　AIS 设备的使用及注意事项			√	√		
2.8.3.5　使用雷达进行避让的方法			√	√		
3　游艇操纵基本知识（6 学时，1 等增加 4 学时）						
3.1　游艇操纵性能基本知识						
3.1.1　游艇操纵性能的概念，启动停止性能，旋回性和航向稳定性			√	√		
3.1.2　影响游艇操纵性能的因素，风、流、浅水及浮态对游艇操纵性能的影响			√	√		
3.1.3　舵效的概念及影响舵效的因素			√	√		
3.1.4　停车和倒车冲程，影响游艇冲程的因素			√	√		

（续表）

考试大纲	适用范围					
	类别		等级		推进装置类型	
	海上	内河	一等	二等	混合动力	机械动力
3.2　游艇操纵设备的使用						
3.2.1　车在游艇操纵中的作用			√	√		
3.2.2　舵在游艇操纵中的作用			√	√		
3.2.3　侧推器在游艇操纵中的作用			√	√		
3.2.4　双车游艇的操纵特性及注意事项			√	√		
3.2.5　无舵叶游艇的操纵特性及注意事项			√	√		
3.3　外界因素对游艇操纵的影响			√	√		
3.3.1　风对游艇操纵的影响			√	√		
3.3.2　流对游艇操纵的影响			√	√		
3.3.3　风、流对游艇操纵的综合影响			√	√		
3.3.4　浅水对游艇操纵的影响			√	√		
3.3.5　狭窄水道效应、船间效应和岸壁效应			√	√		
3.4　游艇在船舶拥挤水域(绕标)操纵要领			√	√		
3.5　游艇靠、离泊操纵要领						
3.5.1　常用靠泊操纵方法、要领及注意事项			√	√		
3.5.2　常用离泊操纵方法、要领及注意事项			√	√		
3.6　游艇锚泊要领及缆索具的使用						
3.6.1　游艇锚泊要领					√	√
3.6.2　游艇缆索具的使用					√	
3.7　大风浪中的游艇操纵方法及注意事项			√	√		

（续表）

考试大纲	适用范围					
	类别		等级		推进装置类型	
	海上	内河	一等	二等	混合动力	机械动力
3.8 游艇应急操纵方法						
3.8.1 人员落水时的操纵方法			√	√		
3.8.2 游艇进水时的应急措施			√	√		
3.8.3 游艇碰撞时的应急措施			√	√		
3.8.4 游艇火灾时的应急措施			√	√		
4 游艇避碰技术(4学时)						
4.1 内河避碰技术						
4.1.1 《内河避碰规则》的目的、宗旨、适用范围、责任及特别规定		√				
4.1.2 航行与避让						
4.1.2.1 行动原则						
4.1.2.1.1 瞭望的目的，正规瞭望的方法及注意事项		√				
4.1.2.1.2 安全航速的概念，决定安全航速应考虑的因素		√				
4.1.2.2 航行原则						
4.1.2.2.1 机动船的行动原则		√				
4.1.2.2.2 任何船舶的行动原则		√				
4.1.2.2.3 船舶在分道通航制，定线制水域的航行原则		√				
4.1.2.2.4 机动船的避让原则		√				
4.1.3 机动船相遇、存在碰撞危险时的避让行动						

（续表）

考试大纲	适用范围					
	类别		等级		推进装置类型	
	海上	内河	一等	二等	混合动力	机械动力
4.1.3.1 机动船对驶相遇的行动要求和应遵守的规定		√				
4.1.3.2 机动船追越的行动要求和应遵守的规定		√				
4.1.3.3 机动船横越和交叉相遇的行动要求和应遵守的规定		√				
4.1.4 机动船、人力船、帆船、排筏相遇，存在碰撞危险时的避让行动		√				
4.1.5 船舶在能见度不良时的行动原则及注意事项		√				
4.1.6 号灯和号型						
4.1.6.1 号灯和号型的定义、适用范围、显示时机和要求		√				
4.1.6.2 各类船舶的号灯和号型的识别和运用		√				
4.1.7 声响信号						
4.1.8 VHF 无线电话在避让中的通话规定		√				
4.1.9 遇险信号及其使用		√				
4.2 国际海上避碰规则						
4.2.1 船舶在任何能见度情况下的行动规则						
4.2.1.1 瞭望的目的，正规瞭望的方法及注意事项	√					
4.2.1.2 安全航速的概念，决定安全航速应考虑的因素	√					
4.2.1.3 碰撞危险的判断方法	√					
4.2.1.4 避免碰撞的行动原则	√					

（续表）

考试大纲	适用范围					
	类别		等级		推进装置类型	
	海上	内河	一等	二等	混合动力	机械动力
4.2.2 船舶的号灯、号型和声响信号						
4.2.2.1 号灯、号型的定义、显示时间及各类船舶的号灯和号型	√					
4.2.2.2 声响和灯光信号	√					
4.2.3 船舶在互见中的避碰行动						
4.2.3.1 追越的概念及避让行动	√					
4.2.3.2 对遇局面的概念及避让行动	√					
4.2.3.3 交叉相遇局面的概念及避让行动	√					
4.2.3.4 让路船、直航船的行动原则	√					
4.2.4 各类船舶之间的避让责任	√					
4.2.5 能见度不良时的避让行动原则	√					
4.2.6 遇险信号及其使用	√					
5 游艇机械推进动力装置基本知识(2 学时)						
5.1 游艇动力装置的种类及特点						
5.1.1 四冲程柴油机的基本概念及特性					√	√
5.1.2 二冲程汽油机的基本概念及特性					√	√
5.1.3 艇内机与艇外机的基本概念及特性					√	√
5.1.4 喷射推进原理及特点					√	√
5.2 游艇动力装置的运行管理						
5.2.1 开航前的准备工作要点及注意事项					√	√
5.2.2 运行中的工作要点及注意事项					√	√

(续表)

考试大纲	适用范围					
	类别		等级		推进装置类型	
	海上	内河	一等	二等	混合动力	机械动力
5.2.3　到港后的工作要点及注意事项					√	√
5.2.4　游艇动力装置的安全操作及航行中的应急处置					√	√
5.2.5　游艇动力装置的日常检查与保养					√	√
5.2.6　游艇动力装置常见故障的排除方法					√	√
5.3　游艇的存放与保养					√	√
6　游艇基本安全知识和水上生存技能(2学时)						
6.1　游艇安全设备的种类和正确使用方法						
6.1.1　遇险报警设备的正确使用	√	√				
6.1.2　遇险报警的程序与方法	√	√				
6.1.3　救生设备的正确使用	√	√				
6.1.3.1　救生衣的正确使用	√	√				
6.1.3.2　救生圈的正确使用	√	√				
6.1.4　游艇防火与灭火						
6.1.4.1　游艇消防基础知识						
6.1.4.1.1　燃烧的实质、燃烧三要素与燃烧类型	√	√				
6.1.4.1.2　火的分类及灭火方法	√	√				
6.1.4.1.3　常见灭火剂的种类、灭火性能及其扑救火灾时的适用范围,常用灭火器的正确使用	√	√				
6.2　艇上人员急救常识						
6.2.1　人员急救常识	√	√				

（续表）

考试大纲	适用范围					
	类别		等级		推进装置类型	
	海上	内河	一等	二等	混合动力	机械动力
6.2.2 心肺复苏技术						
6.2.2.1 人工呼吸法种类及正确的操纵方法及注意事项	√	√				
6.2.2.2 心脏按压术的方法及注意事项	√	√				
6.2.3 水上生存技能						
6.2.3.1 水中保温方法	√	√				
6.2.3.2 延长水中生存时间的方法	√	√				
6.2.3.3 减少游艇漂流速度的方法(海锚的使用)	√	√				
7 驶帆技术(4 学时)						
7.1 帆船基本知识					√	
7.2 帆船动力的工作原理					√	
7.3 帆船驾驶技术						
7.3.1 顺风行驶技术					√	
7.3.2 迎风行驶技术					√	
7.3.3 航行中的换樯技术					√	
7.3.4 帆船的靠泊技术					√	
7.3.5 恢复倾覆的帆船					√	
7.4 帆船航行规则要求					√	
7.5 缆索具的使用					√	
7.6 常用绳结的打法及使用					√	√

游艇操作人员实际操作培训与评估大纲

序　号	内　　容	实操学时	
		一　等	二　等
1	机械推进动力装置的启动与关闭	1.0	1.0
2	靠、离码头	6.0	4.0
3	驶近和系、离浮筒	2.0	1.0
4	锚泊作业	1.0	1.0
5	航行(加速、变向、高速定向航行)	2.0	1.0
6	蛇航绕标(5 个标)	2.0	2.0
7	救助落水人员	2.0	2.0
8	基本急救	2.0	2.0
9	救生与消防设备的使用	2.0	2.0
10	常用绳结打法	3.0	3.0
11	驶帆,缆索具的使用	7.0	7.0
合　　计		**30.0**	**26.0**

注：1. 上述实操学时仅适用于 20 人/班的办班规模。
　　2. 机械推进动力装置可免除第 11 项的培训及评估。

游艇操作人员适任证书申请表

以下内容由申请人填写(请以正楷字用黑色水笔或签字笔填写)

姓 名		姓名拼音		性别	男□ 女□	照片 (5厘米白底彩色光面证件照片)
出生日期	年 月 日		国籍			
身份证明号码						
身份证明签发机关						
通信地址						
联系电话			邮政编码			

现持适任证书	种类	类别	等级	职务	证书编号	发证日期

申请形式	□考试发证 □到期/再有效换证 □证书转换 □证书范围变更 □污损、遗失补发 □其他
申请证书的适用范围	□海上任何长度的机械和风帆推进混合动力装置 □海上20米及以下长度的机械和风帆推进混合动力装置游艇 □海上任何长度的机械推进动力装置游艇 □海上20米及以下长度的机械推进动力装置游艇 □内河任何适航水域机械和风帆推进混合动力装置游艇 □内河封闭水域机械和风帆推进混合动力装置游艇 □内河任何适航水域机械推进动力装置游艇 □内河封闭水域机械推进动力装置游艇

申请人保证以上各栏所填内容及所提交的身份证明、有关证件和照片真实。申请人明白,若不如实填报或提交虚假资料属违法行为,将会被取消申请资格或被追究相关责任。

申请人签名: 年 月 日

以下内容由考试发证机关填写

考试记录		理论成绩	实操成绩	登录人	核对人
	初次考试				
	补 考				

发证审核	一审意见	年 月 日	二审意见	年 月 日	批准人意见	年 月 日

发证记录				
	初次/上次发证证书号码		签发日期	年 月 日
	到期/再有效换证证书号码		签发日期	年 月 日
	转换/变更范围证书号码		签发日期	年 月 日
	污损、遗失补发证书号码		签发日期	年 月 日

游艇操作人员身体条件证明

<table>
<tr><td rowspan="4">申请人填报事项</td><td rowspan="2">申请人信息</td><td>姓 名</td><td></td><td>性别</td><td></td><td>出生日期</td><td></td><td>国 籍</td><td></td></tr>
<tr><td>身份证明名称</td><td colspan="2"></td><td>号码</td><td colspan="4"></td></tr>
<tr><td rowspan="2">申告事项</td><td colspan="6">本人如实申告具有下列疾病或者情况，如有隐瞒，责任自负</td><td colspan="2" rowspan="2">照片</td></tr>
<tr><td colspan="6">□器质性心脏病 □癫痫 □美尼尔氏症 □眩晕
□癔病 □震颤麻痹 □精神病 □痴呆
□影响肢体活动的神经系统疾病等妨碍安全驾驶疾病
□吸食、注射毒品、长期服用依赖性精神药品成瘾尚未戒除
签名：</td></tr>
<tr><td colspan="2" rowspan="7">医疗机构填写事项</td><td>辨色力</td><td colspan="5"></td><td colspan="2" rowspan="2">（医疗机构盖章）</td></tr>
<tr><td rowspan="2">视 力</td><td>左眼：</td><td colspan="2" rowspan="2">是否矫正</td><td colspan="2">□是 □否</td></tr>
<tr><td>右眼：</td><td colspan="2">□是 □否</td><td colspan="2">年 月 日</td></tr>
<tr><td rowspan="2">听 力</td><td>左耳：</td><td colspan="2" rowspan="2">上 肢</td><td colspan="4">左上肢：</td></tr>
<tr><td>右耳：</td><td colspan="4">右上肢：</td></tr>
<tr><td rowspan="2">口头表达能力</td><td rowspan="2"></td><td colspan="2" rowspan="2">下 肢</td><td colspan="4">左下肢：</td></tr>
<tr><td colspan="4">右下肢：</td></tr>
<tr><td colspan="2">医师结论</td><td colspan="2"></td><td colspan="2">医师签名</td><td colspan="4"></td></tr>
</table>

备注：游艇操作人员身体条件要求：

1. 两眼矫正视力达到对数视力表 4.9 以上；
2. 无色盲、色弱；
3. 不戴任何助听器和无视觉辅助条件下，两耳分别距音叉 50 厘米能辨别声源方向；
4. 口头表达无障碍；
5. 四肢无运动功能性障碍。

附录二　浙江海事局游艇安全监督管理实施细则

第一章　总则

第一条　为规范游艇安全管理，防治游艇污染水域环境，促进浙江游艇业的安全、健康发展，依据《游艇安全管理规定》及相关法律法规，结合辖区实际，制定本实施细则。

第二条　本实施细则适用于浙江海事局管辖水域内游艇航行、停泊等活动的安全和防治污染管理。

第三条　中华人民共和国浙江海事局是实施本实施细则的主管机关。浙江海事局所属各级海事管理机构（以下简称“海事管理机构”）依照职责具体负责辖区游艇水上交通安全和防治污染的监督管理。

第四条　游艇安全和防治污染管理遵循安全第一、方便有序、有效监管、健康发展的原则，实行自主管理、行业自律与海事管理机构依法监督管理相结合的管理制度。

第五条　游艇所有人应当对游艇的安全和防污染负责，做好游艇的日常安全管理和维护保养，确保游艇处于良好的安全、技术状态，保证游艇航行、停泊以及游艇上人员的安全。

游艇委托游艇俱乐部管理的，游艇所有人应当与游艇俱乐部签订协议，明确游艇俱乐部在游艇安全与防污染管理方面的责任。游艇俱乐部应当按照海事管理机构的相关规定及其与游艇所有人的协议，承担相应的游艇安全和防污染责任。

第二章　检验和登记

第六条　游艇应当经船舶检验机构按照中国海事局批准或者认可的游艇检验规定和规范进行检验，并取得相应的船舶检验证书后方可使用。

第七条　游艇有下列情形之一的，应当向船舶检验机构申请附加检验：

（一）发生事故，影响游艇适航性能的；

（二）改变游艇检验证书所限定类别的；

（三）船舶检验机构签发的证书失效的；

（四）游艇所有人变更、船名变更或者船籍港变更的；

（五）游艇结构或者重要的安全、防污染设施、设备发生改变的。

第八条　游艇所有人应当按照国家有关船舶登记法律法规向海事管理机构申请办理船舶登记，依法取得船舶所有权证书和船舶国籍证书。

第九条　游艇由其所有人自行管理的，应向当地海事管理机构提交游艇安全管理和使用情况的书面说明，内容应包括游艇航行、停泊水域、日常使用和维护保养情况、驾驶员情况、安全和防污染措施及应急保障等，海事管理机构认为必要时，可对游艇所有人提交的书面说明中的相关内容进行核实，对于不符合安全和防污染要求的，游艇所有人应在游艇投入使用前完成整改；

游艇委托俱乐部管理的，应向当地海事管理机构提交游艇所有人与经主管机关备案公布的游艇俱乐部签订的协议及其复印件。

第三章　航行和停泊

第十条　游艇应随船携带有关船舶证书、文书，按规定配备必要的航海图书资料，并配备航行记录本记载相关的航行活动。

第十一条　游艇应保持对游艇概况、游艇驾驶员变更、安全管理、设备维护保养等方面的连续记录。

第十二条　游艇应当按照船舶检验规范的要求配备足够的安全和防污染设备，应当在其检验证书所确定的航行区域内航行。

第十三条　游艇开航前，游艇驾驶员应当对游艇关键性设备、天气海况等重要安全环节进行确认并做好记录，确保游艇航行安全。游艇所有人或者游艇俱乐部应保存并及时更新游艇的航行、停泊及乘员信息。

第十四条　游艇应安装能与当地海事管理机构、游艇俱乐部进行有效通信的 VHF、AIS 或功能类似设备，并在航行过程中保持开启。

第十五条　游艇所有人或者游艇俱乐部在游艇第一次出航前，应当至少提前 1 个工作日填具《游艇航行区域备案表》，将游艇的航行区域分别向拟航经水域海事管理机构备案。

第十六条　游艇航行水域超出备案范围的，游艇所有人或者游艇俱乐部应当在游艇出航前填具《游艇开航前报告表》，向出发港海事管理机构报告船名、航行计划、游艇驾驶员和乘员的名单、应急联系方式等信息。

第十七条　游艇航行时，除应当遵守避碰规则、航经水域通航安全、交通管理规定外，还应当遵守下列规定：

（一）游艇在整个航行、停泊期间，游艇驾驶员对游艇及乘员承担全部的安全及防污染管理责任；

（二）游艇驾驶员应充分注意本船的操纵性能、抗沉性，特别谨慎地驾驶，避免妨碍在航道水域正常行驶的其他船舶航行；

（三）游艇应当避免在能见度不良等恶劣天气以及其他危及航行安全的情况下航行；

（四）游艇应尽量避免在主航道、锚地、养殖区、渡口和客运码头附近水域、客（渡）运航线、交通密集区及其他交通管制水域航行，确需进入上述水域航行的，应当听从当地海事管理机构的指挥，遵守限速等航行规定；

（五）不具备号灯及其他夜航条件的游艇不得夜航；

（六）游艇不得超过核定乘员航行；

（七）游艇乘员出舱室从事钓鱼等休闲活动时必须穿着救生衣，敞开式游艇的乘员必须全程穿着救生衣。

第十八条　游艇驾驶员不得酒后驾驶、疲劳驾驶。

第十九条　游艇的试航应当遵守下列规定：

（一）游艇应取得经认可的游艇检验机构核发的型式认可证书或经海事管理机构认可的其他有效检验证明文件，方可试航；

（二）游艇试航前，试航实施单位、个人应当事先制定试航大纲和安全保障措施，并提前1个工作日向拟试航区域的海事管理机构备案。备案时应提交船舶在港安全作业报备书、试航大纲和安全保障措施等相关材料；

（三）游艇试航期间，试航实施单位、个人应落实各项安全保障措施；

（四）游艇试航操作人员应当持有相应的《游艇驾驶证》，并熟悉拟航行水域的通航环境。

第二十条　游艇不得在主航道、锚地、禁航区、安全作业区、渡口和客运码头、客（渡）运航线附近水域、以及海事管理机构公布的禁止停泊的水域内停泊。游艇在航行中的临时性停泊，应选择不妨碍其他船舶航行、停泊、作业的水域，并显示相应的号灯、号型。

游艇通过桥区水域时，应遵守相关桥区水域通航安全管理规定。

第四章　游艇驾驶员的管理

第二十一条　游艇驾驶员应当按照《中华人民共和国浙江海事局游艇驾驶员考试、评估和发证办法》的规定经过相应的培训、考试并依法取得《游艇驾驶证》。未取得《游艇驾驶证》的人员不得驾驶游艇。

第二十二条　在航行和临时停泊期间，游艇所有人应为游艇配备足以保证游艇安全航行和停泊的游艇驾驶员，游艇驾驶员应持有与本游艇类型和航行区域航区相应的《游艇驾驶证》。

第二十三条　持有境外海事主管当局或授权机构颁发的游艇驾驶员适任证书的境外居民，可在主管机关管辖水域短期内（每次不超过 7 个连续自然日）驾驶游艇，无需换证。

对于拟长期在主管机关管辖水域驾驶游艇的上述境外居民，如中国海事局与该境外海事主管当局签有证书互认协议，可直接向主管机关申请换发《游艇驾驶证》；如中国海事局与该境外海事主管当局未签有证书互认协议，则需由主管机关进行补充培训后换发《游艇驾驶证》。

第二十四条　游艇驾驶员及其他乘员在航行、停泊期间发现水上交通事故、污染事故、遇险信息或者违法行为时应当及时向海事管理机构报告。

第二十五条　海事管理机构可参照《中华人民共和国船员违法记分管理办法》（试行）对游艇驾驶员违法行为在《游艇驾驶证》副页的记录栏中记分，记分分值满 15 分的，最后记分的海事管理机构应将其《游艇驾驶证》扣留，并按规定进行强制培训和考试。

第五章　安全和防污染保障

第二十六条　游艇必须在显著位置标明乘员数量、水上搜救专用电话号码、海事管理机构公布的水上安全频道和使用须知等内容。

第二十七条　游艇应当配备必要的污油水回收装置、垃圾分类储集容器，并正确使用。游艇产生的废弃蓄电池等废弃物、油类物质、生活垃圾、不符合排放要求的生活污水和其他有毒有害物质应当送岸处理，不得违规排放，并按规定做好记录。

第二十八条　游艇供受油作业时，供、受双方应遵守相关的防污染规定，落实安全和防污染措施。

第二十九条　游艇应当接受海事管理机构实施的船舶安全检查。游艇经过安全检查的，一般 6 个月内不再检查，但存在以下情况的不受 6 个月的限制：

（一）发生水上交通事故或者污染事故的；

（二）被举报低于安全、防污染等要求的；

（三）新发现存在若干缺陷的；

（四）中华人民共和国海事局指定检查的。

第三十条　游艇遇险或者发生水上交通事故、污染事故时，应立即向事故发生地的海事管理机构和游艇俱乐部报告；游艇俱乐部接报后应当立即启动应急预案；游艇上的人员应当尽力自救。

第三十一条　游艇在海上航行或停泊期间，发现附近有船舶或人员遇险需要施救的，在不严重危及游艇自身安全的情况下，游艇应当尽力救助水上遇险的人员。

第六章　游艇签证

第三十二条　游艇应当按照《中华人民共和国船舶签证管理规则》的规定，办理为期 12 个月的定期签证。游艇申请办理定期签证时，应当向海事管理机构提交下列材料：

（一）船舶定期签证申请书；

（二）船舶签证簿；

（三）船舶国籍证书；

（四）船舶检验证书；

（五）游艇驾驶证；

（六）游艇固定航行水域范围说明或者经海事管理机构签注的游艇航行区域备案表(本款适用于首次办理定期签证)；

（七）授权委托书(游艇所有人委托他人办理的)。

第三十三条　海事管理机构受理游艇定期签证申请的，应当在受理之日起 7 个工作日内作出决定；准予办理的，应在船舶签证簿内注明签证的有效期限和准予航行区域；不予许可的，应说明理由。

跨分支局辖区航行的游艇，应分别到航行区域所涉及的海事管理机构办理定期签证。

第三十四条　船舶超出定期签证的有效期限、备案航行区域或者签证核定的其他内容发生变化的，应申请办理航次签证。

第七章　涉外游艇管理

第三十五条　外国籍游艇进出主管机关辖区口岸，游艇所有人或其代理人可按《国际航行船舶进出中华人民共和国口岸检查办法》的相关规定向海事管理机构申请办理进、出口岸手续各一次。

第三十六条　进口岸查验由第一驶抵港的海事管理机构申请办理，出口岸查验由最后驶离港的海事管理机构申请办理。期间在该辖区水域内航行可免于办理进出口岸手续，但其进出港计划须向拟进出港海事管理机构提前1天进行报备。

第三十七条　对于境内制造以自航形式出口境外的游艇，游艇所有人或其代理人应按《国际航行船舶进出中华人民共和国口岸检查办法》的相关规定向海事管理机构办理出口岸手续，各海事管理机构在查验其持有证书情况时，除接受我国相关机构签发的临时国籍证书和检验证书以及境外政府机构或其授权的机构签发的登记和检验证书外，还可接受境外政府机构或其授权的机构认可的产品认证证明。

第三十八条　在保证安全的前提下，对外国籍游艇可不实行强制引航。

第八章　游艇俱乐部管理

第三十九条　游艇俱乐部应当具备法人资格，并具备下列安全和防污染能力：

（一）建立、健全及有效实施游艇安全和防污染管理制度；

（二）配备专职管理人员；

（三）具有相应的游艇安全停泊水域，配备保障游艇安全和防治污染的设施，配备与所管理游艇相适应的水上安全通信设施、设备；

（四）具有为游艇进行日常检修、维护、保养的设施和能力；

（五）具有回收游艇废弃物、残油和垃圾的能力；

（六）具有安全和防污染措施和应急预案，并具备相应的应急救助能力，配备专业救生员。

第四十条　游艇俱乐部依法注册后，应在营运前报主管机关备案，并提交以下材料：

（一）游艇俱乐部备案报告书；

（二）俱乐部简介；

（三）游艇俱乐部营业执照或注册证明；

（四）游艇俱乐部公司章程；

（五）游艇俱乐部专职管理人员服务合同；

（六）游艇专用停泊码头或水域的相关批准或认可文件；

（七）与游艇所有人签订的管理协议范本(委托管理时)；

（八）所管理游艇的情况说明；

（九）游艇俱乐部安全和防污染管理制度,至少包括以下内容：

1. 安全与防污染管理组织机构和岗位职责；

2. 游艇停泊和航行安全管理制度；

3. 游艇驾驶员安全教育和培训制度；

4. 游艇日常检修、维护和保养计划；

5. 船、岸应急预案和演习计划,应急负责人及通信联络说明；

6. 船上油类、垃圾、生活污水等污染物的收集和处理规定；

7. 游艇日常监督检查制度；

8. 海事管理机构认为需要的其他安全管理文件。

第四十一条　主管机关可指定当地海事管理机构对备案的游艇俱乐部的安全和防污染能力应当进行核查,具备第三十九条规定能力的,15 个工作日内在浙江海事局门户网站予以备案公布。

第四十二条　游艇俱乐部应每年一次向主管机关提交运行、安全与防污染等情况的报告。主管机关每年组织对游艇俱乐部的运行、安全与防污染管理等情况进行检查,并及时公布检查结果。

当备案提供的材料所涉及的有关事项发生重大变化时,游艇俱乐部应及时向海事管理机构重新报备。

第四十三条　游艇俱乐部应当承担下列义务：

（一）对游艇驾驶员开展游艇安全、防治污染环境知识和应急反应的宣传、教育和培训并做好相应记录；

（二）督促游艇遵守水上交通安全和防治污染管理规定,制定开航前安全告知手册,保障乘员熟悉救生、消防等安全知识；

（三）落实岸基值班人员,保障停泊于其俱乐部水域或停泊点的游艇安全；

（四）核查游艇、游艇驾驶员的持证情况并建立相应台帐,保证游艇、游艇驾驶员持有相应有效证书；

（五）向游艇提供航行所需的气象、水文情况和海事管理机构发布的航行通(警)告等信息服务并做好记录；遇有恶劣气候条件等不适合出航的情况或者海事管理机构发布禁止出航的警示时,应当制止游艇出航并立刻通知已经出航的游艇返航；

（六）掌握游艇每次出航、返航以及乘员情况，并做好记录；

（七）应保持与出航游艇的有效通信联络，全程跟踪游艇动态，并进行规范记录；

（八）按照向海事管理机构备案的应急预案，定期组织内部管理的应急演练和游艇成员参加的应急演习并做好记录。

第九章　监督检查

第四十四条　海事管理机构应当不定期对游艇、游艇俱乐部和游艇驾驶员培训机构实施监督检查，并做好相关记录。游艇俱乐部和游艇所有人应当予以配合，对发现的安全缺陷和隐患，应当按要求及时进行整改、消除。

第四十五条　海事管理机构发现游艇违反水上交通安全管理和防治船舶污染环境管理秩序的行为，应当责令游艇立即纠正。对未按照要求纠正或者情节严重的，海事管理机构可以依法采取强制措施。

第四十六条　海事管理机构发现游艇俱乐部不再具备安全和防治污染能力的，应当责令其限期整改。对未按照要求整改或者情节严重的，主管机关可以将其从备案公布的游艇俱乐部名录中删除。

第四十七条　海事管理机构的执法人员依法实施监督检查，应当出示执法证件，表明身份。

第十章　附则

第四十八条　本细则所称游艇，是指仅限于游艇所有人自身用于游览观光、休闲娱乐等活动的具备机械推进动力装置的船舶以及登记在游艇俱乐部名下、提供给会员休闲娱乐用的具有机械推进动力装置的船舶。

本细则所称游艇俱乐部是指为加入游艇俱乐部的会员提供游艇保管及使用服务的依法成立并经登记注册的法人组织。

游艇从事营业性运输应当按照国家有关营运船舶的管理规定，办理船舶检验、登记和船舶营运许可等手续。

第四十九条　乘员定额12人以上的游艇，按照客船要求进行安全监督管理。

第五十条　本细则由中华人民共和国浙江海事局负责解释。

第五十一条　本细则自2011年5月1日起施行。

附录三　船舶号灯与号型的显示与识别

根据《一九七二年国际海上避碰规则》(以下简称《规则》)的要求,船舶应当显示的号灯与号型如下:(该附录没有全部摘录规则的全部条款,但顺序按规则进行编排,特别是操纵限制能力船、捕鱼船条款)

1. 在航机动船

《规则》第二十三条规定在航机动船应显示如下号灯。

(1) 前部一盏桅灯。

(2) 第二盏桅灯,后于并高于前桅灯;长度小于 50 m 的船舶,不要求显示该桅灯,但可以这样做。

(3) 两盏舷灯。

(4) 一盏尾灯。

长度不小于 50 m 的在航机动船应显示如附图 3-1 所示号灯。

长度小于 50 m 的在航机动船应显示如附图 3-2 所示号灯。

长度小于 7 m 且最高速度不超过 7 kn 的机动船,可以显示一盏环照白灯以代替本条 1 款规定的号灯,如附图 3-3 所示。如可行,也应显示舷灯。

长度小于 12 m 的机动船应显示桅灯或环照白灯,如果不可能装设在船的首尾中心线上,可以离开中心线显示,条件是其舷灯合并成一盏,并应装设在船的首尾中心线上,或尽可能地装设在接近桅灯或环照白灯所在的首尾线处。

2. 拖带与顶推

《规则》第二十四条规定机动船当拖带时应显示如下号灯。

(1) 两盏垂直桅灯,以取代第二十三条 1 款(1)项或 1 款(2)项规定的号灯。

(2) 当从拖船船尾到被拖物体后端的拖带长度超过 200 m 时,垂直显示三盏如下号灯。

a. 两盏舷灯。

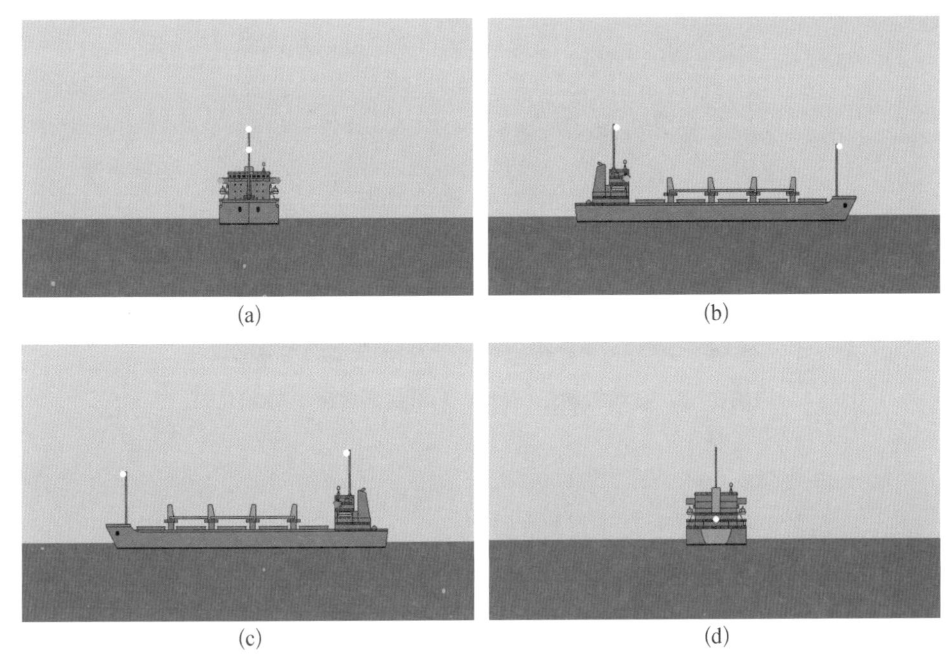

附图 3-1 在航机动船(船长≥50 m)号灯

(a) 正视图;(b) 右视图;(c) 左视图;(d) 尾视图

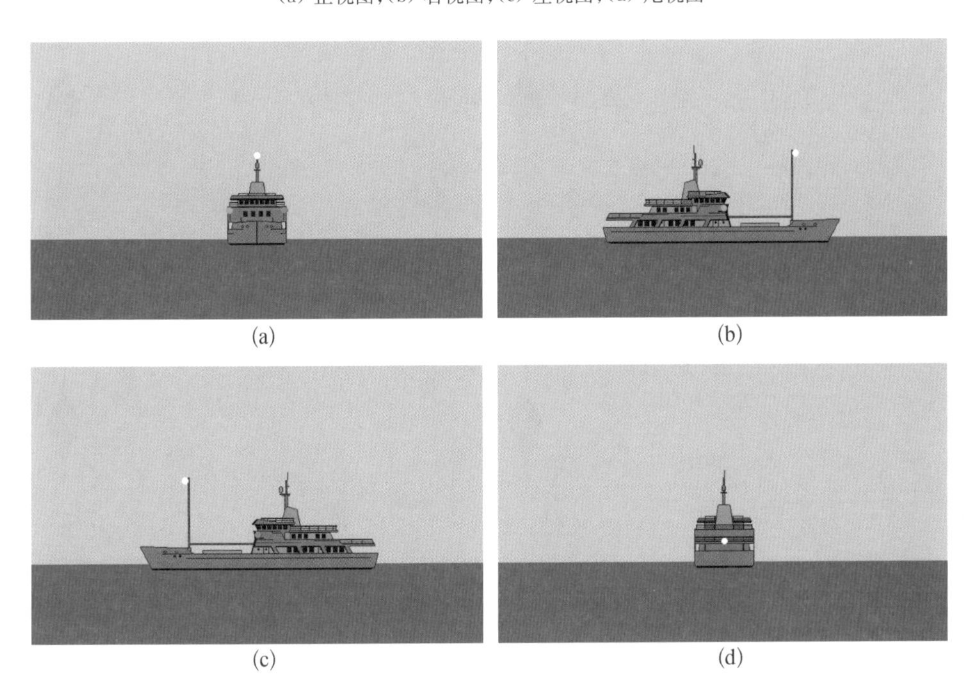

附图 3-2 在航机动船(船长<50 m)号灯

(a) 正视图;(b) 右视图;(c) 左视图;(d) 尾视图

附图 3-3　在航机动船(船长<7 m,最高速度≤7 kn)号灯

b. 一盏尾灯。

c. 一盏黄色拖带灯垂直于尾灯的上方。

d. 当拖带长度超过 200 m 时,在最易见处显示一个菱形体号型。

机动船拖带长度>200 m、船长<50 m 时应显示如附图 3-4 所示号灯。

机动船拖带长度≤200 m、船长<50 m 时应显示如附图 3-5 所示号灯。

机动船拖带长度>200 m、船长≥50 m 时应显示如附图 3-6 所示号灯。

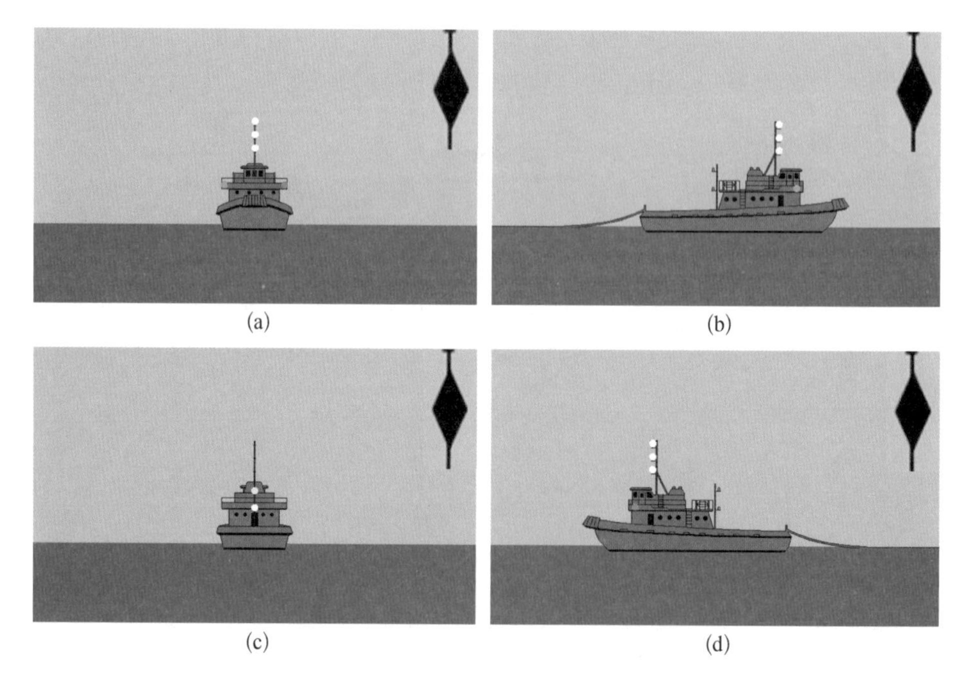

(a)　(b)　(c)　(d)

附图 3-4　机动船拖带长度>200 m、船长<50 m 时号灯(右上角为号型)

(a) 正视图;(b) 右视图;(c) 左视图;(d) 尾视图

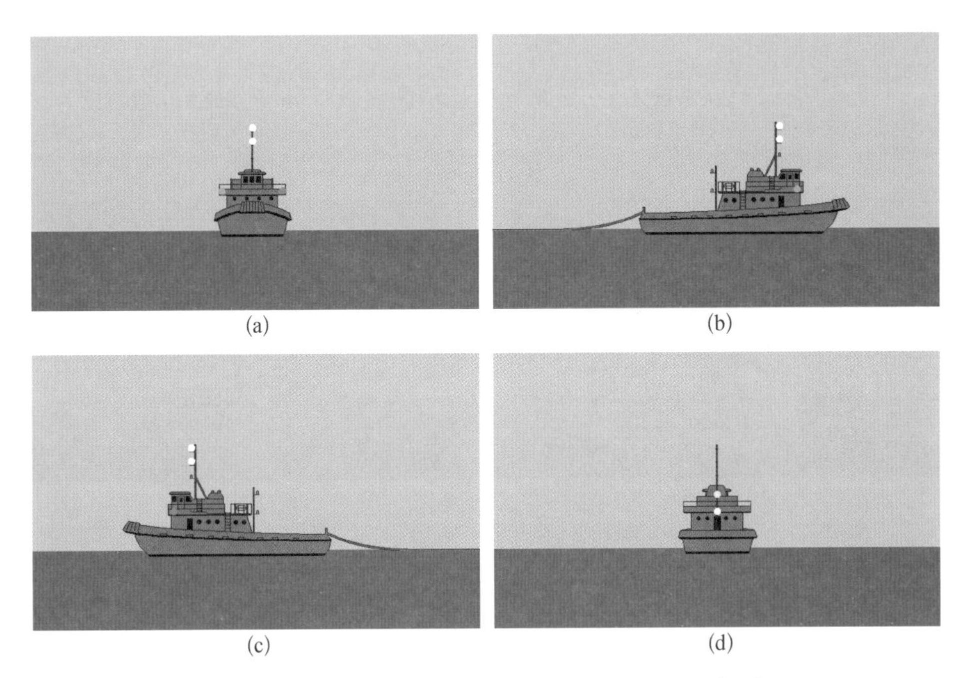

(a)　(b)　(c)　(d)

附图 3-5　机动船拖带长度≤200 m、船长<50 m 时号灯

(a) 正视图；(b) 右视图；(c) 左视图；(d) 尾视图

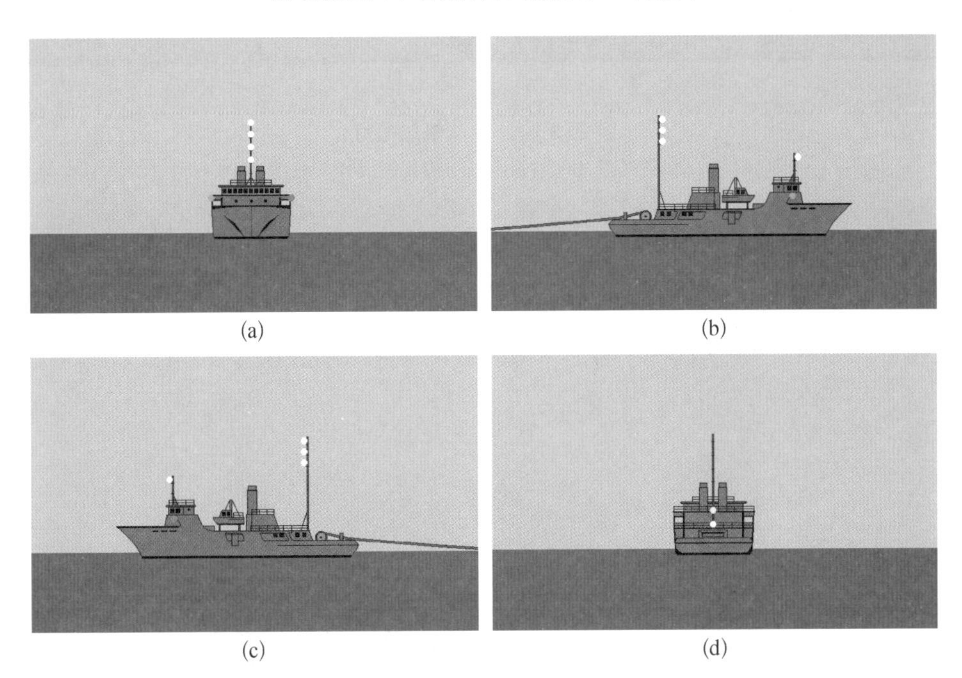

(a)　(b)　(c)　(d)

附图 3-6　机动船拖带长度>200 m、船长≥50 m 时号灯

(a) 正视图；(b) 右视图；(c) 左视图；(d) 尾视图

3. 在航帆船

《规则》第二十五条规定，在航帆船应显示两盏舷灯和一盏尾灯，如附图3-7所示。

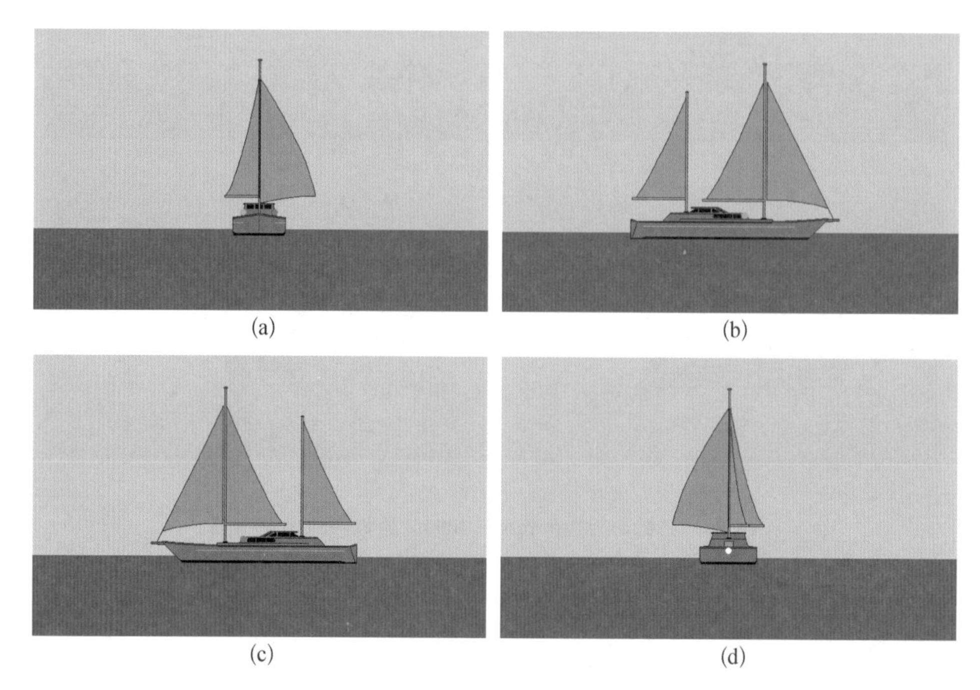

附图3-7　在航帆船号灯

(a) 正视图；(b) 右视图；(c) 左视图；(d) 尾视图

在长度小于12 m的帆船上，《规则》第二十五条1款规定的号灯可以合并成一盏“三色合座灯”，装设在桅顶或接近桅顶处，如附图3-8所示。

附图3-8　长度小于12 m的帆船“三色合座灯”

在航帆船，除《规则》第二十五条1款规定的号灯外，还可在桅顶或接近桅顶的最易见处，垂直显示两盏环照灯，上红下绿，如附图3－9所示。但这些环照灯不应和本条2款所允许的合色灯同时显示。

附图3－9　在航帆船设上红下绿环照灯

长度小于7 m的帆船，如可行，应显示《规则》第二十五条1或2款规定的号灯。但如果不这样做，则应在手边备妥白光的电筒一个或点着的白灯一盏(见附图3－10)，及早显示，以防碰撞。

附图3－10　在航帆船备手电筒

划桨船可以显示《规则》第二十五条为帆船规定的号灯。但如不这样做，则应在手边备妥白光的电筒一个或点着的白灯一盏(见附图3－11)，及早显示，以防碰撞。

用帆行驶的同时也用机器推进船舶，应在前部最易见处显示一个圆锥体号型，尖端向下(见附图3－12)。应用这款时要注意，晚上按机动船要求显示号灯，白天显示号型。

附图 3-11　划桨船手电筒

附图 3-12　机帆并用船号灯

4. 从事捕鱼的船舶

《规则》第二十六条对从事捕鱼的船舶有如下规定。

(1) 从事捕鱼的船舶，不论在航还是锚泊，只应显示本条规定的号灯和号型。

(2) 船舶从事拖网作业，即在水中拖曳爬网或其他用作渔具的装置时，应显示如下号灯。

a. 垂直两盏环照灯，上绿下白，或一个由上下垂直、尖端对接的两个圆锥体所组成的号型。

b. 一盏桅灯，后于并高于环照绿灯。长度小于 50 m 的船舶，则不要求显示该桅灯，但也可以这样做。

c. 当对水移动时，除本条规定的号灯外，还应显示两盏舷灯和一盏尾灯。

船长≥50 m 的拖网渔船不对水号灯如附图 3-13 所示。

船长＜50 m 的拖网渔船不对水号灯如附图 3-14 所示。

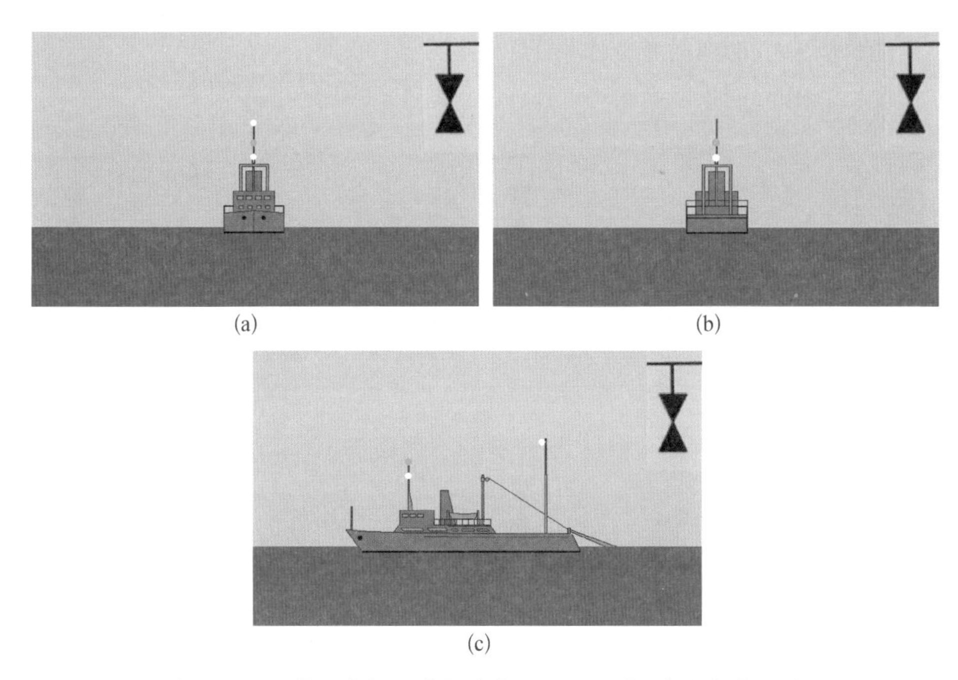

附图 3－13　拖网渔船不对水(船长≥50 m)号灯(右上角为号型)

(a) 正视图;(b) 尾视图;(c) 左(右)视图

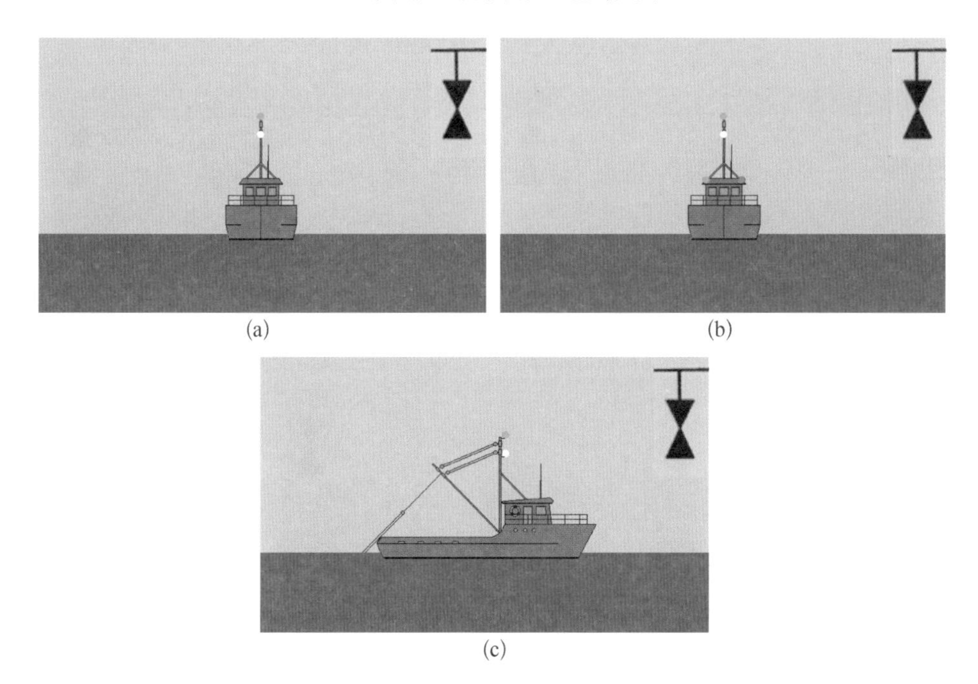

附图 3－14　拖网渔船不对水(船长<50 m)号灯(右上角为号型)

(a) 正视图;(b) 尾视图;(c) 左(右)视图

船长<50 m 的拖网渔船对水号灯如附图 3 - 15 所示。

船长≥50 m 的拖网渔船对水号灯如附图 3 - 16 所示。

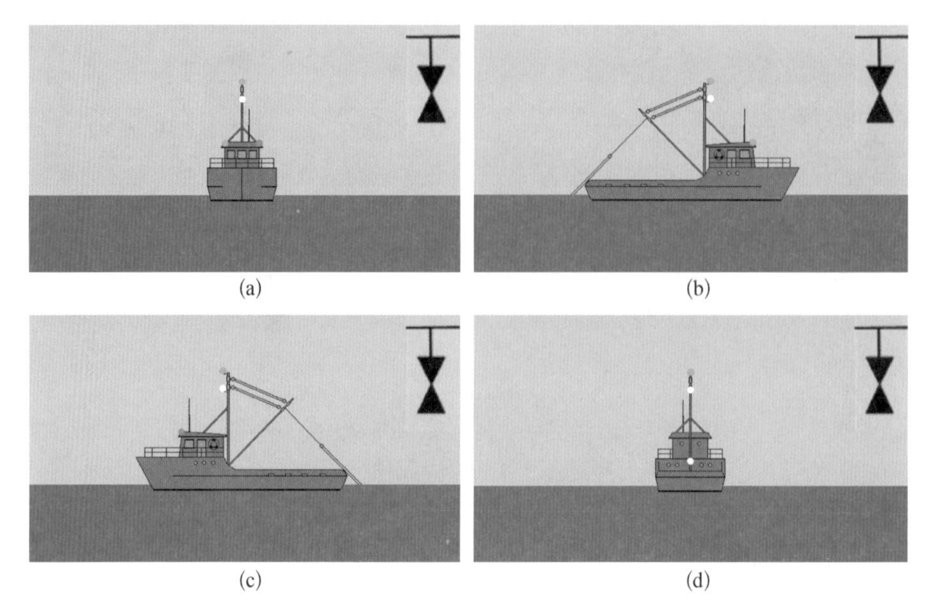

附图 3 - 15 拖网渔船对水(船长<50 m)号灯(右上角为号型)

(a) 正视图;(b) 右视图;(c) 左视图;(d) 尾视图

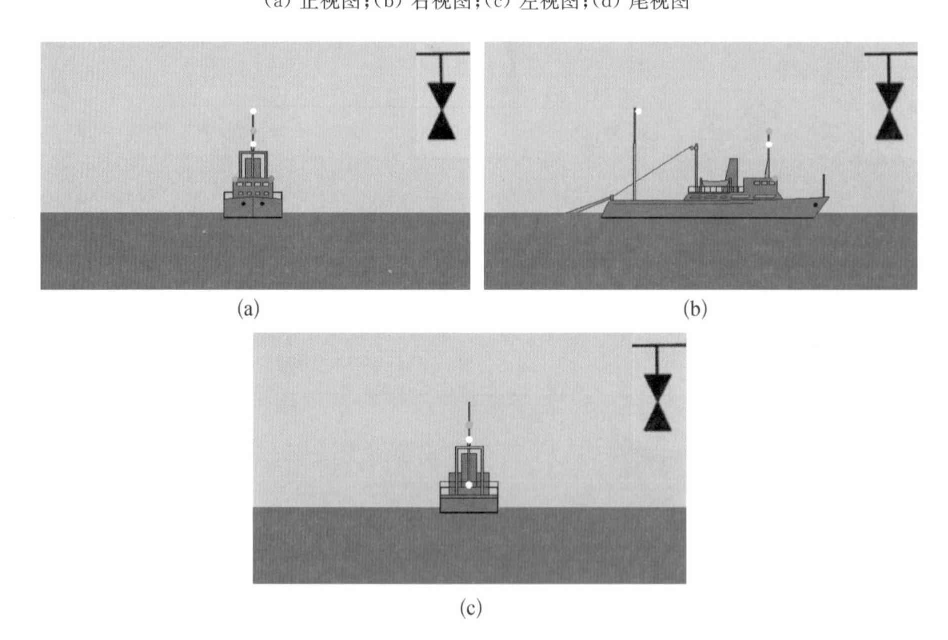

附图 3 - 16 拖网渔船对水(船长≥50 m)号灯(右上角为号型)

(a) 正视图;(b) 右视图;(c) 尾视图

（3）从事捕鱼作业的船舶，除拖网作业者外，应显示如下号灯。

a. 垂直两盏环照灯，上红下白，或一个由上下垂直、尖端对接的两个圆锥体所组成的号型。

b. 当有外伸渔具，其从船边伸出的水平距离大于 150 m 时，应朝着渔具的方向显示一盏环照灯或一个尖端向上的圆锥体号型。

c. 当对水移动时，除本条规定的号灯外，还应显示两盏舷灯和一盏尾灯。

非拖网渔船对水号灯如附图 3－17 所示。

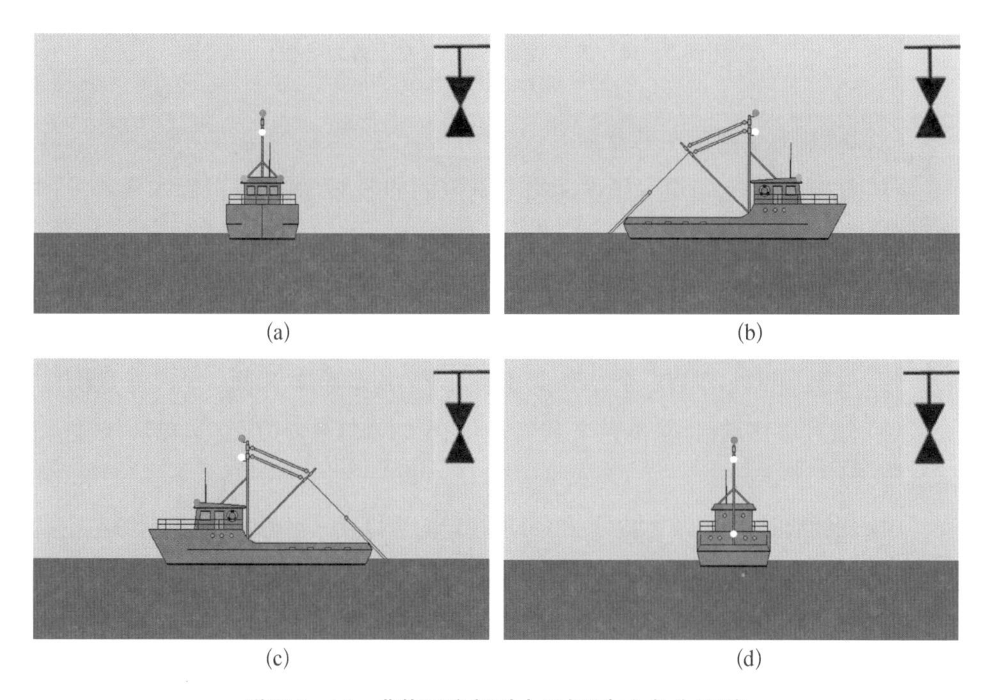

附图 3－17　非拖网渔船对水号灯（右上角为号型）

（a）正视图；（b）右视图；（c）左视图；（d）尾视图

（4）船舶不从事捕鱼时，不应显示本条规定的号灯或号型，而只应显示为其同样长度的船舶所规定的号灯或号型。

5. 失去控制的船舶

《规则》第二十七条规定失去控制的船舶应显示如下号灯（见附图 3－18）。

（1）在最易见处，垂直两盏环照红灯。

（2）在最易见处，垂直两个球体或类似的号型。

（3）当对水移动时，除本条规定的号灯外，还应显示两盏舷灯和一盏尾灯。

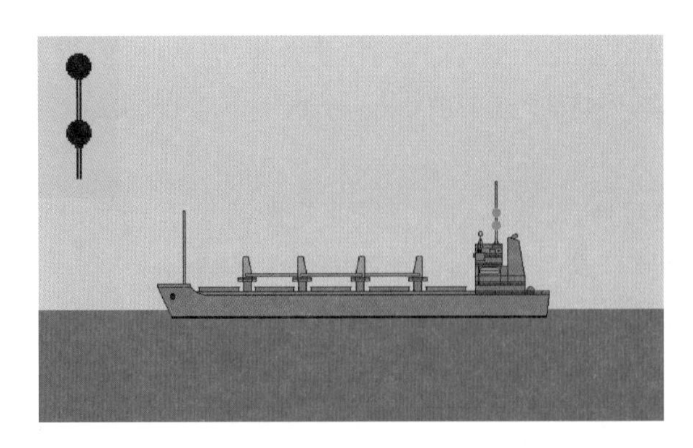

附图 3－18　失去控制的船舶(左上角为号型)

6. 操纵能力受到限制的船舶

《规则》第二十七条规定操纵能力受到限制的船舶,除从事清除水雷作业的船舶外,应显示如下号灯。

(1) 在最易见处,垂直三盏环照灯。最上和最下者应是红色,中间一盏应是白色。

(2) 在最易见处,垂直三个号型,最上和最下者应是球体,中间一个应是菱形体。

(3) 当对水移动时,除本条 2 款(1)项规定的号灯外,还应显示桅灯、舷灯和尾灯。

(4) 当锚泊时,除本条 2 款(1)和(2)项规定的号灯或号型外,还应显示第三十条规定的号灯或号型。

操限船(船长≥50 m)对水号灯如附图 3－19 所示。

操限船不对水号灯如附图 3－20 所示。

从事一项使拖船和被拖物体双方在驶离其航向的能力上受到严重限制拖带作业的机动船(图略)。

从事疏浚或水下作业的船舶,当其操纵能力受到限制时,应显示本条 2 款(1)、(2)和(3)项规定的号灯和号型。此外,当存在障碍物时,还应显示如下号灯。

(1) 在障碍物存在的一舷,垂直显示两盏环照红灯或两个球体。

(2) 在他船可以通过的一舷,垂直显示两盏环照绿灯或两个菱形体。

(3) 当锚泊时,应显示本款规定的号灯或号型以取代第三十条规定的号灯或号型。

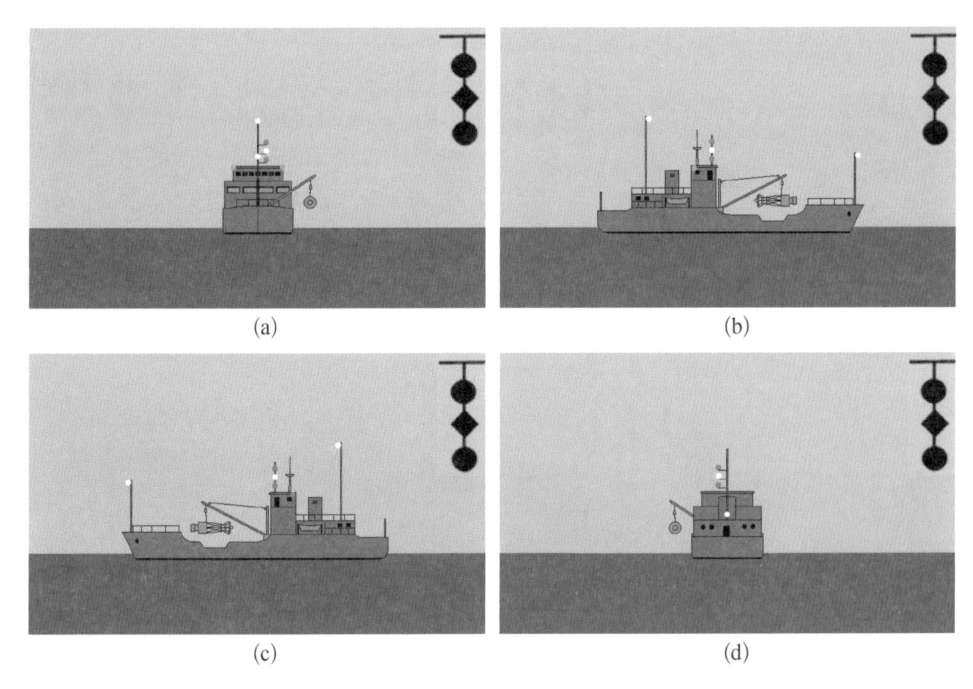

附图 3－19　操限船(船长≥50 m)对水号灯(右上角为号型)

(a) 正视图;(b) 右视图;(c) 左视图;(d) 尾视图

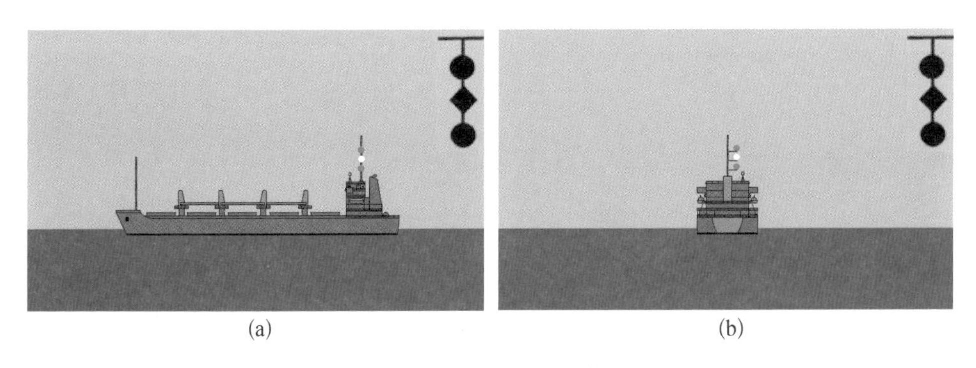

附图 3－20　操限船不对水号灯(右上角为号型)

(a) 左(右)视图;(b) 前(尾)视图

从事疏浚或水下作业,且船长≥50 m 的操限船号灯如附图 3－21 所示。

当从事潜水作业船舶的尺度使之不可能显示本条 4 款规定的号灯和号型时,则应显示如下号灯(见附图 3－22)。

(1) 在最易见处,垂直三盏环照灯。最上和最下者应是红色,中间一盏应是白色。

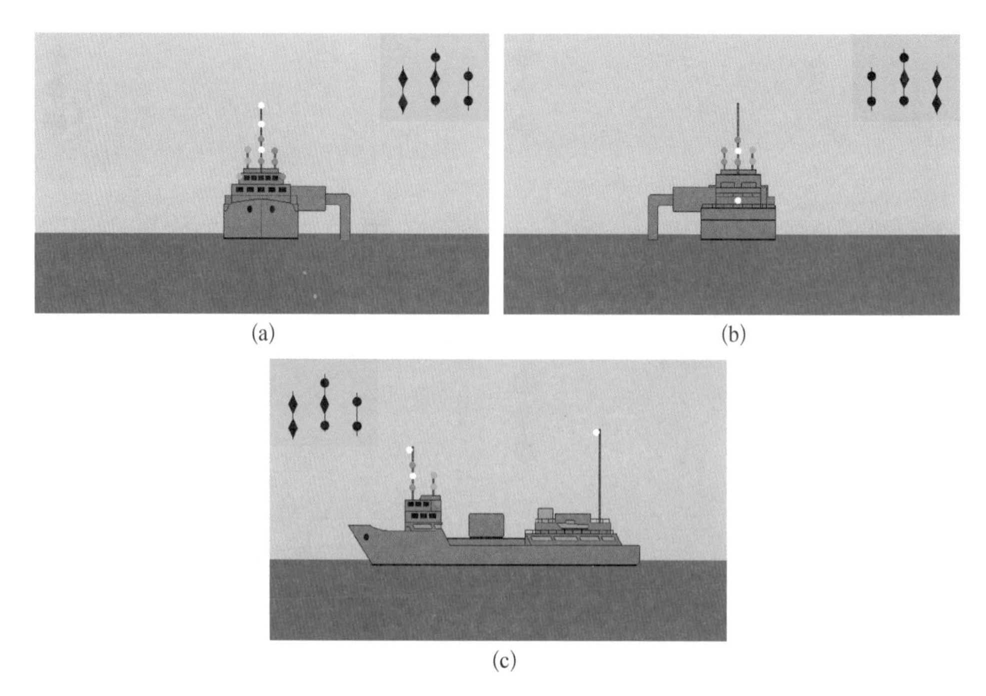

附图 3-21 操限船(从事疏浚或水下作业,船长≥50 m)号灯(右上角为号型)

(a) 正视图;(b) 尾视图;(c) 左视图

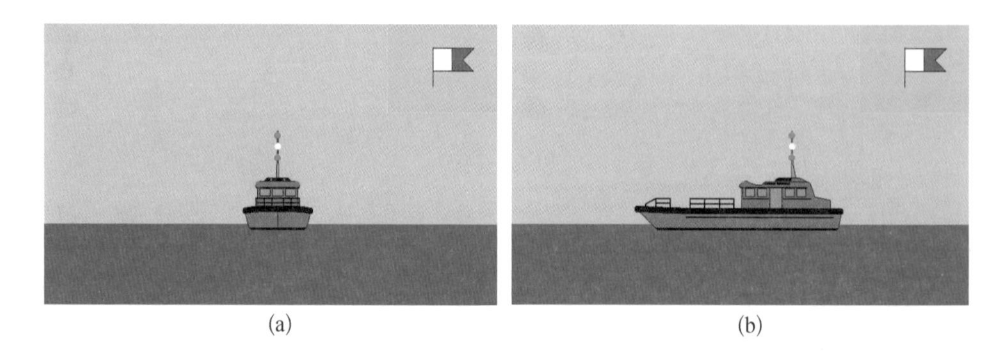

附图 3-22 操限船(潜水作业)号灯(右上角为号型)

(a) 前(尾)视图;(b) 左(右)视图

(2) 一个国际信号旗"A"的硬质复制品,其高度不小于 1 m,并应采取措施,以保证周围都能见到。

从事清除水雷作业的船舶,除《规则》第二十三条为机动船规定的号灯或第三十条为锚泊船规定的号灯或号型外,还应显示三盏环照绿灯或三个球体

(见附图 3－23)。这些号灯或号型之一应在接近前桅桅顶处显示,其余应在前桅桁两端各显示一个。这些号灯或号型表示他船驶近至清除水雷船 1 000 m 以内是危险的。

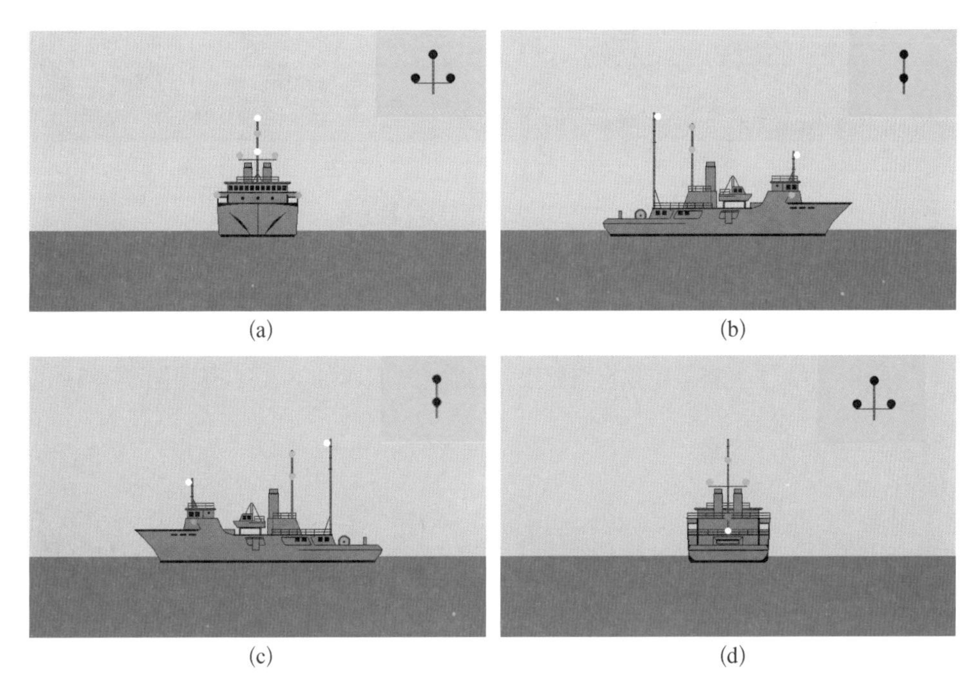
(a)　(b)　(c)　(d)

附图 3－23　操限船(清除水雷作业,船长≥50 m)号灯(右上角为号型)

(a) 正视图;(b) 右视图;(c) 左视图;(d) 尾视图

7. 限于吃水的船舶

《规则》第二十八条规定限于吃水的船舶,除第二十三条为机动船规定的号灯外,还可在最易见处垂直显示三盏环照红灯,或者一个圆柱体(见附图 3－24)。

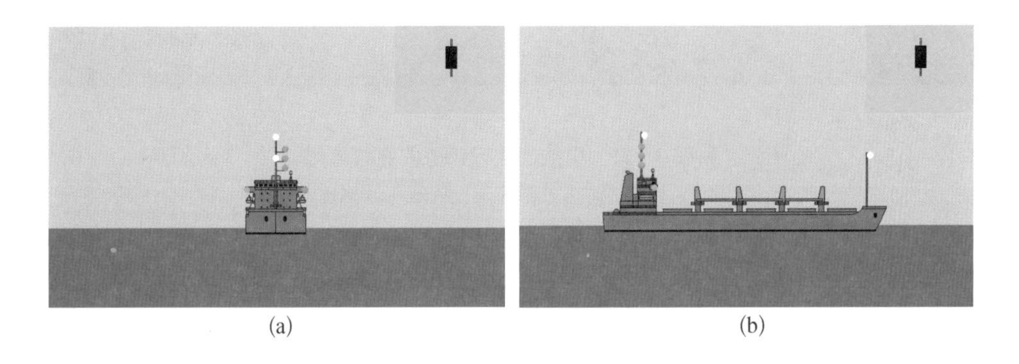
(a)　(b)

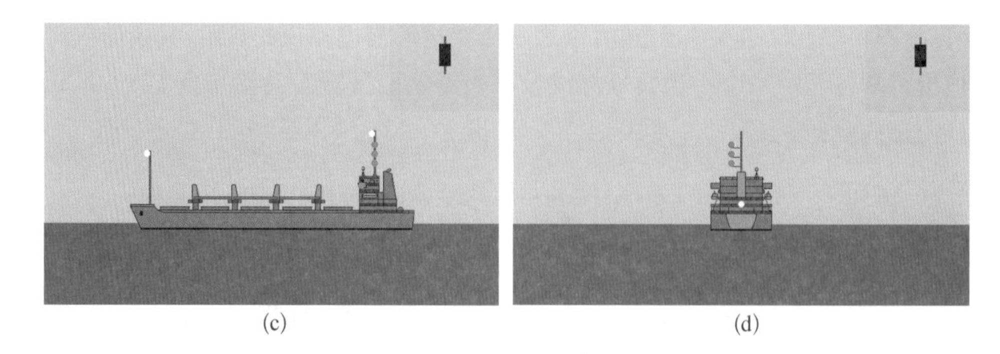

(c) (d)

附图 3－24　限于吃水船舶号灯(右上角为号型)

(a) 正视图;(b) 右视图;(c) 左视图;(d) 尾视图

8. 从事引航任务的船舶

《规则》第二十九条规定执行引航任务的船舶应显示如下号灯(见附图 3－25)。

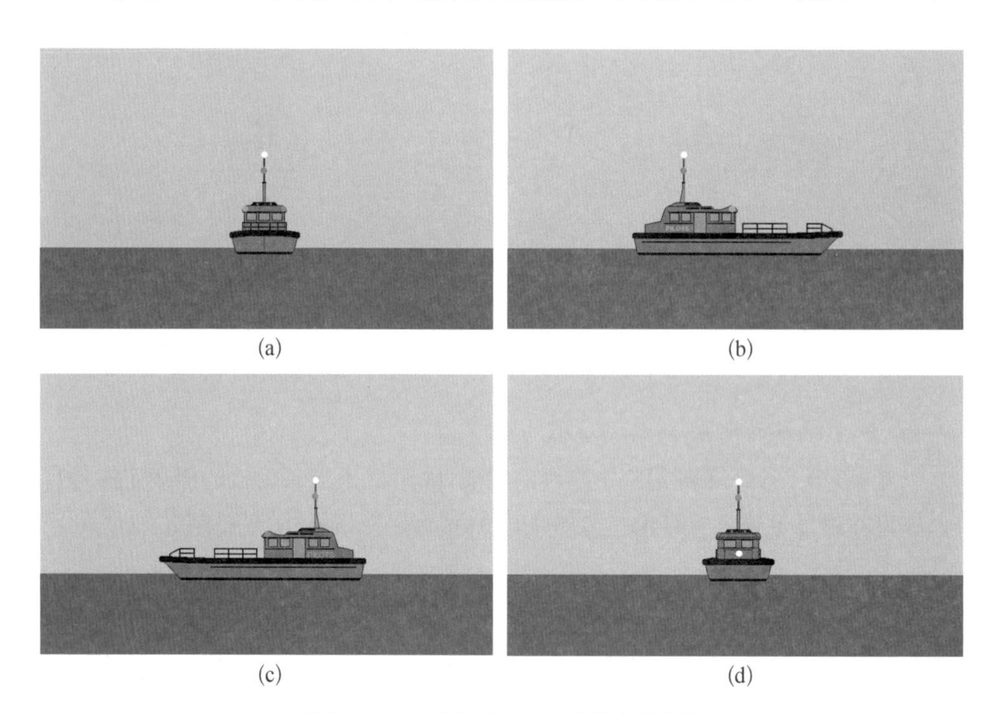

(a) (b) (c) (d)

附图 3－25　引航船执行任务的在航号灯

(a) 正视图;(b) 右视图;(c) 左视图;(d) 尾视图

(1) 在桅顶或接近桅顶处,垂直显示两盏环照灯,上白下红。

(2) 当在航时,外加舷灯和尾灯。

(3) 当锚泊时,除本条1款(1)项规定的号灯外,还应显示第三十条对锚泊船规定的号灯或号型。

当引航船不执行引航任务时,应显示其同样长度的同类船舶规定的号灯或号型(见附图3-26)。

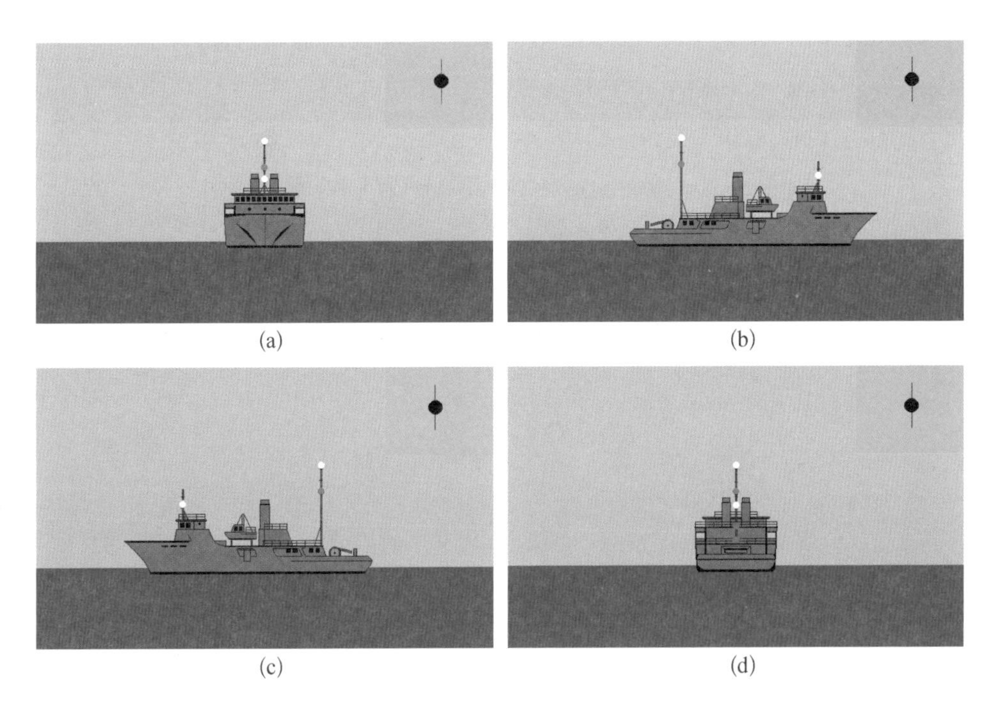

附图3-26　引航船不执行引航任务的号灯(右上角为锚泊号型)

(a) 正视图;(b) 右视图;(c) 左视图;(d) 尾视图

9. 锚泊船舶

《规则》第三十条规定,锚泊中的船舶应在最易见处显示如下号灯。

(1) 在船的前部,显示一盏环照白灯或一个球体。

(2) 在船尾或接近船尾并低于第(1)项规定的号灯处,显示一盏环照白灯。

船长小于50 m的船舶,可以在最易见处显示一盏环照白灯,以取代本条1款规定的号灯(见附图3-27)。

锚泊中的船舶,还可以使用现有的工作灯或同等的灯照明甲板,而船长不小于100 m的船舶应当使用如附图3-28所示的灯。

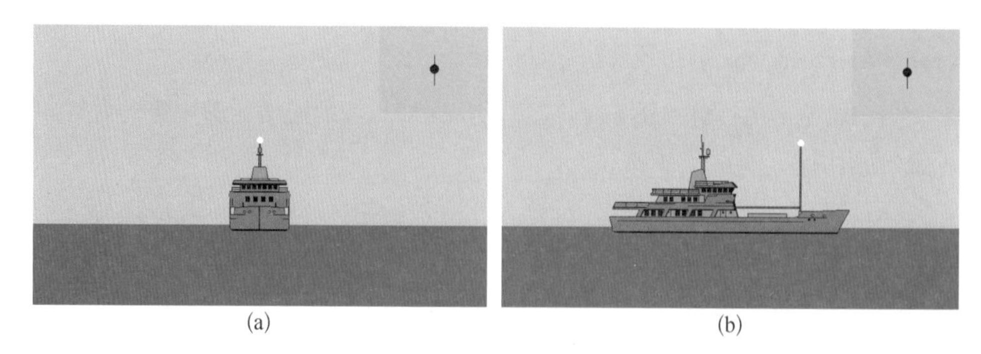

附图 3－27　锚泊船(船长<50 m)号灯(右上角为锚泊号型)

(a) 正视图;(b) 左(右)视图

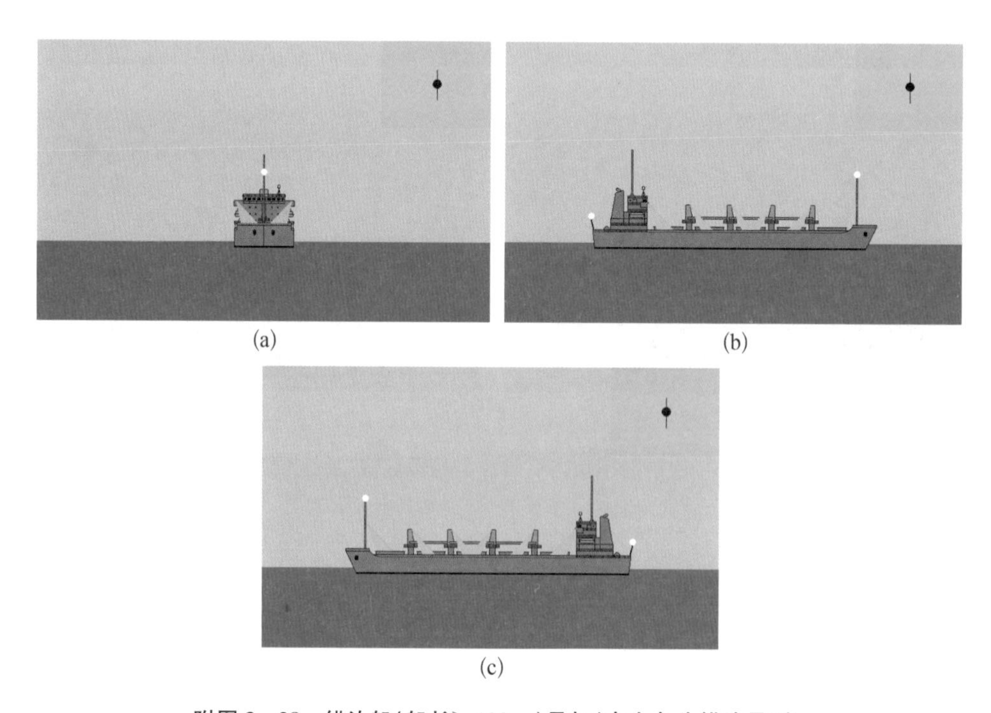

附图 3－28　锚泊船(船长≥100 m)号灯(右上角为锚泊号型)

(a) 正视图;(b) 右视图;(c) 左视图

10. 搁浅船舶

《规则》第三十条规定,搁浅的船舶应显示本条 1 或 2 款规定的号灯,并在最易见处外加如下号灯。

(1) 垂直的两盏环照红灯。

(2) 垂直的三个球体。

长度小于 7 m 的船舶，不是在狭水道、航道、锚地或其他船舶通常航行的水域中或其附近锚泊时，不要求显示本条 1、2 或 4 款规定的号灯或号型。

长度小于 12 m 的船舶搁浅时，不要求显示本条第 4 款(1)和(2)项规定的号灯或号型。

船长大于 100 m 的搁浅船舶号灯如附图 3－29 所示，船长为 12～50 m 的搁浅船舶号灯如附图 3－30 所示

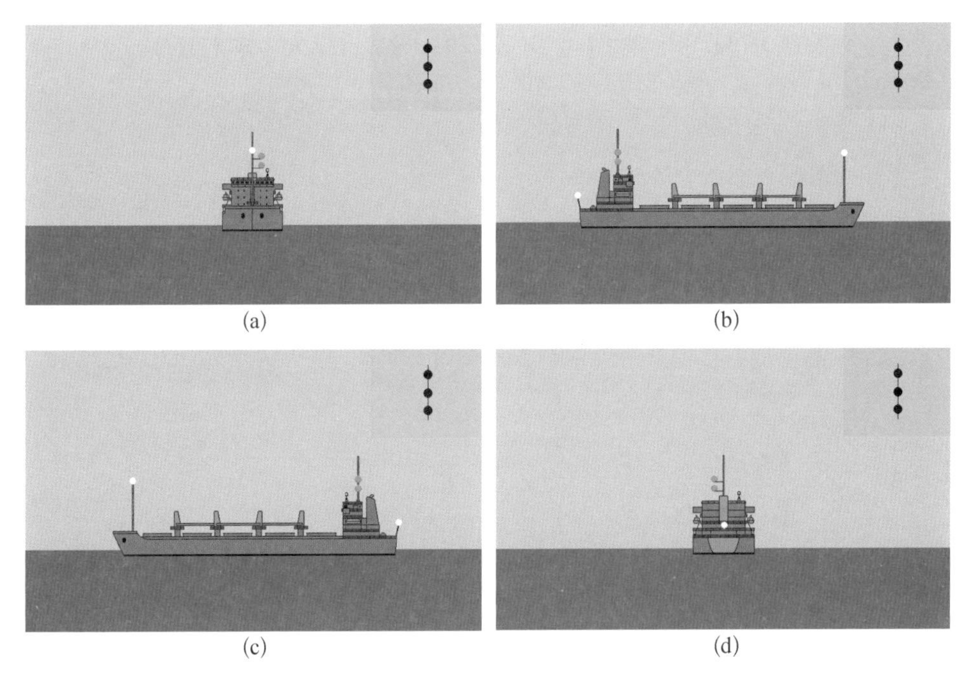

(a)　(b)　(c)　(d)

附图 3－29　搁浅船(船长>100 m)号灯(右上角为搁浅号型)

(a) 正视图；(b) 右视图；(c) 左视图；(d) 尾视图

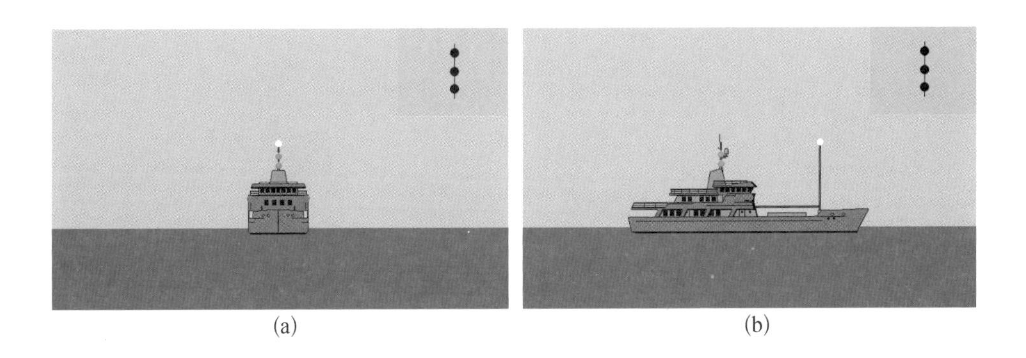

(a)　(b)

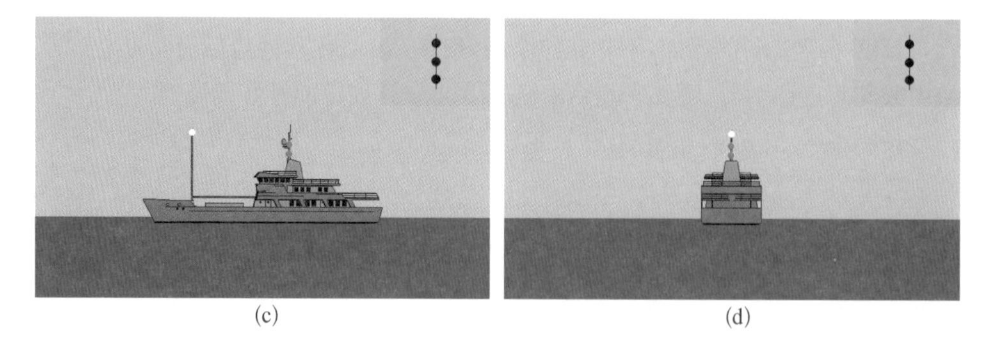

附图 3-30　搁浅船(12 m≤船长<50 m)号灯(右上角为搁浅号型)

(a) 正视图;(b) 右视图;(c) 左视图;(d) 尾视图

附录四　内河航标

内河主要航行标志、信号与专用标志以及部分其他航行标志如附图 4－1～附图 4－3所示。

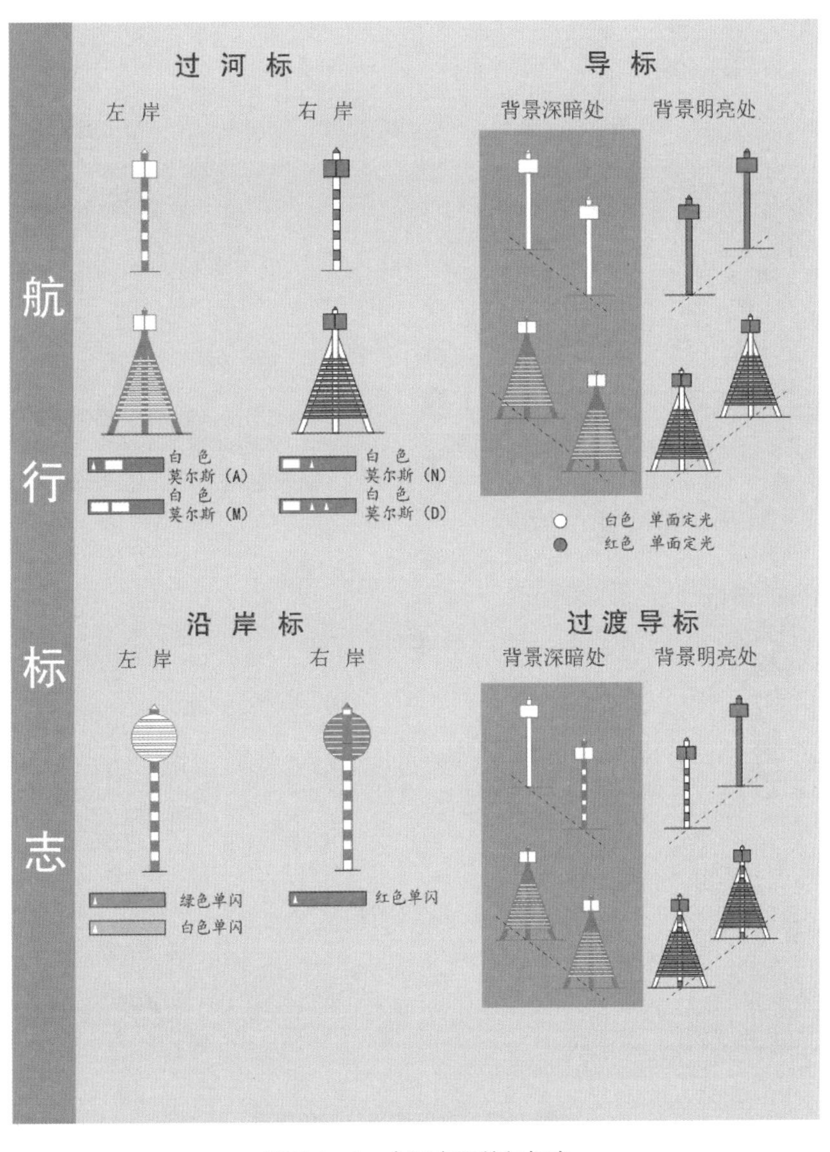

附图 4－1　内河主要航行标志

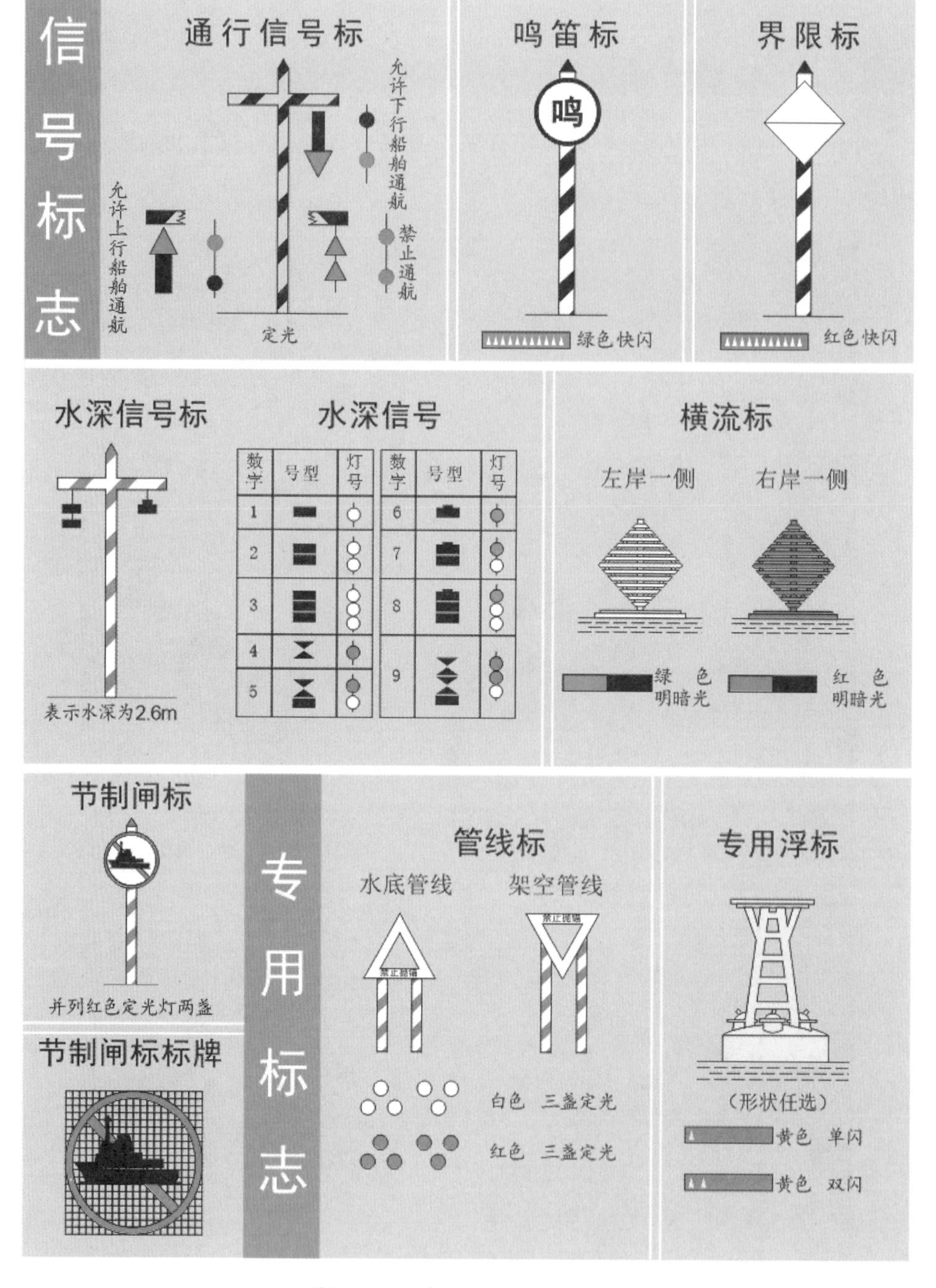

附图 4－2 内河信号与专用标志

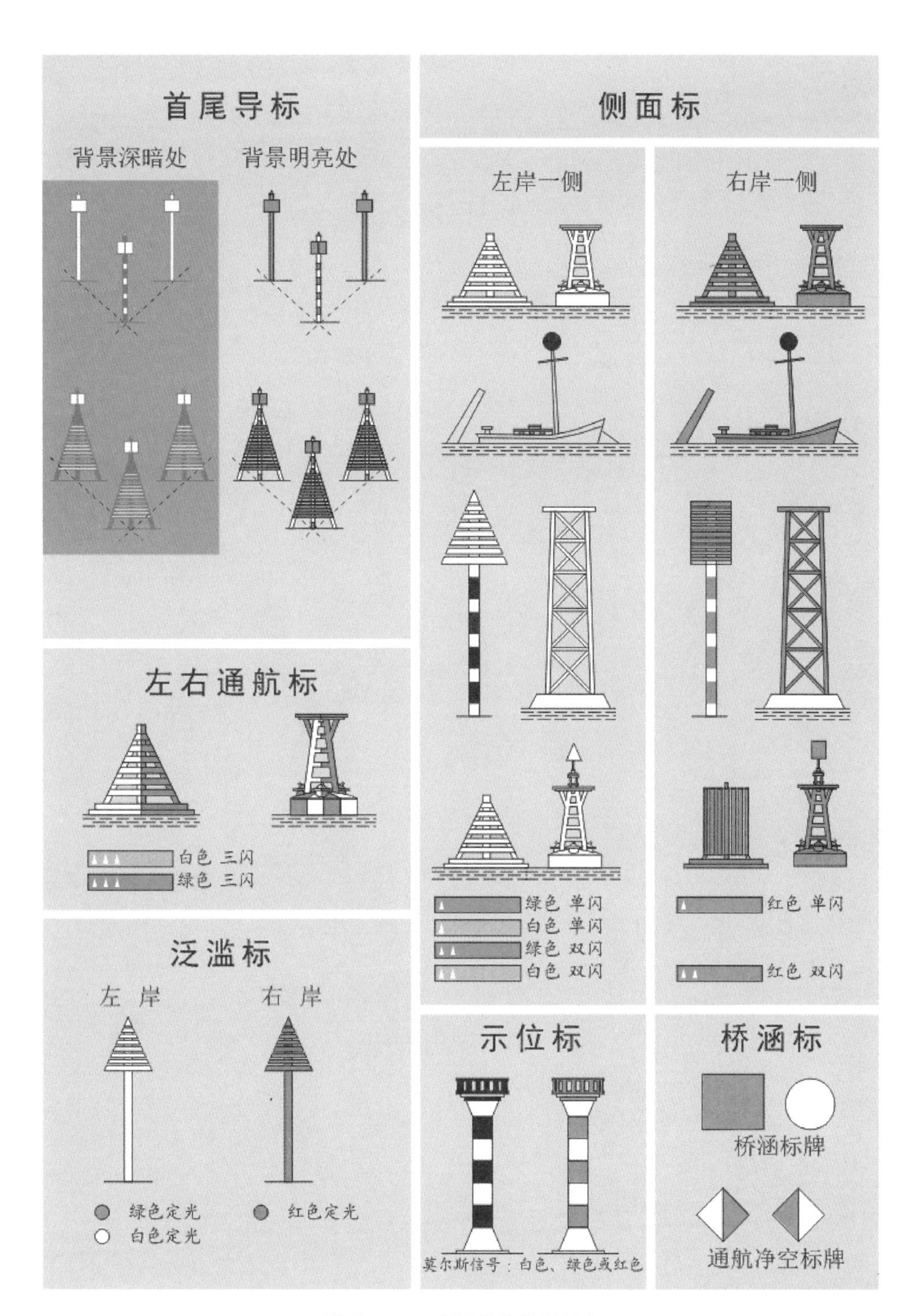

附图 4－3　内河其他航行标志